传统文化与应用文写作

主　编　李素玲　胡欣育
副主编　卢秀萍　吴小敏
编　委　李素玲　胡欣育　卢秀萍
　　　　吴小敏　孙罗欣　刘彩玲

北京理工大学出版社
BEIJING INSTITUTE OF TECHNOLOGY PRESS

版权专有 侵权必究

图书在版编目（CIP）数据

传统文化与应用文写作／李素玲，胡欣育主编. —北京：北京理工大学出版社，2021.9（2023.8重印）
　ISBN 978-7-5763-0374-2

Ⅰ. ①传… Ⅱ. ①李… ②胡… Ⅲ. ①中华文化②汉语－应用文－写作 Ⅳ. ①K203②H152.3

中国版本图书馆 CIP 数据核字（2021）第 188890 号

出版发行／北京理工大学出版社有限责任公司
社　　址／北京市海淀区中关村南大街 5 号
邮　　编／100081
电　　话／（010）68914775（总编室）
　　　　　（010）82562903（教材售后服务热线）
　　　　　（010）68944723（其他图书服务热线）
网　　址／http：//www.bitpress.com.cn
经　　销／全国各地新华书店
印　　刷／三河市天利华印刷装订有限公司
开　　本／787 毫米×1092 毫米　1/16
印　　张／17.75　　　　　　　　　　　　　　　责任编辑／李慧智
字　　数／443 千字　　　　　　　　　　　　　　文案编辑／李慧智
版　　次／2021 年 9 月第 1 版　2023 年 8 月第 3 次印刷　责任校对／周瑞红
定　　价／45.50 元　　　　　　　　　　　　　　责任印制／施胜娟

图书出现印装质量问题，请拨打售后服务热线，本社负责调换

前　言

党的二十大报告中指出："育人的根本在于立德。全面贯彻党的教育方针，落实立德树人根本任务，培养德智体美劳全面发展的社会主义建设者和接班人。"我们各学科教师都要不折不扣地坚持德育为先，研究新时代思政课程的精神内核，将之融入到本学科"课程思政"的研发和实施中；坚持"五育并举"，共同研究跨学科主题教学，在"大单元""大概念"的领悟与执行中促进学习与生活相结合。基于学生的学情、区域的特色文化和党史、新中国史、改革开放史、社会主义发展史，对学习内容进行二度开发，使之成为指导学生学业提高和精神成长完美融合的"学材"，实现教材向"学材"的转变。重视教育教学质量，把目标意识列在前面，把"知识与技能、过程与方法"讲清说透，把"情感、态度、价值观"想清悟透，将学习和领悟党的二十大精神、培育和践行社会主义核心价值观贯穿于教学设计的始终。

随着我国经济社会的发展，我国的高职教育迎来了快速发展的机遇。为深入推进职业院校人文素质教育工程，全面落实立德树人的根本任务，引导学生增强道路自信、理论自信、制度自信、文化自信，培育和践行社会主义核心价值观，适应国家职业教育发展的需要，结合广州科技贸易职业学院教学实际需要，我们编写了本教材。

《传统文化与应用文写作》分为上、下两编，上编中国传统文化部分着眼于全景式介绍中国传统文化的生成、发展和基本精神以及古代文学、教育、民俗、饮食、艺术、科技等知识，力求在传递人文知识的同时，拓展学生的人文视野，提高学生的人文素质，陶冶学生的人文情怀，此部分由"任务目标""文化热线""文化解读""延伸拓展""知识测试""课程实践""课后提升"等主要模块构成；下编应用文写作部分着眼于介绍应用文书写作的基本理论和一般规律，以及常用的公务文书、事务文书、会务文书、规章文书、求职文书、宣传文书等，力求培养高职院校学生适应用人单位和社会需要的应用写作能力，也可作为各行各业人员学写各类应用文的参考，此部分由"任务目标""任务设计""应用导航""范文博览""知识拓展""实训平台"等主要模块构成。

本教材由广州科技贸易职业学院李素玲、胡欣育老师担任主编并统稿，卢秀萍、吴小敏老师担任副主编，参与编写的人员分工是：李素玲（上编第一章、第三章、第五章，下编第十章），胡欣育（上编第二章，下编第八章、第九章），卢秀萍（上编第四章、第七章，下编第十一章、第十四章），吴小敏（上编第六章，下编第十二章），孙罗欣（下编第十三章），刘彩玲参与教材编写过程中的资料收集等工作。通识教育学院陈燕燕院长、马克思主义学院廖泽香老师承担了本书的审纲、审稿工作，并提出了许多宝贵的意见和建议，在此表示由衷的感谢！

在教材的编写过程中，我们参考了许多学者和同仁的著作、教材和研究成果，在此对他们深表敬意和感谢。但是，由于编者的水平有限，编写时间仓促，其中的问题和不足一定很多，还望方家多多批评指正，以便我们今后进一步修订、完善。

编　者
2023 年 7 月 25 日

目 录

上编 中国传统文化 ········· 1

第一章 中国传统文化概说 ········· 3
第二章 中国古代文学 ········· 11
第三章 中国古代教育 ········· 35
第四章 中国古代节庆仪礼 ········· 60
第五章 中国古代舌尖文化 ········· 76
第六章 中国古代文化符号 ········· 93
第七章 中国古代科技发明 ········· 108

下编 应用文写作 ········· 121

第八章 应用文写作绪论 ········· 123
第九章 公务文书 ········· 136
第十章 事务文书 ········· 168
第十一章 会务文书 ········· 190
第十二章 规章文书 ········· 202
第十三章 求职文书 ········· 219
第十四章 宣传文书 ········· 236

附 录 ········· 254

附录一 党政机关公文处理工作条例 ········· 254
附录二 公文版面样式 ········· 260
附录三 文章修改常用符号及其用法 ········· 272

参考文献 ········· 275

上编 中国传统文化

第一章　中国传统文化概说

任务目标

【知识目标】
了解文化及中国传统文化的概念、基本精神和产生条件。

【能力目标】
能够感受中华文化的博大精深，学会从文化的视野观察、分析现实问题。

【素质目标】
培养学生对中国传统文化的热爱崇敬之情，增强学生的民族自尊心、自信心、自豪感，形成正确的人生观和价值观。

文化热线

2016年2月12日，正月初五，中央电视台继《中国汉字听写大会》《中国成语大会》《中国谜语大会》之后，推出了一档大型文化综艺节目《中国诗词大会》。节目以"赏中华诗词、寻文化基因、品生活之美"为基本宗旨，力求在诗词知识的比拼与赏析中，引导受众分享诗词之美，感受诗词之趣，从而在古人的智慧和情怀中汲取营养，涵养心灵。这档节目一经推出，立即引起了社会的广泛关注与高度评价。它犹如春日的暖阳，不仅让观众在与传统文化的一次次美丽邂逅中绽放了诗意的情怀，也给当下喧嚣和浮躁的社会传递了一种弥足珍贵的中华文化精神。

在人类历史长河中，中华民族曾经创造了光辉灿烂的古代文化。

文化解读

一、文化、中国文化与中国传统文化

（一）文化

当代社会，文化是一个热词，举凡婚丧嫁娶、居家礼仪、艺术形态、民族交往、国策政纲、文化教育等莫不与文化二字关联。

从汉字字源学的角度来看，许慎的《说文解字》认为，"文，错画也，象交叉"，"仓颉之初作书也，盖依类象形，故谓之文"。《礼记·乐记》中则有"五色成文而不乱"。所以，在中国古代典籍中，"文"的基本字义为各色交错的纹理、纹路。"化"最初指变化多端、色彩艳丽的花朵。引申出教人行走，引申出改易、造化等义。"化"，甲骨文为"🗲"，

是会意字，从二人，象二人相倒背之形，一正一反，以示变化，引申为变易、生成、造化等。"文"与"化"二字同时出现，见于《周易·贲卦》："观乎天文，以察时变。观乎人文，以化成天下。"

"人文"，指人伦社会规律，即社会生活中人与人之间纵横交织的关系，如君臣、父子、夫妇、兄弟、朋友，构成复杂网络，具有纹理表象……治国者必须观察天文，以明了时序之变化，又须观察人文，使天下之人均能遵从文明礼仪，行为止其所当止。

而"文化"作为一个词出现是在西汉刘向的《说苑·指武》中，"凡武之兴，为不服也；文化不改，然后加诛"。由此可以看出，中国古代对"文化"一词的使用有两个维度，与"天文"相对应，指社会秩序；与"武力"相对应，指文治教化，具有精神和人文的多重指向。

西方社会"文化"的定义源自拉丁文 cultura 一词，大意是指人类为栽培植物所采取的耕耘和改良措施，隐喻人类具备的某种才干和能力，侧重于无形的东西，译为"文化"。

1871年，英国人类学家泰勒在《原始文化》一书中对文化下了一个定义："所谓文化或文明，就其广泛的民族学的意义来说，乃是包括知识、信仰、艺术、道德、法律、习俗以及任何作为一名社会成员而获得的能力、习惯在内的复杂整体。"这个定义基本表达了西方社会对于文化内涵的阐释。

当代学者界定"文化"一词也是各抒己见，代表性的观点有三种：一种观点认为文化指人类所创造的物质文明和精神文明的总和。第二种观点认为文化指人类在精神方面的成就，核心内容是思维方式和价值观。第三种认为文化单纯指给人类提供精神享受的文学艺术形态，侧重于人类审美方面的成就。我们认为，广义的"文化"泛指人类所创造的物质文明和精神文明的总和，狭义的"文化"指语言、文学、艺术及一切意识形态在内的精神产品。

（二）中国文化

中国文化一词，突出的是文化的本土性、国度性、民族性。由于近百年特殊的历史情势与政治境遇，当代中国文化呈现出多种文化源流杂糅并陈的现实格局。以马列思想为主导的主流意识形态、以民俗或是隐性的民间文化为样式传承于民众日常生活的中国传统文化，以及近代百年中选择性接受的各种西方思想（譬如对现代民主和科学思想的认同）等文化源流共同建构了当代的中国文化体系。

在世界经济文化日趋一体化、全球化的大背景下，当代中国文化海纳世界各国优秀文化的同时，却面临着失去自我根脉文化的危险。被西化了的年轻一代要确认自己的文化身份越发艰难。鉴于此，许多学者呼吁中国文化在文化主流传承上要认祖归宗。

（三）中国传统文化

"传统"是人们在历经千百年的生产生活实践中形成、选择和积淀下来的经验和观念，是一种反映人类生存发展的基本规律、具有广泛适应性的行为模式。"传统"不是静态的积淀物，而是动态的价值取向，它保留在现代人记忆、话语和行动当中，是对"现在"仍然起作用的"过去"。

一种文化现象一旦成为传统，必定成为影响社会组织及人心理结构的强大能量，日益积淀为社会成员共同秉持的集体无意识和深层次的文化心理，时刻支配、规范着人们的思想和行为。现代人类无法割断传统，传统文化是现代社会发展的一种宝贵资源。

中国传统文化，从时间维度上来说，指远古至清晚期辛亥革命以前的文化。其体系浩瀚博大，根深叶丰，是华夏文明历经万世沧桑汇聚而成的、反映中华民族独特的心理情感及思维方式的各种道德观念及信仰体系，是中国人区别于西方人、也区别于东方其他民族国家的基本特征。中国传统文化是中华民族的精神和灵魂，其核心价值观是历朝历代的治国安邦之本，是调整社会关系和家庭秩序的根本法则，也是生命个体安身立命之道。

二、中国传统文化的内涵

"天行健，君子以自强不息；地势坤，君子以厚德载物"可谓中国传统文化内涵最精练的概括。中国传统文化的核心代表是儒家文化、佛家文化、道家文化，合称儒、释、道。其文化内涵主要有如下几点：

（一）天人合一，和谐相处

殷商时期，人们把有意志的"天帝"看作宇宙的主宰，凡征伐、狩猎等重大活动，都要通过占卜来揣摩天意，再做决断。后经孔孟升华为哲理性的天人观。到宋代，理学代表人物张载提到"因明致诚，因诚至明，故天人合一，致学而可以成圣，得天而未始遗人"[①]。

"天人合一"既包含着人对自然规律的因循与服从，人不能逆天而行，同时也是人类对于自身命运的终极思考。中国传统文化中的"天人合一"不仅仅是一种思想和思维方式，更是一种行为准则。

天是大宇宙，人是小宇宙。中国传统文化充分肯定人在宇宙中的地位，"唯天下至诚为能尽其性。能尽其性，则能尽人之性。能尽人之性，则能尽物之性。能尽物之性，则可以赞天地之化育。可以赞天地之化育，则可以与天地参矣"[②]。

在这里，人与天、地并举，此即为《三字经》所言"三才"，《道德经》也说"道大，天大，地大，人亦大"，人与天、地并称伟大。大自然中也只有人才有天赋的灵性与智慧，才能顺应自然规律与自然和谐相处。

在这一强大的思想体系中，"人"是中心论点，肯定人的社会作用，强调个体人格的独立性和主动性，尊重个体的利益需求和欲望，对执政者更是倡导"因民之所利而利之"，"仁政""爱民"等。

（二）刚健有为，自强不息

《易传》曰："天行健，君子以自强不息。"这本是对《易经》乾卦的阐发，却象征中华民族的生命之源、文化之本。

乾之德，即为前之德，亦即敢为天下先之德，它彰显了儒家士大夫对于建功立业的渴求，义无反顾、勇往直前的精神和道德风尚。从孔子及弟子推行儒家思想的艰难历程、知其不可而为之的坚韧意志，到孟子"富贵不能淫，威武不能屈，贫贱不能移"的丈夫豪气，

[①] 出自北宋张载《正蒙·乾称》："儒者因明致诚，因诚至明，故天人合一，致学而可以成圣，得天而未始遗人，《易》所谓不遗、不流、不过者也。"

[②] 摘自《中庸·第二十二章》。

从屈原宁死不向恶势力妥协的正义坚持、范仲淹"先天下之忧而忧，后天下之乐而乐"的君子之风，到文天祥"留取丹心照汗青"的历史豪情，以及顾炎武、王夫之的"天下兴亡，匹夫有责"的担当……一代又一代的优秀国人践行着刚健有为的强者之风。

（三）仁义忠恕，和而不同

"仁"字从"人"从"二"，意即大凡非一人独处，就不能自私，要相互有爱。所以，"仁"可以理解为"爱"，所谓"仁者爱人"。"义"者，宜也，义者循理，即社会各阶层的人应该安守本分，遵守秩序，所作所为要合情合理合法。"忠"字是"中"在"心"上，意谓人心不偏不倚，不奸不邪，做事认真老实即为忠。

"恕"是宽恕，《弟子规》言，"恩欲报，怨欲忘；报怨短，报恩长"。传统文化中忠恕之道就是仁义之道，行忠恕就是行仁义，所谓"孔曰成仁，孟曰取义，夫子之道，忠恕而已"。

"和而不同"较早出于《国语·郑语》，"夫和实生物，同则不继。以他平他谓之和，故能丰长而物归之；若以同裨同，尽乃弃矣"；"和五味以调口，刚四支以卫体，和六律以聪耳，正七体以役心"；"声一无听，物一无文，味一无果，物一不讲"。五味调和，五音谐和，金木水火土相和生成万物，多种因素相互配合、协调才能生成新的事物或达到完美的效果。相反，一种声音不成动听音乐，一种颜色不成五彩景象，一种味道不成美味佳肴。

"君子和而不同，小人同而不和"[①]。何晏《论语集解》解释孔子这句话的意思是："君子心和然其所见各异，故曰不同；小人所嗜好者同，然各争利，故曰不和。"就是说，君子内心所见略同，但其外在表现未必都一样，比如都为天下谋，有些人走仕途为官，有些人做园丁育人，这种"不同"可以致"和"。小人虽然嗜好相同，但因为各争私利，必然互起冲突，这种"同"反而导致了"不和"。因此，求"和"的前提是尊重"不同"。

（四）尽心知性，性命双修

"心"是人类文化中最富人性的文化表达，是一个最具阐释意义的文化概念。它没有明确的实指，用来表示思想、意识、意志、情感、态度，甚至性格等。"心"在中国传统文化中，无论是心性二分，亦或心性一体，都大体相当于现代哲学的"精神"。

"性"，儒者认为人本来具有的性质决定了人的行为善恶，所以心性的关系就是人的精神和精神的性质的关系。儒家讲"尽心知性"，佛家禅宗则讲"明心见性"，说法有异，道理归一，都是强调扩充人的本己之性理。

为超越智慧境地，又必须治身修命，此即为性命双修。儒家讲修身，为的是实现人的社会价值，自利利他，道德完满；道家讲修命，为的是修炼气脉，致虚守静，长生善终；佛家讲修心，为的是心纳万物修得今世圆满求来世幸福。弘扬传统文化，必不能绕开、甚至抛弃心性之学而为之，否则所传播者不过中华文化之躯壳；同时，弘扬传统文化，亦不能把它仅作为一种知识体系，要学修并重，性命双修，知行合一，否则，也不是继承和发扬传统文化。

---

① 出自《论语·子路》。

三、中国传统文化的现代价值

重道轻器的价值理念、安贫乐道的精神操守、内外和谐的生存之道、修身齐家平天下的人生理想，塑造了中国传统的基本社会理想和政治伦理文化。中华文明五千年的灿烂文化曾经在世界历史上长时间占据前沿。

百年前，西方列强用坚船利炮强行打开了中国的大门，尊崇道统的中国文化与追求革新的西方文化不期然相遇，救亡图存的社会现实使当时的国人很难对五千年的传统文化有一个全面的衡量，于是近百年来，除了挞伐传统文化，就是对西方文化的选择性接受。

但当西方文化无法解决享受着发达的科技而人的精神家园却日渐荒芜、社会要素关系难以和谐、各种恐怖活动层出不穷、环境严重污染以及威胁人类生命的各种世界性疾病越来越多等诸多生存困境的时候，许多有识之士认为西方文化的发展已达到了一个临界点，破解当代人类生存困境需要另外的文化体系，便把目光投向了有着悠久历史文化的中国。

（一）重道尚德思想对现代科技发展的道德制衡

中国近现代社会科技发展相对缓慢，与宗教、人文、政治活动相比，科技一直处于边缘地带。当代社会给科技披上了华丽的外衣，使之成为世人膜拜的对象。

全球充溢着科技能解决人类一切问题的乐观主义思潮，重科技轻人文的负面效应愈加明显，人类在享受高科技带来的便利的同时，亦在吞咽苦果：环境污染、生态失衡、核武器和生化武器对人类的威胁，生命个体精神家园丧失等严重困扰着人类。

1978年7月，在印度波那举行的世界秩序标准规划第14次会议上，当代科技最发达的美国起草了一份26名学者签名的报告《科学技术的堕落》。报告认为：现代社会不少思想、道德、伦理和文化上的混乱，与科技发展过快有关。应当适度限制科技发展以调整思想，使人类有足够的道德理性来正面使用科技，造福人类。

中国古人素以道为尊、以德立国，重道轻器。器，即具有实用价值的科技工具；道，既指自然规律，也指生存于社会的人类所必须遵从的根本准则。人按照自然规律行事，与自然环境和谐共处，即为"守道"；处理社会关系时遵从秩序、规则即为"守德"。中国传统伦理道德五常（仁、义、礼、智、信）、八德（孝、悌、忠、信、礼、义、廉、耻，民国后增加仁爱、和平，为十德），是中华文化传承了几千年的精神命脉。

中国传统文化从深层次上提供了当代道德理性建构的基石。儒释道思想所彰举的诚意正心、慎独自律、明因慎果以及善恶相报等价值思想，给现代科技的发展提供了必备的伦理道德限定。科学的发展必须在人类伦理道德的限度内运行，科学精神必须与人文精神紧密融合。

如果中国传统文化的"重道尚德"思想能得以介入现实，或现代人谦恭地接纳传统文化理念，它就能有效地为现代科技发展导航，使之彰显造福人类的正面功能，最大限度地消解损害人类社会的负面效应，实现道德与科技的良性互动。

（二）重义轻利思想对现代商业市场行为的调整与规范

消费主义弥漫在发达国家甚至发展中国家，市场经济模铸了现代人效率与务实的思维方式，其价值评判标准更倾向于现世的功利与享乐。

人口增多、阶层分化复杂、资源匮乏，令现代人的生存竞争日渐激烈，追逐利润、见利忘义的商业行为在当今社会已成顽症。由此带来社会成员关系紧张，国家、地区之间因抢占资源而不断发动血腥战争。人类生存环境恶化的症结在于人类日趋膨胀的物欲与自我中心主义，要化解危机，须得从根治人类贪欲的病根着手。

　　中国传统主流文化一向倡导道德为本，立功、立言要先立德，以道德文化维系社会良性运转。求利之心人皆有之，但不能"放于利而行"，对求利活动必须以"义"制约。最早探讨义利问题始于孔子。孔子主张"见利思义""义然后取"。要在义利之间做出选择，必将义优先于利。

　　孟子的"何必曰利，亦有仁义而已矣"，董仲舒的"正其谊（义）不谋其利，明其道不计其功"以及程朱学派的"存天理，灭人欲"等，无一不源于孔子的重义轻利思想，圣贤们千经万论其基本的思想都是节制欲望，不与人争利。

　　现代社会与传统社会相比较而言，其生产方式和社会结构都有着巨大的不同，在市场经济的背景下，行商逐利已上升为一种社会发展的主导力量和社会生活的结构形态。如果能把传统文化的重义轻利或者先义后利的价值理念落实为现代工商业文明核心价值行为规范，中国现代化就能在借鉴西方现代文明成果的基础上，创造出具有民族特质的现代工商业文明模式。

　　（三）非战尚和思想对地区局势争端的化解

　　当前世界正在发生着复杂而深刻的变化，世界经济、文化的一体化，为各国在更广泛领域、更深层次上开展相互合作提供了有利条件。但是，在全球一体化加剧的背景下，西方文化思维中弱肉强食的"丛林法则"，给广大的发展中国家带来了灾难性影响，也给中国人民的福祉造成了阻滞，让世界和平蒙上了阴影。"地球村"要有统一的村规民约，竞争及暴力发展的路径并不适应未来的世界格局。

　　"和为贵"是中国人普遍的心理倾向，这一点几千年来一脉相承，自始至终都没有改变。中国传统文化的"尚和"思想，在国家关系上，体现为倡导"协和万邦"，主张和平；在社会关系上，体现为倡导"同舟共济"，共建和谐；在家庭关系上，体现为倡导"家和万事兴"，讲求和睦；在文化关系上，体现为主张广撷百家，和融诸说。中国历史上的佛学东传、西学东渐，儒、佛、道诸家长期并行不悖等，都体现了中国传统的"和合思想"。在浩如烟海的古代典籍里，随处可见中国古人反对战争、追求和平的思想表达。

　　面对当前复杂的国际环境，作为爱好和平和充满自信的中华民族，应该广泛弘扬和传播"和合"思想，为化解地区、国家间的争端，为人类文明的进步贡献力量。

延伸拓展

　　请扫描二维码了解中国文化植根的社会政治结构。

知识测试

一、填空题

1. 学术界一直有"四大文明古国"的说法，实际上也是世界文明四大发源地。这四大文明古国是：_____、_____、_____、_____。
2. "江山如此多娇，引无数英雄竞折腰"出自毛泽东主席的诗作_____。
3. 汉族这一名称始于_____朝，这以前称为_____族。
4. 西汉最著名的对外交流使者是_____，明朝的对外交往使者是_____。
5. 《红楼梦》中贾宝玉读的《南华经》是_____家学派的经典著作。
6. 三皇五帝之后，禹把帝位传给他的儿子启，标志着原始社会的_____制被_____制所取代。
7. 宗法制的主要内容包括_____制、_____制和_____制。
8. 所谓_____，是指作为国家统治者的君主拥有至高无上的权力，甚至可以不受法律的约束。
9. 儒家人格理想的最高境界是_____。道家的人格理想是_____。
10. 中国传统文化对"天"与"人"的关系有两种基本观点_____与_____。

二、选择题

1. "碧云天，黄花地，西风紧。北雁南飞。晓来谁染霜林醉？总是离人泪。"出自哪部戏曲？（   ）
   A.《梧桐雨》   B.《汉宫秋》   C.《西厢记》   D.《桃花扇》
2. "龙舟竞渡"纪念的是哪一位诗人？（   ）
   A. 李白   B. 柳宗元   C. 屈原   D. 宋玉
3. 下列典籍哪一种不属于"四书五经"？（   ）
   A.《周易》   B.《老子》   C.《大学》   D.《尚书》
4. 下列人物中，何人提出了"苟利国家生死以，岂因祸福避趋之"的观点？（   ）
   A. 林则徐   B. 顾炎武   C. 黄宗羲   D. 文天祥
5. 长沙马王堆1号汉墓出土的素纱禅衣，长128厘米，总重量仅48克，据此可以判断其主要用料是（   ）。
   A. 麻   B. 棉   C. 丝   D. 化纤

三、判断题

1. 墨家伦理道德观的最高准则是"仁"。（   ）
2. "不知礼，无以立"是儒家的道德规范。（   ）
3. 中国人为人处世主张"和为贵"。（   ）
4. 孟子认为"义"是源于人作为社会存在的"群"与"分"的需要。（   ）
5. 浩然正气是中华民族气节的体现。（   ）

课程实践

一、搜集中国古人"修身安人"的名人故事,制作成课件,在课上与其他同学交流。

二、"国学热"背后的冷思考。

最近,随着校园文化、企业文化、社会文化建设的需要,国学又热起来了,《弟子规》《三字经》等传统的国学作品从央视走进了课堂,走进了寻常百姓家。这种现象如作为传统文化回归可以看成是社会发展中的理性选择,但有人又提出了不同的意见,认为这样的回归是文明的倒退;也有人坚持将国学视为民族信仰的主题;更有人将此和"五四新文化运动"相比,提出了另一种论调。这我们就要冷静想一想了。

——选自光明网

课后提升

一、浏览纪录片《中国地理文化》,深入了解自己的家乡或者喜欢的地方。

二、《郑伯克段于鄢》是《左传》中的名篇,主要讲述鲁隐公元年(前722年)郑庄公同其胞弟共叔段之间为了夺国君权位而进行的一场你死我活的斗争,展现出古代君主专制制度下骨肉相残的史实。

三、祭祀先祖是中国民间的一项隆重的民俗活动,一般在春节、清明等节日前进行,通过祭祀仪式,表达对先祖的追思,并祈求得到他们的庇佑,以激励后人。请通过网络观看山东临沂刘氏家族祭祖仪式视频。

第二章 中国古代文学

任务目标

【知识目标】
　　了解中国古代诗词曲赋的文化内涵，学会用文学的眼光品味现代生活。

【能力目标】
　　掌握文学艺术审美技能，初步鉴赏文学艺术作品，能透过文学艺术作品解读现代社会生活中的文化现象。

【素质目标】
　　品味传统文学艺术之美，提升审美素养，提升自身的文化品位，形成正确的文学观、审美观和价值观。

文化热线

　　如果说史学是一个民族的发展史，那么文学则是一个民族心灵的发展史，尤其是诗歌。在现代社会生活中，中国传统文化的诸多元素依然能给我们潜移默化的影响，从而使我们的生活更精彩、更富有情趣和人文气息。我们不妨以流行歌曲为例，比较一下《诗经》的《蒹葭》与曾经传唱一时的流行歌曲《在水一方》。

蒹葭	在水一方
蒹葭苍苍，白露为霜。所谓伊人，在水一方。溯洄从之，道阻且长。溯游从之，宛在水中央。宛在水中央。 蒹葭萋萋，白露未晞。所谓伊人，在水之湄。溯洄从之，道阻且跻。溯游从之，宛在水中坻。 蒹葭采采，白露未已。所谓伊人，在水之涘。溯洄从之，道阻且右。溯游从之，宛在水中沚。	绿草苍苍，白雾茫茫，有位佳人在水一方。 绿草萋萋，白雾迷离，有位佳人靠水而居。 我愿逆流而上，依偎在她身旁。 无奈前有险滩，道路又远又长。 我愿顺流而下，找寻她的方向。 却见依稀仿佛，她在水的中央。 我愿逆流而上，与她轻言细语。 无奈前有险滩，道路曲折无已。 我愿顺流而下，找寻她的踪迹。 却见仿佛依稀，她在水中伫立。

　　《蒹葭》这首诗描写的是作者在秋天清晨茫茫无边的芦苇丛苦苦追寻的情景图，这种亦真亦幻的缥缈情景是作者坚持不懈的追寻对象，情感惆怅凄婉。流行歌曲《在水一方》正是化用了这首诗的意境，表现了现代人的一种寂寞心境与缠绵情怀，从而获得了大家的心

灵共鸣。

文化解读

中国文学源远流长，经历了数千年的发展，取得了辉煌成就，正如王国维所言："凡一代有一代之文学：楚之骚，汉之赋，六代之骈语，唐之诗，宋之词，元之曲，皆所谓一代之文学，而后世莫能继焉者也。"（《宋元戏曲史》）

一、中国文学样式

（一）诗词

1. 诗

中国是诗的国度，诗歌在中国源远流长，绵延数千年，取得了光辉灿烂的成就。早在西周至春秋时期，中国诗歌已产生大批辉煌篇章，其标志是中国第一部诗歌总集《诗经》的出现。《诗经》收诗305篇，分"风""雅""颂"3部分，都是可以配乐演唱的。《诗经》的篇章大都具有鲜明的时代感和人民性，善于用赋、比、兴的表现手法，句式以四言为主，多用重章叠句，为后世文学创作奠定了深厚的人文基础和艺术底蕴。

战国后期，南方的楚国产生了一种具有楚文化独特风采的新诗体——楚辞。楚辞句式长短参差，以六言、七言为主，多用"兮"字。楚辞的奠基人和主要作者屈原，运用这种形式创作了《离骚》《九歌》《九章》等不朽诗篇，成为中国文学史上第一位伟大诗人。其代表作《离骚》，是中国古代文学史上最为宏伟瑰丽的长篇抒情诗。屈原之后，有宋玉、唐勒、景差等辞作家。楚辞的出现，标志着中国诗歌从民间集体歌唱发展到诗人独立创作的更高阶段。《诗经》和楚辞是后世诗歌发展的两大源头，在文学史上并称"风骚"，共同开创了中国古代诗歌现实主义和浪漫主义的诗歌传统，二者并驾齐驱、融会发展的优良传统垂范于后世。

汉代前期，文人诗坛相对寂寥，民间乐府颇为活跃。"乐府"原指国家音乐机构，后将由朝廷乐府或相当于乐府职能的音乐管理机关搜集、保存而流传下来的汉代诗歌也称为乐府。汉代乐府民歌是汉代乐府的精华。汉代乐府民歌继承了《诗经》的现实主义传统，"皆感于哀乐，缘事而发"（《汉书·艺文志》），通俗易懂，长于叙事，富有生活气息，句式以杂言和五言为主，体现了诗歌艺术的新发展。《陌上桑》和《孔雀东南飞》是汉乐府民歌中最优秀的作品。在汉乐府的影响下，文人五言诗逐渐发展成熟，其标志是东汉末年出现的《古诗十九首》。《古诗十九首》情感感伤，语句情长，委婉含蓄，质朴精炼，钟嵘《诗品》卷上誉其"惊心动魄，可谓几乎一字千金"，刘勰《文心雕龙·明诗》赞其"实五言之冠冕也"。

汉末魏晋时期，文学进入自觉时代。以"三曹"（曹操与其子曹丕、曹植）和"建安七子"（王粲、孔融、陈琳、徐干、阮瑀、应玚、刘桢）为中心组成邺下文人集团。他们的诗作大多反映时代动乱和人民疾苦，具有鲜明的个性和时代特征，充满浓烈的悲剧色彩，此即后世称道的"建安风骨"。魏晋易代之际，政治险恶，"竹林七贤"是正始时期的代表诗人，其中阮籍、嵇康成就最高。阮籍的《咏怀八十二首》开创了我国五言抒情组诗的体例，嵇康则开拓了四言诗的新境界。西晋太康年间，文坛呈现繁荣局面，钟嵘《诗品序》载："太康中，三张、二陆、两潘、一左（张载、张协、张亢、陆机、陆云、潘岳、潘尼、左思），勃尔复兴，踵武前王，风流未沫，亦文章之中兴也。"太康诗人追求丽辞缛采，开中国诗歌雕琢堆砌的流风，唯左思独树一帜，继承建安文学传统，其《咏史八首》借咏史来抒怀，情调高亢，笔力矫健，有"左思风力"之称。东晋玄言诗泛滥一时，直到东晋末陶渊明出现，才打破了玄言诗一统天下的局面。陶诗多写田园生活，风格平淡自然。陶渊明是魏晋南北朝时期成就最高的诗人，其开创的田园诗对唐代山水田园诗派有直接影响。

南北朝时期，南方的代表诗人有谢灵运、颜延年、鲍照等。谢灵运开创了山水诗，实现了玄言诗向山水诗转变。谢朓受其影响，长于描写山水，与谢灵运合称为"大小谢"。鲍照擅用七言古体抒发愤世嫉俗之情，风格俊逸豪放，为歌行体的发展做出积极贡献。北方最有成就的诗人是由南入北的庾信，他以刚健之笔写乡关之思，融合南北诗风，成为六朝诗歌的集大成者。南北朝乐府民歌风格迥异：南朝民歌清丽柔婉，代表作是《西洲曲》；北朝民歌质朴刚健，代表作是《木兰诗》。

唐代是中国诗歌史上的黄金时代，诗体完备，流派各异。名家辈出，成就卓著。"初唐四杰"（王勃、杨炯、卢照邻、骆宾王）和稍后的陈子昂，上承汉魏风骨，力扫齐梁宫体诗颓靡诗风，为唐诗的健康发展铺平了道路。盛唐时期首先出现两大诗歌流派：一是以王维、孟浩然等为代表的山水田园诗派，多模山范水，抒写闲情逸致，风格清新自然；二是以高适、岑参、王昌龄等为代表的边塞诗派，多写边塞风光和军旅生活，或慷慨悲壮，或雄奇瑰丽。李白、杜甫横空出世，被称为中国诗歌史上雄视古今的"双子星座"。"诗仙"李白继承和发扬中国诗歌的浪漫主义传统，歌颂祖国的大好河山，表现理想与现实的矛盾，感情奔放炽烈，风格豪放飘逸。"诗圣"杜甫继承和发扬传统的现实主义精神，其诗广泛而深刻地反映了唐朝由盛转衰的时代风貌，被誉为"诗史"，感情深沉，风格沉郁顿挫。安史之乱以后，进入中唐时期，经过短期的过渡，唐诗呈现第二次繁荣。以白居易、元稹为代表的元白诗派倡导了一场新乐府运动。他们主张"文章合为时而著，歌诗合为事而作"（《与元九书》），创作了《新乐府》《秦中吟》等针砭时弊的讽喻诗。与元白诗派追求平易通俗不同，以韩愈、孟郊为代表的韩孟诗派崇尚险怪，以散文手法作诗，诗风奇崛险怪。此外，独具艺术个性的诗人还有刘禹锡、柳宗元等。中晚唐"诗鬼"李贺，其诗冷艳深幽，诙奇诡谲，富有浪漫主义色彩。晚唐诗歌的最高成就是人称"小李杜"的李商隐和杜牧的诗歌。杜牧擅长七绝，伤春惜别，咏史怀古，清丽俊爽。李商隐工七律，风格深情绵邈，绮丽婉曲，尤其是其"无题"诗，情思朦胧，意缊隽永，具有一种凄艳之美。

宋诗的总体成就不如唐诗，但别开天地，自有特色。对比而言，唐诗主情韵，开朗俊健，以境取胜；宋诗主理致，深幽曲折，以意取胜。宋初诗人杨亿、钱惟演等学李商隐，号称"西昆体"。王禹偁、梅尧臣、苏舜钦等反对西昆体，反对只讲声律词藻与缺乏社会内容的流弊，奠定了宋诗健康发展的基础。欧阳修倡导诗文革新运动，恢复关注现实的传统，宋诗注重气骨、长于理性的倾向愈益明显。王安石长于用典，好发议论。对北宋诗坛影响最大的是苏轼、黄庭坚，并称"苏黄"。苏轼诗说理抒情，挥洒自如，发展了宋诗好议论、散文化的倾向。黄庭坚诗宗杜甫，注重诗歌语言的借鉴和创造，其诗瘦硬生新，号称"山谷体"，开创了江西诗派。南宋诗人的杰出代表是被称为"中兴四大诗人"的陆游、尤袤、杨万里、范成大，他们都出于江西诗派，而终能自成一家。陆游是宋代伟大的爱国诗人，存诗近万首，唱出了时代的最强音。南宋后期出现了"永嘉四灵"和江湖诗派，他们的作品现实感不强，诗格比较浮弱。宋末，文天祥等人的爱国诗篇成为宋代诗坛的绝响。元好问是金代最杰出的诗人，其诗内容丰富，尤擅七律，意境沉郁。

明初，高启、刘基等人的诗歌有一定的社会现实内容，但接着兴起以朝廷辅弼大臣为首的"台阁体"的诗派，歌功颂德，空廓浮泛。明中叶以后，拟古和返古各成派别。以李梦阳为首的"前七子"（李梦阳、何景明、徐祯卿、边贡、康海、王九思、王廷相）和以李攀龙为首的"后七子"（李攀龙、王世贞、谢榛、宗臣、梁有誉、徐中行、吴国伦）主张"文必秦汉，诗必盛唐"。以归有光为代表的"唐宋派"尊唐崇宋。以袁宏道为代表的公安派主张"独抒性灵，不拘格套"。稍后"竟陵派"钟惺、谭元春等人主张与"公安派"相仿，但追求幽深孤峭的诗风。

清初，遗民诗人黄宗羲、顾炎武、王夫之等人的诗歌具有强烈的民族感情和爱国思想。钱谦益、吴伟业等在清初诗坛影响很大。王士禛提倡"神韵"说，成为当时的领袖。清中叶以后，考据学风盛极一时，影响到诗坛，远离现实，重视形式，以学问为诗，唯郑燮反映民生疾苦、袁枚直抒性情等形成了自己的特色。道光、咸丰年间，内外忧患日益严重，龚自珍以诗为武器，揭露社会黑暗，抒发报国大志，成为近代诗歌史上开一代风气的第一位大诗人。

2. 词

词是配合燕乐演唱的新诗体，起源于民间，敦煌曲子词是现存最早的民间词。中唐之后，文人填词者渐多，张志和、韦应物、白居易、刘禹锡等在作诗之余间或作词。晚唐温庭筠是文学史上第一个大力作词的人，词风浓艳细腻、绵密隐约，开花间词风，被称为"花间鼻祖"。五代时，西蜀和南唐成为词的创作中心，第一部文人集《花间集》问世。西蜀韦庄名列花间，其词与温庭筠齐名，并称"温韦"，以清丽疏朗见长。南唐冯延巳注重刻画人物内心世界，抒写个人生活感受。五代词人中成就最高的是南唐后主李煜，他以词写自己的人生际遇和真实性情，写故国之思和亡国之痛，不事雕饰，缘情而行，语言朴素自然而又流转如珠。王国维曰："词至后主而眼界始大，感情遂深，遂变伶工之词而为士大夫之词。"（《人间词话》）

词在宋代发展到鼎盛时期，成为宋代文学的主要标志。宋初词家如晏殊、欧阳修等，主要沿袭晚唐五代词风，多写个人的离愁别绪。范仲淹等词人的作品境界开阔，格调苍凉，给宋初词注入了新的活力。柳永多慢词长调，对宋词进行第一次革新，以写相思旅愁见长，多用铺叙和白描的手法，语言俚俗，富于平民色彩。苏轼以诗为词，打破了诗词界限，扩大了词的题材，提高了词的意境，丰富了词的表现手法，开放了豪放词派，使词摆脱了音律的束缚而成为独立的抒怀诗体。北宋后期词坛主流又复归婉约，代表人物为秦观、贺铸和周邦彦。秦观词柔婉清丽，情辞兼胜，被奉为婉约派正宗，与黄庭坚并称"秦七黄九"。贺铸词笔调多变，刚柔并济。周邦彦精通音律，善作慢词，词风典丽精工，是婉约词的集大成者。南宋初期女词人李清照的"易安体"词，言浅意深，本色当行。张元干、张孝祥以词为武器，抒发爱国情怀，上承苏轼，下启辛弃疾。辛弃疾词风格多样，或壮怀激烈、豪气逼人，或缠绵哀怨、清新活泼，尤能寓刚于柔、刚柔相济，是南宋最伟大的爱国词人。在辛弃疾的影响下，陈亮、刘过和稍后的刘克庄、刘辰翁等人形成了阵容强大的辛派爱国词人群体。在宋金对峙、政局相对稳定的南宋后期，词坛出现了以姜夔、吴文英、史达祖、张炎、王沂孙等为代表的格律词派。其中成就最突出者有姜夔、吴文英，姜词清空骚雅，吴词工致密丽。

词至元明走向衰落，在清代呈现复兴局面。词人众多，流派纷呈。清初，满族词人纳兰性德工于小令，长于白描，语言清新，以情取胜，风调酷似南唐后主李煜。陈维崧是阳羡词派之宗，风格接近辛弃疾。以朱彝尊为代表的浙西词派，标举淳雅。清中叶后，以张惠言、周济为代表的常州词派崛起，强调以内言外，主张比兴寄托，影响深远。

（二）散文

散文在古代是指与韵文、骈文相区别的散体文章，包括经传史书在内。先秦散文包括历史散文和诸子散文两大类。

殷商时期有了文字，也就有了记史的散文。《尚书》是目前能完整传世的最早著作，它实质上为商周时期的史料汇编，以文诰誓命为主。到了周期，各诸侯国的史官进一步以朴素的语言、简洁的文字记录了列国间的史实，如《春秋》。以后，随着时代的发展，产生了描述现实的历史文学，这就有了《左传》《国语》《战国策》等历史著作。

《左传》是《春秋左氏传》的简称，又名《左氏春秋》，相传是春秋末年鲁国的史官左丘明所著，涉及政治军事、外交活动和言论以及天道、鬼神、灾祥、占卜之事。这部作品叙事富于戏剧性，情节紧凑，战事描写尤为出色，记言多于记事，所记大多为当时较有远见的开明贵族的话。《战国策》的作者不可详考，现在版本为西汉刘向辑成，通过分国记事，记载了西周、东周及秦、齐、楚、赵等诸国之事，记载内容是谋臣策士的种种活动及辞说。《战国策》文章的特点是长于说事，善用比喻，人物形象塑造极为生动。先秦历史散文为中国的历史文学奠定了基础，对后世历史学家和古文学家都产生了极为深远的影响。

春秋战国之交是社会大变革的时代，各种学术流派纷纷著书立说，争论不休，形成了百家争鸣的局面。代表不同阶级或阶层的思想家的著作促进了说理散文的发展，这些思想家有儒家、墨家、道家、法家等。记载他们言论的书流传到现在的有《论语》《孟子》《墨子》《庄子》《韩非子》等。

《论语》和《孟子》是儒家的经典。《论语》是孔丘及其弟子日常言行的简短记录，多半是简短的谈话和问答。《孟子》主要记载孟轲的言论。孟轲长于辩论，因此书中语言明快，富于鼓动性。《墨子》体现墨翟"兼爱"的主张，语言朴素，说理明确，逻辑性很强，《兼爱》《非攻》等篇极有代表性。《庄子》是先秦最富诗意的说理散文，想象奇特，恢诡谲怪，变化万千，极富文学趣味。《荀子》论点明确，层次清楚，句法整练，说理透辟。《韩非子》结构严谨，锋芒锐利，大量运用寓言故事，说理深刻。《吕氏春秋》是秦国相邦吕不韦门客的集体创作，包括八览、六论、十二纪，兼有儒、道、墨、法、农诸家学说。书中保留了大量先秦时期的文献和逸事。它是秦汉杂家的代表作之一，集合许多单篇的说理文，层层深入，最见条理。和诸子散文一样，它往往以寓言故事为譬喻，因而文章富于形象性。

先秦诸子的说理散文无论在思想上，还是在艺术风格上，都对后世散文的发展产生了显而易见的影响。

汉初，政论散文有所发展。贾谊是西汉初年杰出的文学家，他的文章《过秦论》总结了秦代灭亡的原因，汲取了秦末农民起义的教训，发展了先秦的民本思想。他的散文善用比喻，语言富于形象性。晁错和邹阳的文章或论秦之得失，或针砭时弊，提出自己的主张，以晁错的《守边劝农疏》《论贵粟疏》两篇散文最为著名。

汉武帝时,"罢黜百家,独尊儒术",封建王朝迫切需要总结古代文化,给大统一的统治局面以哲学和历史的解析,司马迁的《史记》应运而生。它的出现,使先秦历史散文又向前发展了一大步。在《史记》的影响下,东汉产生了不少历史散文著作,班固的《汉书》便是其中的杰出代表。

魏晋南北朝时期,骈文盛行,散文衰落。北朝郦道元的《水经注》和杨衒之的《洛阳伽蓝记》等学术著作中仍有一些质朴的叙事、抒情、写景的优美文字。

中唐时期,韩愈大力反对浮夸的骈文,提倡写作古文,并得到柳宗元的大力支持,一时间古文创作佳作迭出,影响巨大,成为文坛的主要风尚,文学史上称其为古文运动。以韩、柳为首的古文运动的胜利,树立了一种摆脱陈言俗套、自由抒写的新文风,大大提高了散文的抒情、叙事、论述、讽刺的艺术功能。

中唐以后,古文运动一度衰落。到了宋代,欧阳修再一次掀起古文运动,他与王安石、曾巩、苏轼、苏洵、苏辙在古文运动中均各有成就,后人将他们与唐代的韩愈、柳宗元合称为"唐宋八大家"。北宋的历史学家司马光编有一部历史巨著《资治通鉴》,具有历史与文学价值。

明初,"开国文臣之首"宋濂的一部分传记文很有现实意义,比较著名的作品有《王冕传》《李疑传》等。明中叶以后,针对程朱理学、八股文的束缚,"前后七子"主张"文必秦汉"。以归有光为代表的"唐宋派"则主张尊唐宗宋。公安"三袁"(袁宗道、袁宏道、袁中道)提出了"性灵说",要求冲破传统古文的陈规旧律,自然流露个性,语言不事雕琢。以钟惺、谭元春为代表的"竟陵派"则主张"独抒性灵",晚明张岱的小品散文题材较广,涉及山水名胜、风俗世情、戏曲技艺乃至古董玩具等,语言清新活泼,形象生动。《西湖七月半》《湖心亭看雪》是张岱小品文的杰作。

桐城派是清代最著名的散文流派,因主要作家方苞、刘大櫆、姚鼐都是安徽桐城人而得名。方苞提出"义法"主张,"义"即内容纯正,"法"即文辞雅洁。姚鼐将其发展成为"义理、考据、辞章"的统一,代表作品有方苞的《左忠毅公逸事》、姚鼐的《登泰山记》等。

（三）赋

赋是汉代出现的一种新的文体,在两汉盛极一时,由于大多数文人致力于这种文体的创作,使其成为汉代文学的代表。

赋原本是《诗经》中的一种表现手法,即铺陈描写。赋作为文体的名称,始于荀子的《赋篇》,最早的赋体作品是楚国宋玉的《风赋》《高唐赋》《神女赋》等,辞藻华美,兼具讽谏意义,与汉赋更为接近,但疑为后人伪托之作。赋体的进一步发展是在战国后期,其是在战国纵横家散文和楚辞的影响下形成的,主要特点是铺陈写物,"不歌而颂",接近散文,但又汲取了楚辞的某些特点,如华美的辞藻和夸张的手法。由于赋体的发展与楚辞有着密切关系,因此汉代往往将辞赋连称。西汉初期的骚体赋,抒情浓郁,句尾多缀有"兮""些"等楚地方言词。汉族贾谊的《吊屈原赋》和《鵩鸟赋》是骚体赋的杰作。汉文帝、景帝时期的枚乘,在汉赋发展史上具有重要地位,他创作的《七发》,虽未以赋名篇,但结构宏大,文辞富丽,运用主客问答形式,标志着汉代大赋体制的正式形成。大赋又叫作散体大赋,规模巨大,结构恢宏,气势磅礴,语汇华丽,往往是成千上万言的鸿篇巨制。从武帝到宣帝的九十年间，是汉赋发展的鼎盛时期。《汉书·艺文志》著录的赋有九百余篇，大部分为这一时期的作品。从流传下来的作品看，其内容大部分是描写汉帝国威震四邦的国事，新兴都邑的繁荣，宫室园囿的富丽堂皇以及皇室贵族的田猎、歌舞生活等。代表作家是司马相如。《文选》所载两篇《子虚赋》是其代表作，代表汉代散体大赋的最高成就。赋的开头用问答体，设子虚、乌有、亡是公三人为客主，以游猎为题材，对诸侯、天子的游猎盛况和宫苑的豪华壮丽做了极其夸张的描写，而后归结于歌颂大一统汉帝国的权势和汉天子的声威。在赋的末尾，作者让汉天子在享乐之后反躬自省，委婉地表达了惩奢劝俭的用意。赋中大量运用华丽词藻、夸饰的手法、韵散结合的语言和主客问答的形式，大肆铺陈宫苑的壮丽和帝王生活的奢华，充分体现了汉代大赋的特点。其后扬雄的《甘泉赋》《河东赋》《羽猎赋》《长杨赋》以及班固的《两都赋》和张衡的《二京赋》都是著名的大赋作品。

东汉中后期，随着社会矛盾的不断激化，文人普遍受到压抑，促进了抒情小赋的出现，张衡的《思玄赋》《归田赋》，蔡邕的《述行赋》，祢衡的《鹦鹉赋》，赵壹的《刺世嫉邪赋》是其中的杰作。抒情小赋形制比较短小，文字清丽，多通过咏物来抒发作者的怀抱和思想感情，反映社会的黑暗现实，讥讽时事政治。由鸿篇巨制变为短篇，由描写宫殿游猎的统治阶级生活变为抒写个人的胸怀情志，这在汉赋发展史上是一次重要的转变。

赋作为一种文体，在此后还有骈赋（俳赋）、律赋、文赋等几个发展阶段。

从魏晋时期开始，受骈文的影响，赋体文学日益骈化，作家大量运用对句，且更加追求工丽，于是便形成了骈赋，又称俳赋。骈即"对偶"的意思，其特点是对偶精工，用典巧妙，辞藻华美，音韵自然和谐。曹植的《洛神赋》被视为骈赋的奠基之作。此后，陶渊明的《闲情赋》、江淹的《恨赋》、谢惠连的《雪赋》、庾信的《哀江南赋》都是著名的骈赋。

在唐代形成的律赋，把汉魏以来赋体文学中讲究骈骊声韵的形式推到极致，以声韵整齐、对仗工整和开阖扣题为其基本特征。律赋在唐代主要运用于科举考试，在文学上的价值不大。

作为赋的一类，文赋是唐宋古文运动的产物，文赋结构别致，议论纷呈，句式散文化，往往融叙事、状物、抒情、议论为一体。杜牧的《阿房宫赋》、欧阳修的《秋声赋》、苏轼的《前赤壁赋》是文赋的代表作。文赋的出现，为赋体文学注入了新的活力。

（四）小说

中国古代小说晚熟于诗歌、散文，略早于戏曲。"小说"一词最早见于《庄子·外物》，"饰小说以干县令，其于大达亦远矣"。"小说"与"大达"对举，是指琐屑的言谈及无关政教的小道理。作为文体的小说，与《庄子》所说的"小说"虽然含义不同，但古代小说作品一直是难登大雅之堂的东西，在封建社会里并未成为文学正宗。

追溯中国小说的起源，先秦两汉可看作是中国小说的萌芽时期。这一时期的神话、寓言、史传、野史、传说等都孕育着小说艺术的因素。《汉书·艺文志》首先把"小说"作为一种独立的体裁列于诸子之末，并著录了15家小说，共1 380篇，这些作品基本已亡佚。现存著录最早的小说有《燕丹子》《西京杂记》《列仙传》《神异传》《汉武故事》《汉武内传》《飞燕外传》等，大多见于《隋书·经籍志》，前人著录时多称汉人著作。

魏晋南北朝时期，由于长期的分裂战乱，儒学失去了独尊的地位，玄学逐渐发展兴盛并深刻影响士大夫的生活，此时道教和佛教得到了广泛的传播，带来了思想的解放。这一时期出现了大量记录神奇怪异故事的志怪小说，如干宝的《搜神记》、刘义庆的《幽明录》等。此外，随着个性意识的增强，出现了以名士容貌和言谈为表征的记载人物逸闻琐事的志人小说，以刘义庆的《世说新语》最为出名。

唐代是中国小说发展的黄金时期，文人创作小说的自觉意识更为积极，形成了新的小说体式——传奇。唐传奇是中国古代小说走向成熟的标志，留下了诸如元稹的《莺莺传》、白行简的《李娃传》、陈鸿的《长恨歌传》等杰作。鲁迅称其"叙述委婉，文辞华艳，与六朝之粗陈梗概者较，演进之迹甚明，而尤显者乃在是时则有意为小说"（《中国小说史略》）。唐代小说繁荣的原因，与文化发达以及科举"行卷""温卷"之风有直接关系。

小说发展到宋元时期，发生了根本的变化，随着宋元商品经济的发达和市民阶层的壮大，"说话"艺术更加兴盛，产生了话本，话本即说话艺人讲故事的底本。宋元话本的代表作有《碾玉观音》《错斩崔宁》《三国志平话》《大宋宣和遗事》等。其中，《三国志平话》《大宋宣和遗事》已具备《三国演义》《水浒传》的雏形。宋元话本以其鲜明的平民意识，浓郁的生活气息、丰盛多彩的情节和生动明快的语言而深受广大市民的喜爱。从宋代开始，白话小说逐渐成为中国小说的主流，为"小说史上的一大变迁"（《中国小说史略》）。

元明之际，由宋元讲史话本发展而来的长篇章回小说走向成熟，代表作是"四大奇书"（罗贯中的《三国演义》、施耐庵的《水浒传》、吴承恩的《西游记》、兰陵笑笑生的《金瓶梅》），代表了历史演义、英雄传奇、神魔小说、世情小说的最高成就。《三国演义》以魏、蜀、吴三国为中心，通过三国间的军事、政治、外交斗争，展现了一幅幅精彩的历史画面，刻画了一系列形象生动的人物形象。《水浒传》以宋江36人为基础，写了108位兄弟结义的英雄传奇故事，深刻揭示了"官逼民反"的社会现实。《西游记》用浪漫主义的手法写出了唐僧师徒四人西天取经过程中所遭遇的种种磨难，笔调诙谐幽默，引人入胜。《金瓶梅》用现实主义手法写出了以西门庆一家为代表的市井人物的日常生活，揭露了明代后期社会的黑暗与腐败。短篇小说的代表作是冯梦龙的"三言"（《喻世明言》《警世通言》《醒世恒言》）、凌濛初的"二拍"（《初刻拍案惊奇》《二刻拍案惊奇》）。"三言""二拍"将白话短篇小说的发展推到了一个新的高度，描写对象由传统的帝王将相、才子佳人转向了商人、手工业者、妓女等，不论是叙述技巧还是人物形象的塑造都有了显著的提高，以"三言"中的《杜十娘怒沉百宝箱》《卖油郎独占花魁》成就最为突出。

清代乾隆年间，曹雪芹的《红楼梦》和吴敬梓的《儒林外史》两部长篇巨著问世，标志着中国古代长篇章回小说的创作达到最高峰。《红楼梦》以贾、史、王、薛四大家族的盛衰为背景，以宝黛爱情悲剧为中心，展现了封建社会复杂尖锐的矛盾冲突，揭示了代表封建社会的四大家族必然走向没落的悲剧命运。《红楼梦》结构严密，语言生动，人物性格鲜明，代表了中国古典白话长篇小说的最高成就。《儒林外史》以讽刺封建科举制度为主题，以知识分子的生活和精神状态为题材，揭示了封建科举制度对知识分子的戕害，并对封建制度下知识分子的命运进行了深刻的思考和探索。《儒林外史》结构新颖独特，讽刺手法委婉含蓄，成功塑造了众多读书人的形象，是中国古代讽刺小说的杰出代表。清代短篇小说以蒲松龄的文言短篇小说《聊斋志异》最为著名，小说内容绝大部分叙写神仙狐鬼妖魅故事，人物形象生动鲜明，故事情节曲折离奇，行文洗练，在六朝志怪和唐人传奇的基础上将中国文言短篇小说的艺术推向了新的高度。

近代小说在梁启超"小说界革命"的倡导下，关注现实，出现了以李宝嘉的《官场现形记》、吴沃尧的《二十年目睹之怪现状》、刘鹗的《老残游记》、曾朴的《孽海花》为代表的谴责小说。这类小说抨击腐败，直指时弊，形成了近代强劲的批判现实的文学思潮。

总之，中国文学在经历了数千年的演变后，不论是诗词、曲赋，还是散文、小说，都形成了自己独特的艺术形式和丰富的内容，成为中国传统文化中不可或缺的一部分，滋养了一代又一代的国人。

（五）戏曲

戏曲是中国文学艺术的瑰宝，起源于原始歌舞表演，汇集祭祀、歌舞、倡优、诗词、说唱艺术等诸多养料，是融唱、念、做、打为一体的综合艺术形式。

中国戏曲的起源可追溯到上古时期的原始歌舞和祭祀。春秋战国之际，出现了专门以滑稽娱人为业的俳优。汉代出现了以竞技为主的角抵戏，南北朝时期出现了歌舞与表演相结合的歌舞戏——《拔头》《代面》《踏摇娘》。唐代流行由先秦时期的优伶表演发展而来的以滑稽表演为特点的参军戏。经过漫长的孕育，到了宋代，城市商品经济得到长足发展，出现了很多市民娱乐场所——瓦舍和勾栏，民间歌舞、说唱、滑稽戏有了综合发展的趋势，出现了宋杂剧。宋金并存时期，在宋杂剧的基础上，北方出现了"金院本"，南方出现了"南戏"。宋杂剧和金院本是中国戏曲的雏形。

南戏是中国戏曲最早的表现形式，形成于南北宋之交的浙江温州（古称永嘉）一带的民间，它是在宋杂剧的基础上，融合南方民间小曲、说唱等艺术元素形成的，以体制庞大、曲词通俗质朴为其特点，已初具戏曲的基本艺术特征，有《张协状元》《官门子弟错立身》、"荆刘拜杀"（元代南戏《荆钗记》《刘知远白兔记》《拜月亭》《杀狗记》的合称）、《琵琶记》等名篇。

元代，成熟于金末的元杂剧（北杂剧）风行一时，几乎与元帝国命运相始终。元杂剧的内容以揭露社会黑暗、反映人民疾苦为主，主题明确，人物鲜明，现实主义与浪漫主义的手法相结合，结构上最显著的特征是四折一楔子和一人主唱。元杂剧以关汉卿、马致远、王实甫为代表，形成了《窦娥冤》《汉宫秋》《西厢记》《赵氏孤儿》等经典剧目。

明清传奇源于宋元南戏。明中叶到清初，传奇代替杂剧成为戏曲舞台上的主角，传奇曲词典雅，体制庞大，表演上则日趋成熟，多用昆曲演唱，唱腔优美。汤显祖的《牡丹亭》、洪昇的《长生殿》、孔尚任的《桃花扇》，代表了明清传奇的辉煌。

清中叶以后，花雅之争带来了戏剧发展方向的又一次改革——由以剧本创作为中心转向以舞台表演为中心，由以雅部为中心转向以花部为中心，各种花部地方戏蓬勃兴起，折子戏总集《缀白裘》收录了大量的经典名句名段。地方戏带有新的时代特征，题材广泛，贴近生活，由于经过无数艺人的琢磨和长期的舞台实践，许多都成为深受人们喜爱的剧目，如《拾玉镯》《玉堂春》等。道光年间，由西皮和二黄两种腔调组成的京剧正式形成京剧曲文质朴、通俗、本色，不同于杂剧传奇曲文的典雅华美，以角色唱、念、做、打的舞台表演艺术为主。京剧到了近代，经过无数艺人的不断努力，逐渐成为全国影响最大的一种剧种,《四进士》《群英会》《定军山》等优秀剧目长盛不衰。

二、中国古代文学的文化特征

(一) 中国古代诗歌

中国是诗歌的国度。在中国灿若星河的传统文化中,诗词是其中最为璀璨的一颗,它深刻影响了中国人的内在气质,塑造了中国人独特的审美趣味,慰藉着中国人的心灵,是中国民族精神、民族文化、民族情感的集中体现。

中国现存最早的典籍《尚书·尧典》中有"诗言志,歌咏言"的记载。魏晋时期陆机提出"诗缘情"的创作原则。从此,"言志"与"缘情"一直是诗人们所钟情的一种审美崇尚。刘勰的"情者,文之经也",白居易的"感人心者,莫先乎情"都是这一审美崇尚的演绎。中国古代诗歌十分注重感情的抒发,注重生命意义的探讨,这一中国传统文化特殊土壤培植的诗歌传统,我们可以用三句话来概括:家国情怀、生命感悟、心灵悸动。

1. 家国情怀

在古人的心中,家与国是紧紧维系在一起的。中国古代文人士大夫大多有"济苍生、安社稷"的远大理想,都把"修身、齐家、治国、平天下"作为自己的使命。"兼济天下"与"独善其身"成为诗人们一种无法割舍的情结,这种情结与农耕文化中特有的那种对土地、对故园的眷恋糅合在一起,构成了中国古代诗歌中一道亮丽的风景线——家国情怀。诗人们以诗歌为载体,将自己的报国之志、忧国之心、故土之恋、漂泊之情汇聚成一首首爱国主义的时代旋律。

我国最早的一部诗歌总集《诗经》充满爱国主义的描写。《小雅·六月》就是一首赞美抵抗外族侵扰的正义战争的颂歌。《王风·黍离》通过"稷苗"到"稷穗""稷实"的成长过程和"中心摇摇"到"如醉""如噎"的情感变化,生动地表达了作者长期"行迈"离乡的悲痛和爱国情怀。伟大的爱国主义诗人屈原尽管命运坎坷,他的一首饱藏着诗人炽热情感和满腔忧愤的抒情长诗《离骚》震撼和激励了历代中国知识分子。"长太息以掩涕兮,哀民生之多艰""路漫漫其修远兮,吾将上下而求索""亦余心之所善兮,虽九死其犹未悔"等诗句无一不喷涌着诗人忧国忧民的炽热情感。

"忧国忧民"是杜甫诗歌的主旋律。《悲陈陶》《春望》《闻官军收河南河北》等诗作中都流露出诗人情系苍生社稷的真实情感。而李白则以一种清新浪漫的笔触倾诉着诗人强烈的爱国主义情感。不论是对壮丽河山的赞颂,还是对国家命运的关注,或者是对建功立业的渴望都渗透着诗人的一往情深,而以中国封建社会发展的鼎盛期唐代社会为背景,以浪漫主义精神为特征所诞生的"边塞诗派"不仅传承了屈原以来的爱国主义精神,也继承了建安诗歌"志深而笔长""梗概而多气"的风骨,于雄浑与悲壮中昂扬着一种时代精神,表现了诗人们浓烈的家国情怀。

南唐后主李煜虽是亡国之君,但他的词却堪称惊天地泣鬼神的血泪文字。《虞美人(春花秋月何时了)》中的追思与幽愤、《相见欢(无言独上西楼)》中的愁苦与凄婉、《浪淘沙令(帘外雨潺潺)》中的痛楚与悲怆无一不饱蘸诗人的故国之思和亡国之恨。难怪王国维说他的词"真所谓以血书者也"(《人间词话》)。

宋代爱国诗人陆游一生挥之不去的情感是期待"王师北定中原日",即使晚年闲居,萦绕于怀的还是"尚思为国戍轮台"。南宋爱国词人辛弃疾一生系念的是金人铁蹄下北方人民过的"含泪仰面问苍穹,王师何日复汴京"的痛苦生活,于是,他将河山之恸、故国之思以及对奸臣当道的无尽愤怒化作了声洪气壮的《稼轩词》。他的代表作《水龙吟·登建康赏心亭》就深沉地表达了功业未就、壮志难酬而又无人理解的抑郁悲愤的心情。南宋末著名诗人文天祥就义前写的《过零丁洋》是他被俘后的明志之作。生死关头他想到的不是个人的命运,而是国破家亡的剧痛与自责。

2. 生命感悟

关于生命与死亡,关于生命存在的终极意义,历来是诗人们萦绕于怀的话题。中国古代关于生命感悟的诗歌多体现在追问人生的意义、探询人生的理想、打量人生的姿态。面对宇宙和生命的无穷奥秘,屈原以雄奇恣肆的《天问》表达了自己的叹唱、困惑和思考。

唐代诗人张若虚的《春江花月夜》是一首著名的离情诗,被闻一多誉为"诗中的诗,顶峰上的顶峰"(《宫体诗的自赎》)。在春、江、花、月、夜五种意象编织的画面中,映现了诗人对宇宙、对人生的苦思冥想。从"不知江月待何人"到"但见长江送流水"的苦苦思索,再到"江畔何人初见月,江月何年初照人"的深沉追问,诗人在有限与无限、瞬间与永恒的探询中抒写了人生有限的感喟以及对生命、对青春的追求与眷恋,从而摇曳出一片清幽、迷离的梦幻美。

面对生命短暂的无奈事实,诗人们或积极入世,高唱珍惜生命、建功立业之歌;或消极出世,低吟人生苦短、及时行乐之曲。曹操《短歌行》中"对酒当歌,人生几何"的慨叹不仅是诗人对人生苦短的深沉感慨,更是诗人执着于有限之生命抒写大业未成、时不我待的宏图大略。

苏轼的代表作《念奴娇·赤壁怀古》气势恢宏地抒写了壮丽的江山和英雄的业绩,却又充满着豪迈之情与无奈之绪的思想矛盾,交织着伤古与怀古、感奋和感伤的复杂情感。一句"人生如梦"虽然有些无奈,但从中我们不难体会出词人对事业、对人生的激情和思索。

诗人们在哀叹人生苦短、功业难成时,常常通过"惜春"或"悲秋"等题材或意象来抒情言志。李清照《如梦令(昨夜雨疏风骤)》中的一句"绿肥红瘦"透露的红颜易老的伤感;黄庭坚的惜春名作《清平乐(春归何处)》中表达的怜惜春残的迷离情思,都在一缕悠长的寻味中表现了伤春这一人类终极烦恼的主题。至于杜甫的"无边落木萧萧下,不尽长江滚滚来",柳永的"多情自古伤离别,更那堪、冷落清秋节",马致远的"夕阳西下,断肠人在天涯"都是悲秋的经典之作。它们或感时伤怀,或触景生情,或睹物思人,尺幅之间把秋日之愁、羁旅行役之苦、漂泊流离之痛等人生况味表现得淋漓尽致。

3. 心灵悸动

亲情、友情、爱情以及思乡爱国之情是诗的情感归宿。古往今来,抒写亲情、友情、爱情的诗作比比皆是。孟郊的"慈母手中线,游子身上衣"写的是亲情;李白的"我寄愁心与明月,随君直到夜郎西"写的是友情;白居易的"在天愿作比翼鸟,在地愿为连理枝"写的是爱情。中国最早的诗歌总集《诗经》中表现男女青年相惜、相恋的情歌占了很大的比重。《关雎》中情愫萌动的初恋,《静女》中大胆直白的热心,《氓》中哀怨凄楚的失恋都生动地表现了恋爱中的青年男女的微妙心态。

由于古时男人们常在外求学、游历、为官或戍边,而女人们只能留守家园,苦苦等待,所以古代诗歌中涌现了众多描写"闺怨"的诗歌。唐代王昌龄的《闺怨》颇具代表性，"闺中少妇不知愁，春日凝妆上翠楼。忽见陌头杨柳色，悔教夫婿觅封侯。"

离别引发了诗人们无穷的灵感。"无为在歧路，儿女共沾巾"是有志男儿的壮别，"举手长劳劳，二情同依依"是夫妻间的惨别；"风萧萧兮易水寒，壮士一去兮不复还"是勇士的诀别；"执手相看泪眼，竟无语凝噎"是多情儿女的苦别。在众多写离愁别绪的作品中，李清照的作品散发着独特的魅力，她用女性特有的细腻笔触，把"离愁""闺愁"的描摹推向了极致。

与别离之作相比，古代诗歌中的悼亡之作更给人以强烈的震撼。别离虽苦，至少还让人有所企盼，而死别留给人的只有阴阳两隔的痛苦与遗憾。唐朝诗人元稹怀念亡妻的名作《遣悲怀三首》、苏轼悼念亡妻的《江城子》写得凄美动人、情真意切。

（二）中国古代散文

散文是载道的重要工具，被视为中国文学的"正宗"，是中国正统的、"经世致用"文化的文学化和通俗化的表述。我国古代优秀的散文，无不体现出作家宽广的情怀、广博的知识；同时，又善于从个体的角度思考人类的命运，成为一个民族的心灵写照和人类文化进程最为真实的见证。我国古代散文具有以下特点：

1. 文史哲的组合

古代散文成熟于春秋战国时期。春秋战国时期是中国古代社会大变革的时代，也是我国古代思想变革最为激烈的时期，此时因学说的不同而学派林立，形成了学术上百家争鸣的局面和文学上百花齐放的格局。这个时期主要有两类不同的散文，一类为历史散文，另一类是诸子散文。历史散文以记叙为主，主要记叙历史事件与历史人物的言论和行动。其中的《左传》和《战国策》具有很高的文学价值。诸子散文以论说为主，是春秋战国时代各个学派阐述表达其思想学说的著作，标志着中国文学史上第一次散文高潮的到来，在中国文学史上具有划时代的意义。它的内容几乎涵盖了中国古代的政治、经济、哲学、军事、科学、历史、文艺等诸多方面。《论语》是语录体散文，记载了孔子师生的简短谈话、问答，内容上以教育为主，包括哲学、历史、政治、经济、艺术、宗教等方面。它还具有较高的文学价值，言简意赅，耐人寻味，有许多充满人生哲理的语句。在封建社会，统治阶级为了巩固和延续封建制度，把它看成治国的珍宝，因此我国古代有"半部《论语》治天下"的说法，它也因此被称为"中国的圣经"。

2. 思辨与叙事的融合

我国记载历史事件的叙事散文历史悠久，从秦到西汉是中国古代散文诸体渐趋完备的时期。秦代由于时间短暂，文学作品不多，其中秦国相邦吕不韦召集门客编成的《吕氏春秋》和李斯的《谏逐客书》最有代表性。

秦代虽然在文学上没有取得大的成就，但其政治的失败却给西汉初年的思想家提出了一系列发人深省的课题，也使那些才华横溢的汉初文人有了发挥其聪明才智的广阔天地。先是陆贾，著文12篇纵论秦所以失天下、汉所以得天下和古代帝王的兴衰成败之理，号为《新语》。接着年轻的思想家贾谊把汉代政论体散文的创作推向一个新的高度。其文铺张扬厉，纵横捭阖，犹有战国遗风。其《过秦论》代表了汉初政论散文的最高成就。

西汉司马迁的《史记》代表了古代散文创作第二个灿烂的高峰。鲁迅评价《史记》为"史家之绝唱，无韵之《离骚》"，说明《史记》无论从文学价值还是史学价值来看，都达到了登峰造极的地步，从而成为中国古代散文史上一座不朽的丰碑。

六国被秦国灭亡的教训，是许多文史家关注的话题。著名的"三苏"（苏洵、苏轼、苏辙）就每人写过一篇《六国论》。苏洵的《六国论》不同于其他两篇，他的写作目的不在于总结六国灭亡的教训，而在于警告宋朝统治者勿蹈六国灭亡的覆辙，借古喻今，这是苏洵高出其二子的地方。他的《六国论》除在立论上具有借题发挥、借古喻今的写作特点外，在论证的严密性、语言的生动性上也堪称典范。

3. 骈散的结合

战国时纵横家夸饰的文风和楚辞的传统相结合，形成了一种讲究辞藻、对偶、用韵，散文和韵文兼有的综合文体——汉赋。

赋是汉代文学最具有代表性的样式，它介于诗歌和散文之间，韵散兼行，可以说是诗的散文化、散文的诗化。枚乘的《七发》标志着新体赋的正式形成，司马相如《子虚赋》和《上林赋》代表着汉大赋的最高成就。西汉后期赋的大家是扬雄，班固的《两都赋》、张衡的《二京赋》是东汉大赋的力作。同时，张衡的《归田赋》突破旧的传统，开创了抒情小赋的先河。

六朝出现了中国文学"缘情而绮靡"的代表——骈体文。骈体文以句式严整、多用排比对偶、注重使用典故、辞藻华丽著称。真正能代表唐初骈文风格，能流传千古的文章是王勃的《滕王阁序》和李华的《吊古战场文》。《滕王阁序》不仅以诗人的眼光来观察与滕王阁有关的客观事物，而且还以诗人的心情去体验和抒发真实的感受，是由衷之言的千古绝唱。

4. 文与道的合一

唐宋时期，韩愈倡导"古文运动"，主张文道合一，反对僵死的骈文，主张解放文体。中唐后期的韩愈、柳宗元都反对骈文，不满浮华的文风，提倡恢复和发展秦汉散文的优良传统，倡导古文运动。他们以自己卓越的创作实践，摧毁了骈文在文坛的统治地位，为把散文从骈文中解放出来，确立了散句单行、自由书写的新型散文"古文"。他们的散文作品如《师说》《永州八记》等就是这种古文的典范，是唐宋古文运动的光辉结晶。

韩愈在文学上强调文学要为儒学道统服务，要求言之有物，辞必己出。他的诗文有很高成就，尤以文章著称，名列"唐宋八大家"之首。其文气势壮盛，辞锋骏利，语言练达。后人称他"文起八代之衰"，对唐及后世散文创作有巨大、深远的影响。其中，《师说》是韩愈散文中重要的论说文。

柳宗元与韩愈齐名，他创作了许多内容丰富、技巧纯熟、语言精练生动的优秀散文。他的散文风格自然流畅，幽深明净。《永州八记》已成为我国古代山水游记名作，柳宗元也因此被称为"游记之祖"。

"唐宋八大家"在整个散文史上起到了承前启后、继往开来的作用，具有崇高的地位。在理论和创作实践上使古文达到全盛阶段，一直发展到唐末五代。唐代散文结束了六朝以来的骈文，提倡从生活中取材，从日常语言中提炼新的书面散文语言，扩大了文言文的表达能力，有进步意义。

5. 写实求真与自由的结合

元明清三代的散文基本上是继承唐宋。随着戏曲、小说等市民文学的兴起，正统文坛日趋衰落，卓然名世的散文作家作品很少。明代出现了比以往任何时期都多的文学流派，有前后七子的复古派，有反对复古的唐宋派，又有反对复古、主张性灵的公安派及竟陵派等。作为晚明散文创作一大特色的小品文在这个阶段趋于兴盛，它是中国散文发展史上的一朵奇葩，一反传统古文的"明教载道"宗旨，以其独特的文学特质给中国散文带来了新观念和新风格。它的文学特质主要表现在其文学思想的离经叛道，创作目的的自娱性追求，内容题材上的生活化、个性化等方面。它体例短小精练，风格轻灵隽永，反映了晚明时期文人文学趣味的某种变化。公安派袁氏三兄弟的作品在这方面具有代表性，如袁宏道的《晚游六桥待月记》、袁中道的《游荷叶山记》、袁宗道的《上方山》等。这些小品文大多描写文人士大夫日常的生活风貌，真实细腻地表现他们新的生活情调，形成了个人化、生活化以及写实求真的创作特征。

元、明、清时期，文坛虽然推崇唐宋"古文"，但由于受程朱理学的影响，古文染上了许多道学家的气味，古代散文创作逐渐衰微，虽然在这几个朝代的早期和晚期尚有几篇稍有生气的作品，人们在散文创作的理论方面也有所探索，也曾出现过打着不同旗号的各种散文流派，但总体上看，散文创作比起小说的繁荣显得相形见绌。

(三) 中国古代小说

小说的创作是传统文化的一部分，必然受到传统文化的影响和制约，并反映出它的民族文化特点。小说作家在作品中总是按照善与恶、忠与奸、正与邪的道德观念来塑造人物，起到劝善惩恶、匡正时弊的教育作用。《三国演义》的文化特质主要是"忠义文化"；《水浒传》的文化特质主要是"绿林文化"，或者叫作"江湖文化"；《西游记》则主要反映了"神魔文化"的特质；《儒林外史》是封建科举制度走至反面时的"士文化"；《红楼梦》主要的文化精神便是"情文化"；《三侠五义》则是种"武侠"文化。小说作为市井文学的代表，符合大众的审美情趣，取代诗、词、文等成为明清最繁荣的文学样式。

1. 中国古典历史演义小说的顶峰：《三国演义》

《三国演义》是《三国志通俗演义》（又称《三国志演义》）的简称，是我国第一部长篇章回体历史演义小说。《三国演义》最擅长描写战争，并能写出每次战争的特点。小说采用多头绪、多层次的网络状态结构形式，把纷繁复杂的历史事件，特别是战争，写得条理清楚，主次分明，有声有色。《三国演义》规模宏大，多线交替发展，情节精彩纷呈，最为出色的是勾画了一幅幅风云变幻的战争画面。全书写了大大小小上百次战争，有陆战、水战、火战，有进攻战、防御战、伏击战、偷袭战，既跌宕起伏，又扣人心弦。最突出的是关于三大战役的描写，即官渡之战、赤壁之战、彝陵之战。

罗贯中的《三国演义》辐射历史风云，壮阔之中见精巧，宏伟之中显严谨，全书展现了三国时代的历史巨变，塑造了一批叱咤风云的英雄人物。在书中的近二百个人物形象中，最为突出的是"三绝"：智绝诸葛亮、义绝关羽、奸绝曹操。作者塑造这些人物的同时，特别注意把人物放在现实斗争的尖锐矛盾中，通过这些人物十分独特的、甚至是独一无二的行为，通过他们各自的言行或周围环境，表现其思想性格。如小说通过描写三顾茅庐、舌战群儒、草船借箭、借东风、空城计、七擒孟获、秋风五丈原等奇特的故事情节，塑造了"古今来贤相中第一奇人"诸葛亮谋略过人、忠贞豁达、智慧廉正、"鞠躬尽瘁，死而后已"的形象，并且作者还赋予了他呼风唤雨、神机妙算的奇异本领；通过温酒斩华雄、单刀会、刮骨疗毒、过五关斩六将等奇特情节，塑造了"古今来名将中的第一奇人"关羽勇武神威、威猛刚毅、义重如山的古代义士形象；小说还通过装疯诳叔、借头抚众、割发代首、许攸问粮、焚书不究、割须弃袍、横槊赋诗、梦中杀人、虚设疑冢等丰富多彩的典型情节，塑造了既有雄才大略，又残暴奸诈，"宁教我负天下人，休教天下人负我"的"古今来奸雄中的第一奇才"曹操的形象。

2. 中国古典英雄传奇小说的顶峰：《水浒传》

由施耐庵创作于元末明初的《水浒传》，简称《水浒》，是我国历史上第一部用白话文写成的长篇小说，并且是第一部用白话文写成的长篇章回体小说，也是我国历史上第一部描写农民起义战争的长篇小说。

《水浒传》在艺术上的最成功之处是塑造了林冲、鲁智深、武松、宋江、李逵等形貌各异、性格鲜明、慷慨任侠、叱咤风云的英雄群像，展示了普通人难以企及的生命力和英雄气概。明末清初小说评论家金圣叹说："《水浒》所叙，叙一百八人，人有其性情，人有其气质，人有其形状，人有其声口。"《水浒传》一书充满了令人向往的神奇色彩。

作者描写这些英雄人物的性格特点主要两种，一种是所写英雄人物，其性格特点自始至终没有多大变化。如鲁智深，他"赤条条来去无牵挂"，从一出场，便是"遇酒便吃，遇事边做，遇弱便扶，遇硬便打"，"禅杖打开危险路，戒刀杀尽不平人"。他"路见不平拔刀相助"，豪侠仗义，疾恶如仇，扶危济困，不拘小节，率性而为，从不瞻前顾后、患得患失。《水浒传》写另一种英雄性格，是随着他本人不同的人生际遇和命运的变化而逐渐发生变化的。如林冲经历生与死的坎坷人生经历以后，由隐忍到反抗，从懦弱到坚强，林冲的性格变化是被一步一步逼出来的。

《水浒传》成功塑造了一大批性格迥异、光彩照人的英雄形象，特别像林冲这样随着遭遇变化和命运的变化而性格不断发生变化的英雄。这些英雄形象有血有肉，栩栩如生，跃然纸上，在中国文学史上享有崇高的地位。

3. 中国古典神魔小说的顶峰：《西游记》

吴承恩的《西游记》是明代著名长篇神魔小说，是中国浪漫主义长篇小说的巅峰之作。《西游记》以丰富瑰奇的想象描写了唐僧师徒四人在取经途中所经历的千难万险，以及他们降妖伏魔最终取得真经的神话英雄传奇。它由作者吴承恩根据历代民间传说，在对传统题材加以改造的基础上，注入了对现实生活的感受和认识创作而成。其中最为人们所津津乐道的人物是孙悟空和猪八戒。

孙悟空是《西游记》中的第一主人公，原是花果山上一块仙石产卵见风而化成的石猴，但这个石猴不仅具有人的思想感情和猴的习性，而且法力神奇。他桀骜不驯，大闹天宫，搅蟠桃会，戏老道君。他疾恶如仇，尽管劫难接踵而至，他毫不退缩，除恶务尽。他聪明绝顶，无论是三打白骨精，还是平顶山斗妖，抑或三调芭蕉扇、山岛求仙方都活脱脱一个超凡脱俗、光彩夺目的神话英雄。孙悟空是作者英雄情结的体现，是作者英雄崇拜的审美判断与价值取向，同时也是民族精神的象征。

猪八戒是一个喜剧形象。他在高老庄，能"扫地通沟，搬砖运瓦，筑土打墙，耕田耙地，种麦插秧，创家立业"；在西天路上，带着九齿钉钯，"摩肩压担"，是唐僧的护法神之一；在降妖除魔过程中，是孙悟空的得力助手。他不顾苦和累，劈道于八百里荆棘岭，拱开恶臭的稀柿衕。这些举动表现了他性格憨直、温和，力气大、勤劳、朴实的自然本色。

可他有很多缺点，好吃懒做、爱说谎，喜欢占小便宜，贪图女色，经常被妖怪的美色所迷，难分敌我。使乖弄巧，往往弄巧成拙；爱占便宜，反倒自己吃亏；爱进谗言冷语，撺掇师父给孙悟空念紧箍咒；遇上强敌，临阵逃脱；斗妖受挫，就叫沙僧"拿出行李来，我们两个分了吧"；老想回高老庄看浑家。作者怀着善意来讽刺他，使人觉得这个形象可笑而又可亲。

4. 中国世情小说的顶峰：《红楼梦》

《红楼梦》原名《石头记》，由曹雪芹写成于清朝乾隆中期（1754年），是中国古典小说巅峰之作。

曹雪芹的《红楼梦》是一部小说，但同时也可以看作一部诗集，这不仅因为《红楼梦》中有大量的脍炙人口的诗词曲赋和韵文，如《好了歌》《红楼梦曲》《大观园题咏》《葬花吟》《秋窗风雨夕》《柳絮词》《芙蓉女儿诔》等，更重要的是小说的整个氛围是诗意的和诗化的，这尤其表现在作者对《红楼梦》的正面人物和美好事物的诗化上面，表现在作者对重要场景、环境所赋予的诗一般的意境上。林黛玉和贾宝玉就是在俗世中执着追求和向往诗意生活的最佳典型。

《红楼梦》开篇讲了一个荒诞神奇而又寓意颇深的故事来说明贾宝玉的来历。一块顽石，被携到那昌明隆盛之邦，诗礼簪缨之族，花柳繁华之地，温柔富贵之乡。曹雪芹用他丰富的想象力赋予石头故事以深刻的寓意。贾宝玉外貌出众，性格上体现了历来诗人的气质：疏狂。贾宝玉表现的反世俗的性格和他性格中一连串惊世骇俗的行为，更显出他对诗意生活的追求。他是荣国府的继承人，他有"聪俊灵秀"的天赋，使这个显贵家庭对他寄予特别殷切的希望。然而，他不仅丝毫无意于立身扬名、经国治家，反而对那个家、国已经彻底绝望，并走上背叛的道路。他和他的父亲水火不容，势不两立：他不爱读的书，偏偏要他读；他不爱做八股文，偏偏要他做；他不爱和那些峨冠博带的家伙应酬，偏偏逼他出去应酬。他认为茫茫尘世，只有女孩子们的世界是一片净土，"女儿是水做的骨肉，男子是泥做的骨肉。我见了女儿便清爽，见了男子便觉得浊臭逼人"。把"女儿"比作水，有着清纯的诗意，跟林黛玉以花自喻一样。女儿是像花一样鲜艳、美丽、芳香，像水一样的清澈、晶莹、明洁，她们的青春生命里闪耀着真和美的光彩。贾宝玉正是从她们身上看到了人生的价值，发现了优美的灵魂和纯真的爱情。可他的父亲总要把他拉出这片净土，他的母亲总要来摧残这一片净土，还有他的伯父、哥哥、侄辈之流总要来污秽、践踏这片净土。宝玉的泛爱，也不仅是爱青春女性，他爱天上的燕子，爱水里的鱼儿，他跟星星月亮对话，他能把自己跟宇宙融为一体。他对天地间一切无情的事物，也能赋予真挚的感情。他喜欢在大观园女儿国中斗草簪花、低吟浅唱、自由自在的生活。连死亡他都设计出独特的韵味："我此时若果有造化，该死于此时的，如今趁你们在，我就死了。再能够你们哭我的眼泪流成大河，把我的尸首漂起来，送到那鸦雀不到的幽僻之处，随风化了，自此再不要托生为人，就是我死的得时了。"宝玉对理想和爱情的最美好的追求，都因封建势力而毁灭。

林黛玉是《红楼梦》里一位最富有诗意美和理想色彩的悲剧形象。她容貌俊美，聪明绝顶，坚贞纯情，才学横溢，并具有诗人的气质和独特的悲剧性格。在她出世之前，曹雪芹就用浪漫的笔调、奇特的想象和诗意，创造了新奇绝妙的亘古未有的"木石前盟"和"还泪"之说。她是个绝世美人，王熙凤说："天下竟有这样标致人儿！我今日才算看见了!"在宝玉的眼里,她是"神仙似的妹妹",别有一种风范和神韵。可命运对她太残酷,父母双亡,从此孤苦伶仃地寄居在贾府。她才思敏捷,寄人篱下的生活使她饱尝了世态的炎凉和人情的冷暖,这些倾注在她的诗作中,便向我们呈现了一个矛盾又痛苦、孤高又坚贞的心灵世界。《柳絮词》的缠绵悱恻,《菊花诗》的艺压群芳,《葬花吟》的如泣如诉,真实地凸显了一种独立人格的壮美与崇高。富有诗人气质,并且被诗化的林黛玉,诗魂总是时刻伴随着她,总是随时从她的心里和身上飘散出沁人心脾的清香。"无赖诗魔昏晓侵",这是她的切身体验。如果没有了诗,也就没有了林黛玉。

然而,最激动人心、催人泪下的,还是林黛玉追求个性解放、争取婚姻自由的叛逆者的悲剧性格。在"女子无才便是德"的封建社会,她不仅才情横溢、学识渊博,而且对贾府的"混世魔王"贾宝玉竟引为知音,从思想到行动上都不劝宝玉走"仕途经济"之道,从不说这些"混账话"的,闪烁着诗意和理想的光彩,充满了叛逆的精神。林黛玉为爱情而生,又为爱情而死,她对贾宝玉爱得真诚,爱得执着,始终如一。然而他们的爱情却阻力重重,看不到未来。再加上她诗人的气质和悲剧的性格,这种被压抑的燃烧着的爱情,只能用诗和哭来抒发,来释放。当他们这种同生共命的爱情最后遭到熄灭时,她便"焚稿",以生命相殉。这种爱情是怎样的至诚至坚,至纯至性,感天地,泣鬼神,感人肺腑,撼人心灵!

《红楼梦》塑造了一大批千古不朽的典型形象,特别是女性形象。如金陵十二钗正副册的人物:林黛玉、薛宝钗、王熙凤、史湘云、贾家四姐妹(元春、迎春、探春、惜春)、妙玉、香菱、平儿、晴雯、袭人、紫鹃,等等,这也成就了作品无人逾越的巅峰地位。

(四)中国古代戏曲

1. 传统戏曲的表演形式

戏剧的一般特征是用演员扮演人物,以人物的唱词、对话和动作来表现故事情节。所以,一台好戏必须有动人的唱腔、不凡的身段、精彩的剧情,必须是音乐性对话、舞蹈化动作和文学化剧情的统一,必须是歌、舞、剧的统一。具体来说,唱、念、做、打是戏曲的艺术手段,被称为"四功";手、眼、身、法、步是传统戏曲的技术方法,又叫"五法"。"四功"和"五法"不但是戏曲主要的表演形式,也是优秀演员应具备的基本功。

唱是戏曲艺术主要的表现形式,列"四功"之首。演唱不但要求字清、音纯、腔圆、板正,还讲究声情并茂,唱腔的疾徐长短、轻重高低要能够传情达意,打动观众。演员们最渴望的就是有一副"好嗓子",都希望自己的演唱能"余音绕梁,三日不绝"。许多戏曲表演上的"流派",常常是以演员的嗓音和唱腔来作为主要特点的,如京剧的"梅派""程派""荀派"等。

念是戏曲演出中人物间的对白或独白的总称,是一种诗歌化、音乐化的戏剧语言。一般剧种的念白与剧种所在的地方音大致相同。白主叙事,分为"韵白"和"散白"。"韵白"是有韵的念白,高低抑扬又舒缓自如,较接近朗诵,有比较明显的旋律和节奏,多用诗词或者文雅一些的语句。"散白"在京戏里称为"京白",比较接近日常生活的口语,但又不相同,它要比口语夸张,而且也有旋律和节奏。

做指舞蹈化的形体动作,讲求细腻而不烦琐、洗练而不粗率。做要求"走有走相,坐有坐相""浑身有戏",舞要求"身似轻燕脚如钉"。

打是戏曲形体动作的另一重要组成部分,它是传统武术的舞蹈化,一般分为"把子功""毯子功"两大类。凡用兵器对打或独舞的,称为"把子功"。在毯子上翻滚跌扑的技艺,称为"毯子功"。

唱、念、做、打是戏曲表演的特殊艺术手段,四者有机结合,构成了戏曲表现形式的特点,是戏曲有别于其他舞台艺术的重要标志。

中国传统戏曲历来重视剧本的创作,涌现出了关汉卿、王实甫、汤显祖、孔尚任等一系列优秀的戏剧大师。到了清初李渔开始把目光转向舞台,他认为,"填词之设,专为登场",突出戏曲的舞台性,强调戏曲创作要充分尊重戏曲的舞台艺术特点,不像前人一样把戏曲视同诗词,作为案头艺术来欣赏。清道光年间,京剧形成并迅速发展,戏剧文化发生了重大变化:戏曲艺术的核心不再是文学创作,而是表演艺术,剧本的创作服务于演员的舞台演出。因此,在京剧演出过程中,观众对演员的表演十分关注,剧作者则成了附庸。为了追求"名角效应",有些剧本还为"名角"量身定做。而演员们为了成为名角,勤练内功,把追求尽善尽美的舞台艺术作为自己的终极目标,极大地提高了舞台艺术水准,形成了中国传统戏曲文化无与伦比、精妙绝伦的艺术特色。下面介绍几种常见的舞台艺术形式。

脸谱。戏曲化妆俗称"扮相",指戏曲人物的面部化妆,可分为"俊扮"和"彩扮"两种类型。一般的生行和旦行用"俊扮",即只略施彩墨来达到美化效果,也称为"素面"。"彩扮"主要适用于净、丑两行,也称为"脸谱"。脸谱化妆充分运用夸饰的手法,以色彩和图案对眉、眼、鼻、口及脸庞、脸纹加以夸张铺饰,强调人物的面目特征。脸谱还具有"寓褒贬,别善恶"的艺术功能,从中可以看出绘制者对人物的道德评价。脸谱中每种设色都具有特定的象征意义。红色象征忠勇侠义,白色象征阴险奸诈、刚愎自用,黑色象征直爽刚毅、勇猛而智慧。所以,忠肝义胆的关羽,被画成了红脸;奸诈阴险的曹操,脸上涂满了白色;公正无私的包拯,则成了黑脸。

髯口。生、净、末、丑各行角色所戴的髯口又称为"口面",是代表人物面部的两腮和下颌部分生长的胡须的象征物。它是代表剧中人物年龄、性别、性格的一种不可少的化装装饰。髯口是用犀牛尾、马尾、细尼龙丝或假发制成的。髯口不仅是遮盖演员演唱时口型的美化手段,也是一种刻画人物心情与神态的艺术工具。演员通过各种髯口的表演技巧,如搂、撩、推、捋、抖、吹等来传达人物的情态。搂髯多用于昂首观望与低头俯视,撩髯多表现思忖和自叹,推髯多反映慨叹,捋髯多展示安闲,抖髯多用于惊怕,吹髯则反映生气等。髯口还可以通过其形状、样式、长短、疏密及颜色来表示剧中人物的年龄、身份、容貌和所处的境遇。髯口的色彩主要包括黑、黪(即灰色)、白3种。包拯所戴的髯口就是乌丝长髯,它有助于塑造人物刚正不阿、铁面无私的威严气概。《霸王别姬》剧中,项羽所用的长髯,衬托了他勇武、骄横的气质。

水袖。水袖是戏曲人物服装袖子前面装饰的一块白绸子。演员在表演过程中可以通过使用水袖各种不同的技巧来刻画人物性格,表达喜怒哀乐的感情,运用得当则能胜过千言万语。水袖功也能展现演员的表演功力,起到增光添彩的作用。演员表演水袖功必须有思想、有内容、有生活根据,并达到一定的目的性,不能单纯地卖弄技巧。程砚秋曾将水袖的基本动作归纳成勾、挑、操、冲、拨、扬、掸、甩、打、抖十种。水袖技巧的基本要领，在于肩、臂、肘、腕、指等各个部位的协调配合，演员必须经过专门训练，熟练地掌握水袖的性能和动作要领，运用时才能得心应手。这些基本动作经过精心的设计和组合，可以表现出多种感情。如表示哀痛害羞时，用一只手扯起另一只水袖遮着脸；表示礼貌恭敬时，用一只手横着扯起另外一只水袖；表示痛苦悲伤时，用水袖轻轻地虚拭脸庞。

行头。戏曲舞台上用的衣帽鞋履等称为行头。传统戏曲在穿戴上有较严格的程式规范。"宁穿破，不穿错"，根据角色行当的不同，衣着有较大的区别。戏曲服装不仅具有装饰性，而且是人物身份、地位的标志。戏曲行头包括蟒袍、靠、帔、官衣、褶子等。蟒袍又称为花衣，上绣云龙、海水纹图案，是帝王将相的正服，颜色多样。帝王穿的蟒袍为明黄色，其他人因身份、地位、年龄不同而异。靠是武将的戎装，有软、硬之分。硬靠背扎三角形旗四面，软靠不扎靠旗，颜色也与人物年龄、性格相关。帔为对襟中分，是皇帝、文官和士绅的便服，分为花、素两种，多为斜襟。男褶子为硬质，女褶子为软质。

传统戏曲中把剧中人物所戴的冠帽通称为盔头。盔头可分为冠、盔、巾、帽四类。冠一般指帝王、贵族的硬质礼帽。盔一般为武士所戴。巾多为缎制品的软帽子，有花有素，属于便装。帽用于不同身份的人物，软硬质均有。戏鞋是指传统戏曲演出中的各式靴、鞋，如厚底靴、彩鞋等。

2. 戏曲艺术的特征

（1）综合性

戏曲是一种综合舞台艺术样式，它的特点是将众多艺术形式聚合在一起，在共同具有的性质中体现其各自的个性。清朝著名学者王国维说："戏曲，必合言语、动作、歌唱以演一故事，而后戏剧之意义始全。"（《宋元戏曲考》）可见戏曲不是单纯的话剧、歌剧或舞剧，而是综合了这些剧种，融合了文学、舞蹈、音乐、武术、服装、道具、布景等多种元素，以歌舞来演绎故事，具有高度的综合性。

（2）虚拟性

首先表现为时空的虚拟。戏曲舞台上的时间是灵活自由的，是对生活时间的虚拟。有时为了强调故意将时间拉长，有时又有意缩短，只用简单的语言进行交代。舞台是一个流动的空间，地点更换十分频繁，演员走三五步就表示走遍天下，说一句"人行路，马过万重山"就已远隔千山万水。

其次是动作的虚拟性。戏曲舞台上动作的对象，常常被省略。人物骑马，只要手挥马鞭即可，行船只需持桨以代。如《拾玉镯》中孙玉姣穿针、引线、刺绣、数鸡、喂鸡等一连串的表演，都是通过演员微妙的、虚拟式的动作告诉观众的。

最后是对周边环境的虚拟。戏曲舞台的表现原则是用最为简单的布景和装置表现尽可能多的内容，所以周围的环境常被虚化。一些戏曲演员在没有任何布景、道具的情况下，凭借行为和演唱来表明人物所处的环境，才有了无花木之春色、无波涛之江河。

（3）程式性

所谓程式性，就是指根据生活的真实形态提炼出一套规范的、固定的、精美的动作形态，再用这些有限的程式去表现多彩的生活。程式性不仅仅指动作，还包括表演、情节和人物塑造等方面的程式化。如传统戏曲的角色行当、人物脸谱等戏曲的程式性是中国古典戏曲观的反映。苏联斯坦尼斯拉夫斯体系、德国布莱希特体系和以梅兰芳为代表的中国戏曲表演体系是世界三大戏剧表演体系。斯氏体系认为话剧是再现生活，演员与角色之间、舞台和生活之间存在"第四堵墙"。为了再现生活就必须遵循生活的本来面目，所以演员与角色、舞台与生活必须融为一体。布氏体系则认为应推翻所谓的第四堵墙，演员和角色之间、观众和演员之间、观众和角色之间必须保持一定的距离，防止演员和观众都过于感情用事，从而失去理智。中国古典戏曲观认为戏曲是表现生活，根本不存在第四堵墙，舞台与生活之间、演员与剧中人物之间可以保持一定的距离。

3. 中国戏曲"才子佳人""大团圆"剧情模式

中国传统戏曲题材十分广泛，几乎无事不可入戏：有揭示社会现实的社会剧，有表现爱情婚姻的爱情剧，有赞美清官秉公断案的公案剧，有演绎历史人物、事件的历史剧，有颂扬行侠仗义、杀富济贫的英雄剧，有宣传子孝妇贤的伦理剧……这些题材或讴歌人间真情，或赞扬封建伦理，或宣传法纪纲常。纵观古代戏曲，婚恋题材是被演绎得最多的题材之一，"才子佳人""大团圆"结构模式大量出现在中国传统戏曲中。"书生落难，小姐搭救，私订终身，考中状元，衣锦团圆"成了中国传统戏曲的模式。戏曲这种传统模式反映了中国古代文人、平民的共同需要和趣味：对事业、爱情的向往与追求和对人生圆满团圆的渴望。

（1）"才子佳人"情结

戏曲和小说，代表着元明时期文学发展的高峰。而元明戏曲中占较大比例的作品是"才子佳人"戏。纵观这些"才子佳人"戏，结构模式大同小异，那就是"公子落难、邂逅佳人、一见钟情、好事多磨、公子中举、终成眷属"。而且，这些作品中的男主人公基本上都是风流倜傥，才高八斗，赶考必中状元；女主人公则是绝色佳人，温柔多情。其实，这种"才子"配"佳人"模式的流行有着深刻的社会原因，它的存在揭示出当时知识分子的人生追求与内心世界，反映了当时封建文人的人生理想与情爱心理。

在中国古代社会中，追求功名利禄是每个男子的梦想，正所谓"十年寒窗无人问，一举成名天下知""朝为田舍郎，暮登天子堂"。在"百无一用是书生"的时代，中举带来的天壤之别令人羡慕和神往。为了实现这一梦想，"两耳不闻窗外事，一心只读圣贤书""书中自有黄金屋，书中自有颜如玉"成了当时文人人生追求的真实写照，而"学而优则仕"则成为他们实现梦想与追求的唯一途径。为了仕，为了能有朝一日鲤鱼跃龙门，寒士们悬梁刺股，寒窗数十载。由此可见，功名心和功名梦已经扎根于中国古代文人的心理之中，已经成为他们的人生坐标。只有发奋苦读通过科举考试，才能获得功名，光宗耀祖。对旧时代的封建士子来说，有了金榜题名的辉煌，就会拥有一个灿烂的人生，于是，作品中"中状元"这一情节设计很好地满足了文人们的欲望：对于金榜题名的文人来说，"进京赶考、中状元"的情节设计是对自己功成名就的一种肯定和赞美；对于没有金榜题名的文人来说，"中状元"的情节设计是对自己短暂失意的一种激励和鞭策。

对于封建士子来说，仅次于功名的人生问题，便是爱情和婚姻。无论是在文学作品中，还是在现实生活中，爱情的甜蜜、婚姻的美满始终是人们公认的最大的幸福。在人的一生中，碰到一位性情柔媚、才调机敏、见识广博、谈吐伶俐的女子并与之结为连理是每个男子的梦想。爱情婚姻的美满和事业的成功，是一个人人生的最高期望。正所谓人生的喜事莫过于"洞房花烛夜，金榜题名时"。因此，尽管对大多数人来说，这种圆满尽乎幻想，但世世代代的封建士子仍然苦苦追求，不愿放弃。所以说，文人们通过对完美佳人的构设追求,最大限度地满足了自己对情感婚恋的渴望,实现了自身的社会价值,获得了情感与自我实现的双重慰藉。

"才子佳人"模式之所以产生,一个最重要的原因就是科举制度的盛行。科举采取公平、公开及公正的方法为官府从民间选拔人才,打破了贵族世袭的现象,相对于世袭、举荐等选才制度,无疑是历史的进步。而且,科举制度的出现对于知识的普及和民间的读书风气,起到了一定的推动作用。可是随着科举制的发展,其弊端日益呈现。一部分读书人执着于功名,将科举考试作为他们进入官场的敲门砖,作为他们获取高官厚禄和权势的手段。读书变成做官和光宗耀祖的途径,而不是对知识或灵性的渴望。在当时很多知识分子看来,"黄金屋"和"颜如玉"只有在求取功名之后才会有,而功名只有在参加科举之后才会获得,这一"链状"关系决定了元明戏曲的"才子佳人"模式,而这一模式又从反方面反映了当时知识分子的生存状态,知识分子在现实社会中过得不如意,就只能在作品中弥补缺憾,宣泄不平,驰骋才华,实现自己的梦想。

(2)"大团圆"情结

纵观中国古代戏曲,大多是始悲终欢、始离终合的结局。也就是说,不论戏曲描写的是什么悲剧事情,不论戏曲主人公遭受了什么样的挫折与磨难,结尾往往会对悲剧冲突所造成的后果做一些善后工作,使之相对圆满,从而使观众的情绪得到缓冲、调整、平衡,进入平复或深化的境界。这种结局模式我们称之为"大团圆",下面我们以关汉卿的悲剧《窦娥冤》为例来具体说明。

《窦娥冤》借描写窦娥受压迫最后被迫害致死的故事,批判现实社会的黑暗。从戏剧的结构来看,第三折已达到高潮。在被押往法场的路上,窦娥激愤之下指天骂地,并在行刑前许下三桩誓愿——血溅白练、六月飞雪、亢旱三年,以示冤屈,窦娥死后誓愿一一应验。至此,窦娥那至死都要抗争的刚烈性格已足以流传百世。可是关汉卿却安排了第四折,让窦娥的鬼魂上场,托梦于身为钦差大臣的父亲窦天章,窦天章果然为女儿复仇雪恨,以大团圆结局结束全戏。

关汉卿的这种大团圆思想,是我国古典戏曲大团圆结局的一个缩影。除了《窦娥冤》外,《西厢记》《墙头马上》《琵琶记》《幽闺记》《牡丹亭》等名剧,无不如此。唐人传奇中某些饱含血泪、扣人心弦的悲剧,改编成戏曲之后,也变为团圆结局的喜剧,悲剧气氛较浓的《长生殿》,也以"月宫团圆"煞尾。

为什么会产生如此类似模式的"大团圆"结局呢?近代著名学者王国维在《红楼梦评论》中说:"吾国人之精神,世间的也,乐天的也。故代表其精神之戏曲小说,无往而不着此乐天色彩,始于悲者终于欢,始于离者终于合,始于困者终于亨。"这说明传统的中国有一种"乐感文化",因此源自民间的戏曲小说,无不具有乐天色彩,一般开始悲伤的后来欢乐,开始别离的后来聚合,开始困苦的后来发达,如果不这样写戏曲小说就很难满足普通读者的心理需要。中国古典戏曲充满了乐观色彩,这种乐观色彩来源于中国传统文化中的"中和"之美。

从中国的礼乐传统来看,强调的是人与天、人与人的和谐统一。《礼记·中庸》曰:"喜怒哀乐之未发,谓之中;发而皆中节,谓之和。中也者,天下之大本也。和也者,天下之达道也。"意思是喜怒哀乐的情感没有表现出来的时候就叫作"中",表现出来合乎法度就叫作"和"。中,是天下一切情感和道德的根本;和,是天下一切事物的普遍原则。孔子将"中庸之道"运用到审美领域,对《诗经·关雎》做出了"乐而不淫""哀而不伤"的评价,即"中和"。

以"中和"为美的审美心理,体现在戏曲中就是强调悲和喜的因素相互渗透,由相反到相成,达到高度和谐。《窦娥冤》的平反昭雪,《赵氏孤儿》的孤儿报仇,《汉宫秋》的梦中团圆,《琵琶记》的忠孝双全,《长生殿》的月宫相会,《梁山伯与祝英台》的双蝶齐飞,都是由悲到喜,用结局的喜剧因素来调和前面的悲剧因素,使观众的悲哀感、压抑感得以化解,从而达到"怨而不怒、哀而不伤"的理想效果。

有人认为,"中和"之美、"大团圆"结局体现了中华民族善良的性格,但也有不少人对"大团圆"结局持否定态度,认为它体现了国民性的弱点。鲁迅先生1924年在西安讲《中国小说的历史的变迁》时说:"这因为中国人底心理,是很喜欢团圆的,所以必至于如此,大概人生现实底缺陷,中国人也很知道,但不愿意说出来;因为一说出来,就要发生'怎样补救这缺点'的问题,或者免不了要烦闷……"是的,"大团圆"结局确实在一定程度上麻痹了人们的精神,使中国民众面对现实的苦难无动于衷,意志懈怠,不敢反抗,甚至情感脆弱,无法承受悲剧之痛等。其实,对"大团圆"结局的评析,更重要的是,应该结合具体作品的特定时代及其内容,做出恰如其分加以评价。"大团圆"的结局,在某种程度上也可以是人的一种心理意愿的体现,是善良的人对美与善的执着与追求。对于读者来说,从彻底的悲剧中能得到灵魂的洗礼,而从团圆的结局中能够感受到一份善念与希望,那是一种无论处境多么艰难都能坚强活下去的理由。

近年来,不少电视剧的结尾,采取征求观众意愿,从而编制不同结局的处理方式,这是一种有效的尝试。对"大团圆"结局的一概肯定或一概否定,都是片面的。

戏曲是我国传统的艺术形式,也是世界文化宝库中一颗璀璨的明珠。它的色彩斑斓的服饰,优美悦耳的唱念,婀娜婆娑的舞姿,出神入化的武打,异彩纷呈的脸谱,栩栩如生的人物形象,给观众带来了无与伦比的美的艺术享受。今天,植根于中国独特文化土壤之上的戏曲正以它深厚丰富的文化内涵被更多的人所了解和喜爱。璀璨的戏曲艺术将会继续大放异彩。

延伸拓展

请扫描二维码欣赏近体诗。

知识测试

一、填空题

1. 先秦文学是中国文学的光辉起点,先秦诗歌创作的两大高峰分别是_____和_____。

2. 我国第一部编年体史书是_____，最早的一部国别体史书是_____。

3. "诗仙"和"诗圣"分别指的是唐代两位光照千秋的诗坛巨星_____和_____。

4. 元曲四大爱情剧分别是关汉卿的《拜月亭》、白朴的《墙头马上》和_____、_____。

二、选择题

1. 《聊斋志异》的作者是（　　）。
   A. 蒲松龄　　　　B. 李汝珍　　　　C. 吴敬梓　　　　D. 刘鹗

2. 暑假旅行拍摄的照片中，有一张是不可能拍到的照片，这张照片的景象应该是（　　）。
   A. 四面荷花三面柳　　　　　　B. 绿树村边合
   C. 古道西风瘦马　　　　　　　D. 三更画舫穿藕花

3. 下列各位词人中哪位不属于婉约派词人？（　　）
   A. 李清照　　　　B. 张孝祥　　　　C. 柳永　　　　D. 秦观

4. 下列哪项不属于中国古代戏曲"四功"的艺术手段？（　　）
   A. 唱　　　　B. 念　　　　C. 做　　　　D. 说　　　　E. 打

5. 下列哪位不属于"唐宋八大家"？（　　）
   A. 欧阳修　　　　B. 曾巩　　　　C. 王勃　　　　D. 苏洵

三、思考题

1. 晚清作家刘鹗在《老残游记》序中说："《离骚》为屈大夫之哭泣，《庄子》为蒙叟之哭泣，《史记》为太史公之哭泣，《草堂诗集》为杜工部之哭泣。李后主以词哭，八大人以画哭，王实甫寄哭泣于《西厢》，曹雪芹寄哭泣于《红楼梦》。"这里所谓的"哭泣"既是一种家国情怀，也是一种忧患意识，它是中国古代作家人文精神的一种昭示，请你联系具体作品试做阐述。

2. 请仔细阅读苏轼的词作《蝶恋花》，并根据词中的材料写一则故事或画一幅画。

花褪残红青杏小。
燕子飞时，
绿水人家绕。
枝上柳绵吹又少，
天涯何处无芳草。

墙里秋千墙外道。
墙外行人，
墙里佳人笑。
笑渐不闻声渐悄，
多情却被无情恼。

3. 推荐阅读篇目《窦娥冤》《西厢记》《赵氏孤儿》《牡丹亭》《汉宫秋》《梧桐雨》《倩女离魂》《墙头马上》《长生殿》《桃花扇》。

思考：阅读中国古典戏曲的经典篇目，你感受到了经典怎样的魅力？

提示：戏曲反映了社会生活，描摹了风土人情，揭示了社会矛盾，欣赏戏曲就是通过戏曲了解社会和人生。

课程实践

活动一：

实践名称：传承优秀文化古典诗词大会

活动目的：让学生接受传统文化的熏陶，感受古典诗词的魅力，培养学生的文化自信心。

具体要求：以班级为单位进行参赛选手选拔，优秀者进入系部决赛。通过现场竞答、诗词接龙等单元决出最具才气和人气的选手。

活动二：

实践名称：中秋节"月亮"意象诗词摘录背诵接龙活动

活动目的：结合中华传统节日中秋节，让学生感受中华传统文化诗词意象"月亮"的文化魅力，激发学生对中国传统民俗节日文化的热爱。

具体要求：每位学生摘录有关"月亮"意象的中国古代诗句不少于5句，并分别说出它们的意象代表的内涵，在课堂上组织学生进行诗词接龙。

课后提升

一、收听陕北民歌《赶牲灵》、山东民歌《包楞调》，了解其创作来源和艺术风格。

二、收看、学唱电视连续剧《三国演义》片头曲《滚滚长江东逝水》和动画片《三国演义》主题曲《一捧江山在掌握》。

三、课外阅读蒲松龄的小说《鸦头》，收听评书演播《鸦头》，比较一下口语和书面语的变化，体会如何兼顾忠实原著和观众欣赏习惯两个方面。请将《聂小倩》改编成口语文学的表达方式，并编成剧本在课堂演出。

第三章　中国古代教育

任务目标

【知识目标】

了解中国古代官学教育和私学教育，尤其是选士制度的发展和演变，了解古代教育思想。

【能力目标】

能够感受中国传统教育的产生和发展，感受古代教育思想的精髓。

【素质目标】

培养学生对中国传统教育的崇敬之心，增强民族教育的自信心，形成正确的教学观念。

文化热线

2020年，突如其来的新冠疫情为教育培训及教育信息化带来了巨大改变。线下课程被迫转为线上，在线教育由此成为必选项。亿万学生加入大规模的在线课堂中，一场在线教育"实战演练"开启。据不完全统计，截至4月3日，全国在线开学的普通高校共计1 454所，95万余名教师开设94.2万门、713.3万门次在线课程，参加在线课程学习的学生累计达11.8亿人次。在"停课不停学"的号召下，全国各地学校及教育机构积极开展在线教育，云课堂为疫情期间解决学生学习、职业教育等问题做出了巨大贡献，在充满挑战与机遇的这一年，教育机构也在及时积极地提供教育资源方面做出了巨大努力，不少在线教育平台在疫情期间开放了免费的教育资源，这无疑是在线教育平台的一次集中性的公益之举，在一定程度上体现了企业的社会责任感与公益性。教育，需要公益的力量。教育是民族振兴、社会进步的重要基石。在新的教育模式下，学生、家长、教师的角色正在发生着深刻变化。无疑，线下与线上的深度融合已然催生出新的教育形态。

文化解读

一、中国古代官学教育

（一）奴隶制官学教育的典型——西周教育

1. 教育的起源与学校的产生

中国是一个历史非常悠久的国家，从200万年前开始，远古的人类就劳动、生息、繁衍在这块土地上。原始人的社会生活和生产劳动是从制造工具开始的，因此学习制作工具的经验和技术就成了人类教育的第一课。原始人在人工取火、采集、渔猎、制陶、战争、祭祀等活动中，积累了丰富的经验需要传递给年轻人，这就产生了教育。也就是说，教育是原始人适应当时社会生活和生产劳动的需要而产生的一种活动，并且随着人类生产生活的进行而发展变化着。

学校作为一种专门的教育场所，是人类社会发展到一定阶段的产物。一般认为学校教育萌芽于原始社会末期。据历史记载，我国原始社会末期就有了"成均"这样的学校，《周礼·春官宗伯》云："大司乐掌成均之法，以治建国之学政，而合国之子弟焉。"郑玄在《礼记·文王世子》注中引董仲舒的话说"五帝名大学曰成均"。可见原始社会末期已有"成均"这样的大学。

2. 西周的官学制度

西周的学校教育制度是在夏、商学校教育制度基础上形成和发展起来的。《古今图书集成·学校部》中记载，"夏后氏设东序为大学，西序为小学"。《孟子·滕文公上》云"序者，射也"。《礼记·明堂位》又载："殷人设右学为大学，左学为小学，而作乐于瞽宗。"《孟子·滕王公上》云："夏曰校、殷曰序、周曰庠，学则三代共之。皆所以明人伦也。"朱熹注："庠以养老为义，校以教民为义，序以习射为义，皆乡学也。"这些都说明夏、商已有"序""庠""瞽宗"这样一些学校。西周的学校集前代之大成，形成了组织比较完备的学制系统，西周的学校分为"国学"与"乡学"两种。

3. 西周学校教育内容——六艺教育

西周学校教育内容涉及很多方面，《礼记·王制》载："春秋教以礼乐，冬夏教以诗书。"《礼记·文王世子》又载："春秋学干戈，秋冬学羽籥"，"春诵夏弦，……秋学礼，……冬读书"。《周礼》中又记载，大司乐教国子以乐德、乐语、乐舞，保氏教国子以六艺、六仪，师氏以三德、三行教国子；大司徒以乡三物（六德、六行、六艺）教万民。由此出发，在中国教育史上，一般认为西周的教育内容以"六艺教育"（即礼、乐、射、御、书、数）为主。

4. 西周教育管理的特点——学在官府

西周（前11世纪——前770年）是我国奴隶制社会高度发展的时期，经济上实行奴隶主贵族的土地国有制（井田制）；政治上实行以宗法制为基础的分封制，严君臣、尊卑、上下之分，明父子、长幼、亲疏之别；思想意识上由重神鬼逐渐变为重人事，强调以礼治国。这些决定了西周统治者对教育的高度重视和垄断，形成了"学在官府"的局面。

"学在官府"指的是官学机构设于官府之中，即政教一体；奴隶制国家的学术为奴隶主官府所垄断，即"官守学业"；官学的教师就是官府的官吏，即官师合一，"居官之人，亦即教民之人"。

（二）封建官学制的兴起——稷下学宫

"稷下学宫"创立于齐桓公当政时期（前375—前360年），到齐宣王时达到鼎盛，历时约150年。

稷下学宫是时代发展的产物。公元前386年，齐国新兴地主阶级代表田恒取代姜姓成为齐国国君，标志着封建制度在齐国确立。为了适应对内政治、经济变革，对外争霸称雄的需要，齐国统治者不仅网罗招纳天下贤才，还试图培养一批新型人才，于是创办稷下学宫就成为齐国君王的明确意识。

稷下学宫还是当时养士之风的产物。战国时期，诸侯国之间争雄加剧，为了增强国力，各国纷纷争养贤士，一时间蔚为成风，私门、公室皆养士。齐国田氏向来爱才、重视养士，以公室养士为盛。后来田氏凭借国家力量进一步扩大养士规模，并加以组织化、制度化，发展成为育士的学校，稷下学宫应运而生。

稷下学宫作为特殊历史条件的产物，在办学方面创造了许多新鲜的经验，形成了许多优良的传统，不仅在当时具有显赫价值，就是在今天也特别值得赞颂。

（三）封建官学教育的确立——汉代儒家经学教育

1. 汉代独尊儒术的文教政策

汉代建国后15年，废除"挟书令"，使诸子各家思想又活跃起来了。儒家学者叔孙通曾对汉高祖建议"夫儒者难于进取，可于守成"，劝善必须依靠教化，教化就要依靠儒家思想。这些思想不断地影响着汉代皇帝，到汉武帝时，董仲舒从《春秋》大一统观点出发，论证了儒学在封建政治中独一无二的统治地位（《汉书·董仲舒传》）。由于董仲舒的主张强调的是统一，有利于加强皇权，因此汉武帝接受了董仲舒的思想，确立了"罢黜百家、独尊儒术"的文教政策。

2. 中央官学——太学

西汉初年经过"休养生息"，生产力得到了进一步的发展，从而为学校教育的发展创造了条件。汉代学校教育的发展尤以官学为盛，官学分为中央官学和地方官学，中央官学包括太学、鸿都门学、宫邸学等，地方官学包括郡国学、庠序等。

太学是汉代中央官学的主要形式。公元前124年，汉武帝为了进一步加强中央集权，提高吏治水平，接受了董仲舒的建议，在京都长安创办以传授和研究儒家学说为主要任务的高等学府——太学。据《三辅黄图》说，"汉代太学在长安西北七里，有市有狱"。光武帝时，重建太学于洛阳南门外，校内设讲堂，门前有石经四部。

3. 地方官学——文翁兴学

汉代在地方郡国也设立了学习儒家经典的官学。汉景帝时，蜀郡太守文翁为了改变本区文化落后状况，纯化当地风俗，选了十个小官到京师做博士弟子，学成后，回到本地予以重任。同时文翁又在成都修建校舍立学宫，招下县子弟为学宫弟子，依其学习成绩，分派官职。由于文翁兴办地方官学，使四川文风大改，赶上了先进地区。汉武帝很重视文翁这种兴办地方官学的做法，下令"天下郡国皆立学校官"。这就是有名的"文翁兴学"。

（三）封建官学教育的完善——唐代儒家经学教育

1. 唐代重振儒术的文教政策

随着国家的统一、民族的融合、经济的发展以及中外文化交流的日益频繁，唐代不但敞开国门向外输出文化，而且主动地输入外来文化。反映在思想意识领域则是传统的儒家思想、土生土长的道家思想和以佛教为代表的外来文化三者互相斗争、融合，共同构成了唐代异彩纷呈的灿烂文化。

唐代统治者根据儒、佛、道三者之间的关系，制定了以儒学为主，佛、道为辅的文教政策，同时根据政治需要和个人爱好，不断调整三者的地位，以达到巩固统治的目的。

2. 唐代儒学系统

唐代官学也是分为中央官学和地方官学，中央官学按性质又分为三类：专修儒经的学校、学习专门知识的专科学校和各种特殊学校，地方官学有府、州、县设立的儒学和医学。

唐朝中央官学的主干是国子监管辖下的"六学一馆"。"六学"指的是国子学、太学、四门学、书学、算学和律学，一馆指的是广文馆。其中国子学、太学、四门学都是学习儒家经典的学校，这些专修儒经的学校是唐代中央官学的主干，也是唐代封建教育兴旺发达的重要标志。国子学创建于西晋咸宁四年（278年），这是我国古代在太学之外设立的又一所专门招收世族子弟的学校，地位较高；四门学因建于京师四门而得名，也是大学性质；太学是继承汉代太学制度发展过来的。

唐朝儒学人数有很大增加，学习内容虽然有所扩大，但主要还是儒家经典，以孔颖达编撰的《五经正义》为基本教材，学习年限为九年。

唐代地方儒学继承隋制，实现州县二级制，州县学生大部分是中小地主子弟和庶民子弟，教师地位和待遇也很低，修业年限也没有规定，学习内容与京都儒学相同，地方学校毕业生的出路主要有三方面，凡能通一经者即可毕业求官，还可以直接参加科举考试，或者升入中央四门学。

3. 唐代官学管理制度

（1）成立了教育管理机构——国子监

国子监由隋朝国子寺演变而来，隋文帝即位初期，为了加强对教育的管理和领导，在中央设置了国子寺，内设祭酒一人，总管教育事业，下设主簿、录事各一人，管辖国子学、太学、四门学等。国子寺与国子祭酒的设置，是我国历史上第一次由中央政府设立专门管理教育的行政机构和官员，标志着我国封建教育正在逐步规范完善，并已发展到了成为独立部门的阶段。公元607年，改国子寺为国子监，并一直延续到清末1905年，成为我国古代最高教育管理机构。

（2）建立了中央和地方分级管理的教育体制

唐代教育管理模式有二：一是实行中央和地方分级管理，中央官学由国子监祭酒负责，地方官学由地方官长史负责。二是实行统一管理与对口管理并举，中央设国子监统一管理教育，同时将一些专业性学校划归相应职能部门管理。

（3）教育等级性加强

唐代学校教育有很大发展，但却等级鲜明，不同家庭背景的学生只能入不同的学校，教育等级性以法令的形式制度化。教育的等级性主要体现在学生入学资格的规定上。三品以上官员子弟可以进国子学，五品官员子弟可以入太学，七品官员子弟和庶民俊秀者可以进四门学。

（4）形成了初具模型的教学管理制度

唐代教学管理制度主要有：

1）行束修礼。中央官学规定，学生自14岁至19岁可以入学，入学之始需拜谒师长，行束修之礼，以示尊师重道。

2）制订了教学计划。唐代把儒家经典分为三类，大经是《礼记》《春秋左传》，学习三年；中经是《诗经》《周礼》《仪礼》，学习两年；小经是《易经》《尚书》《春秋公羊传》《春秋谷梁传》，学习一年半；《孝经》《论语》为公共必修科目，学习一年。

3）推行考试制度。学校每年举行三种形式的考试：一是旬考，主要考近十天内学习的内容，分背诵和讲解两种方法：每背诵一千字考查一帖，帖去三字，令学生填上；每讲解两千字,问大义三条,答对两条为及格。后因旬考间隔时间太短改为月考。二是岁考,即学年考试,主要考一年内所学内容,问大义十条,通八为上,通六为中,通五为下;三是毕业考试,考试及格、还愿意继续学习者,四门学学生可补为太学生,太学生可补为国子学生,或参加科举考试,或直接任官。学生在学的最长年限为九年。此外还有假期制度,分短假和长假,短假为旬假,十天放一天假,长假又分田假(五月)和授衣假(九月),每次各放假一个月。

(5) 教育、研究、行政三者一体

唐代在门下省和东宫设有弘文馆和崇文馆,这两馆既担负着整理图书、校勘书籍的任务,也负责教授生徒,进行教育活动。在太医署、司天台等专职行政部门中,也设有博士、助教、乐师等教学人员,一面进行专业研究,一面进行知识传授。教育和研究的任务成为行政部门的有机组成部分。

(四) 封建官学教育的改造——宋元教育制度

1. 宋代理学思想对教育的影响

宋代理学因其讲学的地域不同,一般划分为四大流派。濂学以北宋周敦颐为代表,讲学于湖南濂溪县;伊洛学派以北宋二程为代表,讲学于洛阳;关学以北宋张载为代表,讲学于关中;闽派以南宋朱熹为代表,讲学于福建建阳。宋代理学各派的学术争论反映在了他们的教育活动中。

理学思想是以儒家思想为主体、糅合佛道思想而成的新儒学思想,是宋代统治者一方面积极尊孔崇儒,另一方面大力提倡佛教和道教,使儒、佛、道三家的思想逐步走上融合道路的最终结果。理学思想后经元、明、清统治者的不断提倡,成为中国封建社会后期文化教育的统治思想和指导政策。理学思想对宋代乃至以后的教育政策、教育内容和教育形式都产生了重要影响。

2. 宋代三次兴学运动

(1) 庆历兴学和胡瑗"苏湖教法"

北宋第一次兴学,是仁宗庆历四年(1044年)参知政事范仲淹领导的一次教育改革运动。他倡导"明体达用"之学,取胡瑗"苏湖教法"为太学之法,对于北宋官学教育的改革和学术风气的形成有着深刻影响。

(2) 熙宁、元丰兴学和王安石教育改革

宋神宗熙宁、元丰期间(1068—1078年),王安石两次为相,推行变法、实行教育改革。他指出"所谓陶冶而成之者"就是"教之,养之,取之,任之"有其道而已,教、养、取、任以造就人才的思想,成为熙宁教育改革的指导思想。

(3) 崇宁兴学

北宋第三次兴学是徽宗崇宁元年(1102年)蔡京执政时兴起的。崇宁兴学恢复和发展了"熙宁兴学"的传统。

3. 宋元官学制度

(1) 宋元中央官学的变化

宋代国子学亦称国子监,既是教育管理的最高机构,也是当时的最高学府。但作为最高学府则徒具空名,宋代太学成了最重要的高等学校,不仅入学资格已经放宽,凡八品以下子弟或庶民之俊异者均可成为太学的学生,而且还开辟了分校——辟雍,这样便极大地扩充了太学的规模，使太学成为宋代兴学育才的重点与核心。太学实行"三舍法"，以学习儒家经典《四书》《五经》和理学内容为主。

元代中央官学仿宋制，但根据民族划分为不同的学校，元代国子学继承宋代国子学、太学的分斋教学制度，实行"积分升斋法"，这是一种把国子学分为下、中、上三个等级六个斋舍、学生按程度分别进入各个斋舍学习不同的内容，然后依据其学业成绩和品德行为依次递升的教学管理制度。

（2）宋元地方官学

宋代地方官学的发展始于"庆历兴学"，"熙宁兴学"后又有很大发展，形成了三级体系，即路学、府州学、县学。由于路不直接设学，仅置学官管辖所属学校，所以宋代地方官学只有府州、县两级，也是学习儒家经典的学校。

元代按路、府、州、县行政划分，在地方上建立了路学、府学、州学和县学的儒学系统，同时还开办了蒙古字学和社学。社学是设在农村地区、利用农闲时间、以农家子弟为对象的初等教育形式。

（五）封建官学教育的僵化——明清教育制度

1. 明清文教政策

（1）崇尚程朱理学，钳制学子思想

明清统治者竭力推崇程朱理学，以之作为思想、文化、教育领域的统治思想。朱元璋曾下令，学者讲学"一宗朱子之学"，"非濂、洛、关、闽之学不讲"。明成祖永乐十三年（1415年），命翰林学士胡广等编撰《五经大全》《性理大全》，清代又编了"十三经"、《性理精义》《朱子大全》等颁行天下，作为钦定的学校教科书，程朱理学成为天下士人研习的主要内容和入世显身的基本标志。

（2）文化教育上的专制主义措施

1）设置严格的管理机构——"绳愆厅"，以惩罚学生。明清官府加强了对官学的管理，在国子监设立了"绳愆厅"，由监丞负责，"凡诸师生有过及廪膳不洁"，则书之于集愆薄，并依据情节加以惩罚，严重者则"发遣安置"。

2）制定严格的学规，以约束学生的言行。明清设置了诸多"卧碑条"来禁止学生的言论和行动。

3）大兴"文字狱"，限制言论。如明太祖认为《孟子》一书中有不利于君主专制统治的话，遂把孟子逐出孔庙，下令删改《孟子》85处，并规定凡删去的内容"课试不以命题，科举不以取士"。明清"学案"为历史之最，有不少学士因文字问题而惨遭迫害。如雍正四年（1726年），礼部侍郎查嗣廷任江西考官，用《大学》中的"维民所止"作科举考试的题目，被认为"维止二字，意在去雍正二字之首"，遂革职下狱，病死狱中，还被戮尸枭首，其子坐死，家属流放，查氏家乡停止乡试、会试六年。

2. 明清中央官学——国子监

明清官学也是分为中央官学和地方官学，中央官学有国子监、宗学和武学，地方官学分为儒学和专门学校，儒学又分为府、州、县学和各部门办的儒学。

明清国子监学生通称"监生"。国子监长官为祭酒，副长官为司业，大部分由翰林官担任。

国子监的教学管理机构有"四厅"，即绳愆厅、博士厅、典籍厅、典簿厅，分别设有监丞、博士、典籍、典簿和掌馔等职。"六堂"为学生学习场所，分别为率性、修道、诚心、正义、崇志和广业，分为初、中、高三级，继续实行宋元建立起来的分斋积分制度。

国子监教学内容以《四书》《五经》为主，此外，明代学习《性理大全》，加读《说苑》《大明律令》《御制大诰》，还有习字、习射等。清代学习《圣谕广训》，以及诏、诰、表、判等公文及策论的写作。

3. 明清地方学校

明清地方学校按行政区划设立府学、州学、县学，统称为儒学。府学设教授、州学设学正、县学设教谕，"掌教诲所属生员，训导佐之"①。清朝加强对生员的管理，建立了"六等黜陟法"，根据学业成绩有升有降。

（六）封建官学教育的另一支——专门学校教育

1. 世界最早的艺术专门学校——鸿都门学

鸿都门学所收学生和所教内容都与太学不同，学生出身多是士族瞧不起、社会地位不高的中小地主子弟与平民子弟，这些人多是"能为尺牍、辞赋及工书鸟篆者"，由州郡三公荐举，经过考试入学。这所学校以尺牍、小说、辞赋、字画等文学艺术内容为主，打破了中央官学多以学习儒家经典为主的局面。

鸿都门学的创立在历史上具有重要意义：鸿都门学以学习文学艺术为主，从而为后世各类专科学校的发展，特别是唐代专科学校的发展开了先河，它不仅成为中国历史上最早的专科学校，而且也是世界教育上创立最早的文艺专科学校。

2. 唐代专门学校教育的发展

自汉代建立鸿都门学以后，到魏晋南北朝时，又设立了专门研究佛老学说的"玄学"、专门研究古今历史的"史学"、专门研究辞章的"文学"、专门研究官吏法律诉讼之学的"律学"以及专门研究古文经学的"儒学"等专门之学。到唐朝时，各类专科学校层出不穷，形成了比较庞大的系统。

（1）国子监管辖的三学——书学、算学、律学

书学：作为专门学习和研究书法艺术的高等专科学校，创始于隋文帝初年，唐朝有很大发展，起初隶属于国子监，后改隶于兰台。

算学：自隋代被列为国学之一，是中国最早的学习研究自然科学、培养数学人才的专门学校。唐代算学主要培养天文历法、财政管理、土木工程方面的计算人才。

律学：作为专门学习法律知识的专科学校，始建于南朝梁武帝天监四年（505年）。唐朝武德初年置律学，学生除学习律令外，还要兼习五经。

书学、算学学习年限为9年，律学学习年限为6年。

（2）医学

我国培养医药人才的高等学校"医学"，早于南朝时便开始设置，北魏设太医博士及博士弟子，隋沿魏制，唐又有所发展并形成制度。

唐代中央一级的医学直属太医署，是行政、医疗、制药集于一体的机构，这是世界上最早的规模最大的医学院，内设医科、针科、按摩、咒禁等科。唐代除在太医署设医学外，地方府、州学校中也普遍设立医学校，形成了从中央到地方一套完整的医学教育体系，使

---

① 出自《明史职·官志四》。

医学教育成为中国历史上唯一上下成体系的专科学校。

（3）天文学、音乐学

天文学始设于隋，唐代天文学称阴阳学，附设于天文台。按专业分为天文、历数、漏刻，以学习天文气色、历法知识、计时知识为主。

唐代的音乐学附设于太乐署，主要学习乐曲、舞蹈，由乐师对学生分批、分程度进行教练，每日均有要求，每年进行考课，累计成绩，决定升退。

3. 宋元明清专门学校的发展

宋代在唐代专科学校教育发展基础之上，又设立了专门培养军事人才的武学和专门培养书画人才的画学。宋代以后，医学、阴阳学也获得了发展。

（1）武学

熙宁五年（1072年），宋神宗接受王安石的建议，下诏建武学于武成王庙，选文武官知兵者为教授，入学资格有小臣、门荫弟子及庶民，学习内容为诸家兵法、弓矢骑射，学习年限为三年，学习期满考试合格授予一定官职。武学不仅教学生兵书战策，而且注重培养忠义节烈等品质，适应了当时社会发展的需要。

（2）画学

画院的设立始于五代后蜀，溯自汉代的"画室"，发展到规模庞大的宋代翰林图画院（宋太宗于984年建），在历史上经过了将近9个世纪。宋代翰林图画院作为皇家画院，对绘画艺术的繁荣和画学教育的发展都有推动作用。

宋徽宗赵佶从小酷爱绘画，喜文学填词，擅长书法，并自成一体——瘦金书，他的绘画还达到了较高的水平。宋代画学还被列入科举考试科目，画家可以通过应试入宫为官。

（3）医学

宋代医学到宋徽宗崇宁年间（1102—1106年），隶属于国子监管理，分方脉科、针科、疡科，分科教导，实行三舍法，通过考试成绩优异者可以任尚药局医师以下职。到元代时地方医学获得了很大发展，学生主要招收在籍医户及开设药铺人家的子弟，一般人家子弟则需要通过考试才能入学修业。学习内容除《本草》13科以外，也要学习《四书》。

（4）算学馆与俄罗斯文馆

早在康熙九年（1670年），即在八旗官学中挑选学生习算学，并派翰林官纂修《数理精蕴》和《律吕正义》。

俄罗斯文馆是专为培养俄语人才设立的学校，创立于乾隆二十二年（1757年），原为安置来京俄商之所，后来就原址设馆，学生肄业5年期满考试，列一等者授八品官，二等者授九品官，三等者不授官，留馆继续学习。

 二、中国古代私学教育

（一）春秋战国私学的形成

1. 官学衰落、私学兴起的原因

（1）政治经济的变化

春秋战国时期铁器与农业生产的结合大大提高了生产力水平，在"井田制"的"公田"之外出现了大量"私田"。由于诸侯势力的扩大，使周天子统治摇摇欲坠，各诸侯国之间的兼并战争频频发生，大国争霸，吞并小国，出现了"礼崩乐坏"的局面。这时周王室已沦为诸侯的傀儡，根本无暇顾及学校教育，造成"乱世则学校不修"的状况。

（2）士阶层的出现

"士"不是一个的稳定的社会阶层，在奴隶制下是贵族的下层，在封建制兴起时为平民的上层。"士"阶层的兴起，使原来保存在官府的文化典籍流传到民间，促进了文化的下移，推动了私学的发展和思想领域的百家争鸣。

2. 春秋战国时期的各家私学

私学兴起于春秋中叶，繁荣于春秋战国之交，大盛于战国时期。战国时期可以说有多少学派就有多少家私学，当时有九流十家之说，指的是儒、墨、道、法、名、农、阴阳、纵横、杂九流，加上小说家为十家。但对教育影响较大的是儒、墨、道、法四家。

（1）儒家私学

儒家私学的创始人是孔丘，孔子死后，儒分为八："有子张之儒，有子思之儒、有颜氏之儒、有孟氏之儒、有漆雕氏之儒、有仲良氏之儒、有孙氏之儒、有乐正氏之儒。"[①] 其中影响最大的是以孟轲为代表的"孟氏之儒"和以荀况为代表的"孙氏之儒"。

孔子弟子三千多人，是当时规模最大的私学，在政治上他代表奴隶主贵族的利益，主张"祖述尧舜，宪章文武"[②]，恢复西周的典章制度，在新的变革面前持保守态度，认为当时的情况是"礼崩乐坏"。孟子继承了孔子"仁爱"的思想，主张人本性善，教育的作用就是寻求和扩充人的善性；荀子进一步发展了孔子的"仁政"思想，主张王霸统一。儒家私学在教育实践方面的丰富活动、在教育理论方面的较高造诣都对中国传统教育产生了巨大影响。

（2）墨家私学

墨家私学的代表人物是墨翟，墨家弟子号称三百人，"多以裘褐为衣，以跂蹻为服，日夜不休，自苦为极"[③]"皆可赴火蹈刃，死不还踵"[④]。墨家在政治上代表手工业小生产者的利益，主张"兼爱、非攻"，提倡抑强扶弱。在教育上主张"述而且作"，重视生产知识、科学技术的传授和思维能力的培养，倡导实行、实用，坚持劳动锻炼和思想教育。出于培养"兼士"的需要，加之该团体的手工行会特征，墨家私学有着严密的组织、严肃的纪律和严格的训练。

（3）道家私学

道家私学的代表人物是老聃和庄周，政治上代表的是没落贵族的利益，主张一切顺其自然，反对激烈的社会变革，在教育上主张"无知无欲""绝圣弃智"。

（4）法家私学

法家私学的代表人物有管仲、李悝、商鞅、韩非等，政治上代表的是新兴地主阶级的利益，主张根据现实需要制礼立法。由于法家的代表人物都不同程度地受过儒家思想的熏陶，因此比较重视教育。

---

① 出自《韩非子·显学》。
② 出自《礼记·中庸》，原文："仲尼祖述尧舜，宪章文武。"
③ 出自《庄子·天下》。
④ 出自《淮南子·泰族训》。

(二) 源远流长的蒙学教育

1. 汉代书馆教育

（1）汉代私学兴盛的原因

1）在汉代官学体系中，除宫廷学校对皇家子弟进行启蒙教育外，缺乏初等学校的设置，所以汉代启蒙教育的任务多依靠私学承担。

2）汉代推行"独尊儒术"的文教政策，士人必读儒家经典，政治上才有出路，而官学中的太学和地方学校接受生源有限，所以私学作为一种重要的补充而得以发达。

3）汉代经师大儒凡得不到从政或任博士机会的，一般都从事私人讲学活动，即使从政的也一边做官一边教书，罢官回家后继续聚徒讲学。由于汉代一批学术造诣较深的儒家学者从事私学活动，从而对私学的发展起到了促进作用。

4）西汉末年产生今古文经学之争，官方支持今文经学，排斥古文经学，古文经学派为提高自己的学术地位，扩大学术影响，往往回到民间传授经学，这在一定程度上也促进了私学的发展。

（2）汉代书馆教育的内容

汉代私学按其程度分为书馆和经馆。书馆又称书舍、学馆，是较低程度的私学。经馆是私学的高级形式，又称"精舍""精庐"。

书馆教育一般分为两个阶段：

第一个阶段，主要进行识字教育，也传授一些数学常识。为配合识字教学，我国古代识字教材出现最早，可以说位于各类教材之首。据史籍记载，西周已有字书《史籀篇》供小学识字教学之用。经过改编的《仓颉篇》以隶书书写，共3 300字，是汉初闾里通行的识字课本，也是我国历史上第一个广泛使用的统一的识字课本。汉代书馆教学中，最有影响的识字教材是汉元帝时黄门令史游所编的《急就篇》，至今我们还可看到它的原貌。

第二个阶段，在识字、读写教育的基础上学习《尔雅》，以加深文字教育；另一方面进行伦理道德教育，所用教材主要是《孝经》《论语》，使学生接受初步的儒学教育。

经馆是比书馆高一层次的私学，实际上是一些著名学者聚徒讲学的场所，其程度可与太学相比。

2. 宋元蒙学教育

宋元开始是我国古代蒙学教育获得较大发展的一个重要时期，不仅私人大办蒙学，官府也开始重视除皇家子弟以外的庶族地主子弟的启蒙教育，所以宋代以后，蒙学教育不仅在数量上有很大增长，而且在教学内容、方式方法、教材方面也有很大改革。

（1）蒙学教育的形式

宋代以后蒙学教育形式主要有两种：

一种是民间私人所办的蒙学，它有不同名称，如"小学""家塾""私塾""蒙馆""义学"等。另一种是官府所办设在地方的蒙学，这类蒙学有的还制定了详细的学规和计划，以后逐渐演变为地方官学。

（2）蒙学教育的内容和方法

朱熹对蒙学教育的内容有过明确的阐述，他认为，小学教育的任务是"教以事"，即洒扫、应对、进退之节，爱亲、敬长、隆师、亲友之道，以及礼、乐、射、御、书、数之文。蒙童每日功课主要是识字、写字、读书、背书、属对、作文等。

（3）蒙学教材

蒙学教育的发达，带动了蒙学教材的发展。宋元以后的蒙学教材大致有以下几类：

1）识字类教材，以《三字经》《百家姓》《千字文》为代表。

2）伦理类教材，以吕本中的《童蒙训》、程端蒙的《性理字训》为代表。

3）历史类教材，以王应令的《十七史蒙求》、黄继善的《史学提要》、陈栎的《历代蒙求》为代表。

4）诗歌类教材，以朱熹的《训蒙诗》、陈淳的《小学诗礼》为代表。

5）常识类教材，以方逢辰的《名物蒙求》为代表。

其中以《三字经》《百家姓》《千字文》流传最广、影响最大。

（三）独具特色的书院制度

宋代书院是中国教育史上独特的教育产物，书院制度是中国教育特有的教育制度和教育机构，它既是学习的高等学府，又是学术研究机构。可以说书院起于私学，"书院是私学的高级表现形式"。

1. 书院的产生

"书院"这个词最早见于唐代。当时有两种场所被称作"书院"，一种是由中央设立的主要用作收藏、校刊和整理经籍的地方，如集贤殿书院；另一种是私人读书治学的地方。私人所建书院，如张九宗书院、李宽中秀才书院等，都是读书人自己治学的地方。唐末五代数十年间，"兴干戈，学校废，而礼义衰"①，当时的名师大儒学习禅林讲经的做法，利用私人读书治学的地方，或选择山林名胜筑舍聚徒讲学，发展成了正式的书院。

2. 书院的发展

（1）北宋著名书院及其兴衰

北宋著名的书院，根据马端临《文献通考》记载主要有白鹿洞、石鼓、应天府、岳麓四大书院。据另外的考证还有嵩阳书院和茅山书院，总称北宋六大书院。

白鹿洞书院位于江西庐山。唐贞元年间（785—805年），洛阳人李渤与其兄李涉在此读书，曾养一白鹿自随。南唐升元年间（937—943年）在此建白鹿洞国学，国子监九经李善道为洞主，教授生徒，并置田以给诸生，学者大集。宋太平兴国二年（977年）江州知州周述，以来白鹿洞的学者多达千人为由，上书朝廷，请赐《九经》肄习，诏从其请。宋真宗咸平五年（1002年）白鹿洞国学重加修缮，并塑孔子和其十大弟子之像。南宋孝宗淳熙六年（1179年），朱熹为南康军太守，申请重修，订立《白鹿洞书院教条》，从此白鹿洞书院闻名于世。

岳麓书院位于湖南岳麓山下，原为佛寺。宋开宝九年（976年）潭州太守朱洞修建院舍，创建岳麓书院。咸平二年（999年），潭州太守李允则又加扩充，学生达60余人，并请国子监颁赐经书。大中祥符五年（1012年）湘阴人周式主持书院，1015年宋真宗皇帝接见周式，并任命其为国子监主簿，仍为书院教授，并亲书"岳麓书院"匾额赠送。南宋孝宗时，朱熹曾讲学其中，该院遂声名大作。

石鼓书院位于湖南衡阳，原为寻真观。唐宪宗元和中（810年）左右，州人李宽在此读书。宋至道三年（997年）郡民李士真向郡守请求，在原址创建书院。宋景祐二年（1035

---

① 出自北宋欧阳修《新五代史·一行传》序。

年），仁宗根据集贤校理的要求，赐书院匾额和学田。到南宋更加扩充，朱熹曾为之作记。

应天府书院位于河南商丘，原为宋名儒戚同文的旧居。宋真宗大中祥符二年（1009年），应天府民曹诚，在此建学舍，聚书授徒，讲习甚盛。因人称戚同文为睢阳先生，所以又称睢阳书院。

嵩阳书院位于河南登封县（今为登封市）太室山麓。北魏时为嵩阳寺，五代后周时改为太室书院，宋至道三年（997年）赐"太室书院"匾额和《九经注疏》。景祐二年（1035年）更名嵩阳书院。

茅山书院位于江苏江宁，宋仁宗时处士侯遗所建，教授生徒并供给伙食达十余年。

北宋书院发展既盛，曾一度在教育上起过地方学校的作用，但不久相继衰落。直到南宋，书院又得到极大发展。

（2）南宋书院的发达

南宋偏安江南，战事不断，政治腐朽，国力衰微，虽然于中央和地方勉强设学，却是有名无实，于是私人书院又应运而起，日益发达，几乎取代官学成为当时的主要教育机构。据《文献通考》记载有二十余处，其他"士大夫讲习之所，自为建置者"尚不在此数。当时最著名的有岳麓、白鹿洞、丽泽、象山四大书院。南宋书院和理学家讲学有密切关系。如白鹿洞书院为朱熹讲学之所，岳麓书院为张栻、朱熹讲学之所，丽泽书院是吕祖谦讲学之所，象山书院是陆九渊讲学之所等。

（3）元代书院的官学化

元朝统治者对于书院采取保护、提倡和加强控制的政策。早在元太宗八年（1236年）就在燕京（后来是元大都）建立了第一所书院——太极书院。元世祖统一后，书院发展出现两个动向，一是在热心地方教化人士的筹划下，不少路、府、州、县开始了书院重建工作；另一方面是一些大儒不仕新朝，避居山林，自建书院，专事学术研究，所以元代书院大盛。据有关统计，元朝书院达400多所。元朝统治者在提倡办书院的同时，也加强了对书院的控制，使书院官学化倾向越来越明显，这主要表现在：官府任命山长和教师，并与地方官学的学正、学录、教谕一样，同命于礼部；控制书院的招生、考试和生徒去向；设置书院学田，作为书院赖以生存的经济基础。

（4）明清书院的变化及著名书院

明清书院经历了沉寂、复苏、勃兴、禁毁的历程。

明清初年书院一般处于沉寂状态，明嘉靖年间和清康熙年间开始复苏勃兴，明中叶以后曾出现四次禁毁事件。

清康熙年间书院发展与当时的经济兴盛也有密切关系。清朝后期朝廷加强了对书院的控制，书院官学化倾向更加明显。

明清最著名的书院有：东林书院、诂经精舍和学海堂。

三、中国古代选士制度的发展演变

（一）汉魏时期的选士制度

1. 汉代察举制

所谓"察举"又称荐举，就是"乡举里选"，由三公九卿（主要是丞相、列侯、刺史、守相等）、地方郡守等高级官员根据考察把所谓"品德高尚、才华出众"的平民或下级官吏推荐给中央，再由中央考察核实后授予官职。

汉代察举制正式成为比较完备的选士制度，是在汉武帝之时。汉武帝接受董仲舒的建议，根据考察把所谓"品德高尚、才华出众"的平民或下级官吏举荐给中央，再由中央考察核实后授予官职的制度。它是汉代重要的出仕途径之一。

2. 魏晋南北朝时期的九品中正制

九品中正制是中国古代选士制度发展的中间环节，是一种更注重按照门第取士的选士制度。

九品中正制产生于三国时期的魏国。由中正官把被选的士人按照家庭出身和个人才学，分为三级九品，即上上品、上中品、上下品、中上品、中中品、中下品、下上品、下中品、下下品，作为授官晋爵的依据，然后再按品授官。

（二）隋唐时期的科举制

所谓科举制就是分科考试的选官制度。科举制设立于隋朝，完备于唐朝，发展扩充于宋、元、明、清，到清末（1905年）被废除，在中国历史上存在了1 300多年。

1. 隋朝科举制的产生

隋唐时期，是中国封建社会重新走向统一和空前繁荣昌盛的时期。魏晋南北朝以来重门第不重才学的"九品中正制"便不再适应变化了的新形势，以考试来公平选拔人才的科举制应运而生。

科举制以自由报考（"投牒自进"）为特点，以知识才华为选士内容，以考试优劣为取舍标准，把考试大权集中在中央吏部，采取自下而上逐级淘汰的差额考试为主要筛选办法，以加强皇权为宗旨，广泛地向地主阶级各阶层打开了入仕的途径。

2. 唐代科举制的实施

唐代虽在政治上推翻了隋王朝的统治，但在文化教育上，尤其在选官制度上却继承了隋王朝的一切优良建制，补充和发展了科举制。

（1）考生来源与考试程序

唐代考生来源主要有两个：一是学校出身的"生徒"，经所在学校考试合格后送考；二是州县地方选送的"乡贡"，州县"乡贡"生须经地方逐级考试选拔后报送尚书省考试。关于考试程序：唐代科举考试分两级进行，即地方州县、中央官学的预试和尚书省礼部的考试，最后再由吏部复试授官，形成了礼部选人吏部授官的制度。

（2）考试科目、内容和方法

秀才科：考方略策五道题，以文理通顺、透彻程度分为上上、上中、上下、中上凡四等为及第。秀才科取士注重博学高才，隋唐科举取士皆以本科及第为最高。

进士科："进士"一词最早见于《礼记·王制》，意思是经过层层选拔贡送给王室的可授爵禄的优秀人才，隋唐科举考试沿用此称并定为一科。在唐代科举考试各科中，进士科最受重视，考试以诗赋为主。

明经科：主要考试经义。唐代把儒家经典分为大经、中经和小经3类。

明法科：主要考试律、令等知识。

明字科，即文字科，"先口试，通，乃墨试《说文》《字林》二十条，通十八为第"。明字科亦叫明书科。

明算科：就是算术科，主要考《九章算术》三条，《周髀算经》《海岛算经》《孙子算经》《五曹算经》《夏侯阳算经》《五经算术》各一条，十通六者合格。

唐代科举考试的科目虽多，但方法却只有五种，即口试、帖经、墨义、策论、诗赋。

（三）宋元明清科举制

1. 宋代科举制的改革

1）增加了科举取士的名额，提高了及第后的地位和待遇。宋代科举及第后，不需经吏部考试即可授官，而且及第后授官的级别也有所提高。

2）突出进士科，并改革进士科考试内容，罢帖经、墨义，重策论和经学，加强了实际能力的考试。

3）确立了州试、省试和殿试三级考试制度。按宋制秋"取解"（即秋天由各州通判和录事参军主持进行选拔考试），冬集礼部，填写保举状，来年春天由皇帝任命六部尚书或翰林学士主持省试。省试考中后，皇帝还要面试。

4）完善考试制度，防范舞弊。为了防止科场作弊，宋代严格考试纪律，具体表现为：一是不许朝廷官员推荐考生应试；二是临时指定主考官，实行"锁院"制；三是举行复试和"别头试"；四是实行"糊名"与"誊录"制度。

5）在科举与学校之间，强化了学校教育的力度。宋代三次兴学运动都提出了加强学校教育的主张。

2. 明清科举制的革废

（1）科举程序

明清科举考试最重视进士科，其考试程序明代为三级：乡试、会试、殿试，清代为四级，前面加"童试"。

1）"童试"是预备性质的考试。清代府、州、县学的学生称为"生员"，未取得生员资格的称"童生"，童生要取得生员资格，须经过县试、府试、院试等一系列考试，这些统称为童试。童试通过后须在校学习一段时间再参加科举考试，凡名列一、二等和三等前列的，就取得了参加乡试的资格。

2）"乡试"是明清两代在各省城举行的考试，每三年举行一次，由于考期定在农历八月，所以又称"秋闱"。考试分三场：第一场试《四书》义三道，经义四道；第二场试论一道，判语五条，诏、诰、表各一道；第三场试经史策五道；三场考试分别在八月初九、十二、十五进行。根据朝廷下达的名额被录取的生员，统称为"举人"，第一名称"解元"。

3）"会试"是在京城举行由礼部主持的全国性考试，各省的举人和国子监的监生均可应考。考试在乡试后第二年春天的二月份举行，所以又叫"礼闱"或"春闱"。会试也是分三场进行，分别在二月份的初九、十二、十五进行。会试中试者称作"贡士"，第一名为"会元"。

4）"殿试"也称"廷试"，是皇帝对会试录取的"贡士"在殿廷上亲发策问的考试。殿试后还要对合格的考生定甲第：一甲三名，赐进士及第，第一名状元、第二名榜眼、第三名探花郎；二甲若干名，赐进士出身；三甲若干名，赐同进士出身。考生在乡试、会试、殿试中均获得第一名，称作"连中三元"。

（2）八股文与试帖诗

所谓"八股文"是科举考试时所采用的一种特殊文体，这种文体有一套固定的写作格式，即由"破题""承题""起讲""入手""起股""中股""后股""束股"八个部分组成，每一部分的句式也有一定的规定，如"破题"有两句，破解题目的意思；"承题"三四句，承接"破题"进一步说明题目的意思；"起讲"用三四句或十来句领文，然后进入正式论述（"入手"），在后四部分中，要求每个段落要有两相排比对偶的句子，每股少则四句，多则二十句，全文300到700字之间。

清朝科举考试中，除八股文以外，还有一种重要的文体，那就是"试帖诗"，又叫"五言八韵诗"，它每句五言，共16句，首尾各两句可以不用对偶，其余各联必须对偶，限定以某字为韵，在题目旁须注明"得某字"韵。诗的结构大致与八股文类似。

（3）考试场所

明清贡院是科举考试的场所。贡院之设始于唐开元年间（713—741年），唐、宋两代把省试的场所称作贡院。元代以后，乡试、会试的场所也叫贡院。贡院制度的形成历经千年，至明、清两代形成定制。

3. 科举制的终结

由于八股取士，考场舞弊等多种因素交织融合在一起，使明清之际的科举考试弊窦丛生，引起了广泛的社会批评，直至清末，废科举、兴学堂已成大势所趋。

明末清初的启蒙思想家们对科举，尤其是八股取士的批评是切中时弊的。顾炎武曾抨击道："八股之害，甚于焚书，败坏人才，有甚于咸阳之郊所坑者。"八股取士不仅败坏人才，而且败坏了学术，造成举业盛而学术衰的不良状况。科举考试命题只限于《四书》《五经》且只能代圣贤立言，八股取士的程式又极为固定，这样固定的内容和死板的形式，不仅束缚了学生的学习，而且极易被揣摩、效仿，以迎合考官的心理。为适应八股取士之需要，许多人开始押题做答案，考生则花钱买答案，只要背诵答案就可以应付考试。

另外，科举考试对学校教育的负面影响也愈演愈烈，使学校教育完全成为科举的预备机关或附庸。学校教育的目的就是准备科举，科举考试的内容就是学校传授的内容，科举考试的方法也成了学校中考核学生的方法，科举完全成为学校的指挥棒，学校完全成为应试教育的机构。再加上科举舞弊现象的屡禁不绝和愈演愈烈，科举制已随封建政权的没落而走到了穷途末路。1905年，清廷被迫宣布"所有乡会试一律停止，各省岁科考试亦即停止"。科举制自隋炀帝大业二年（606年）始置进士科开始，至1905年最终退出中国历史舞台，共延续了1 300年之久。

四、中国古代主要教育家及教育思想

（一）孔丘的教育思想

1. 重视教育作用

（1）教育对社会发展的作用：庶、富、教

孔子阐述了他庶、富、教的施政大纲，他认为只有在先庶、先富的基础之上才能有效地进行教化，发展教育事业。孔子是中国历史上最早论述教育与经济关系的教育家。

（2）教育在人的成长中的作用：性相近也，习相远也

孔子最早论述教育与人的关系。孔子认为人天生素质是很接近的，之所以成长中有千

差万别，是后天"习染"的结果。孔子认为人的一生都应该接受教育，并且要重视生活环境的选择和社会交往的选择。

2. "有教无类"的思想

孔子对教育对象的基本主张是"有教无类"。有教无类的本意是指，无论贫富贵贱与种族，人人都可以入学接受教育。

3. 培养德才兼备的从政君子

从平民中培养德才兼备的从政君子这一培育人才的路线概括为"学而优则仕"。"学而优则仕"和"任人唯贤"的路线配合一致，将读书和做官紧密联系在一起，成为封建统治者维护统治和笼络人才的手段。

4. 教学方法

1）因材施教。因材施教是根据学生的个性特点和个别差异选择不同的教学方法。孔子是我国历史上首倡因材施教的教育家。

2）启发诱导。孔子是世界上最早提出启发式教学的教育家。他认为不论是培养道德还是学习知识，都应该建立在学生自觉需要的基础之上，充分发挥学生的积极主动性，反对机械学习，提倡启发式教学。

3）学思行并重。"学而知之"是孔子进行教学的主导思想，学是求知的途径，也是唯一方法。孔子还强调学习知识要"学以致用"，学是手段而不是目的，行才是终极目的，行比学更重要。由学到思到行，是孔子探索的学习过程，也就是教育过程，基本符合人的一般认识过程。

4）好学与实事求是的态度。孔子认为教学需要师生配合协作，学生端正学习态度，是教学成功的重要条件。要求学生具有好学、乐学的态度，不耻下问的态度和实事求是的态度。

5. 教学内容与特点

教学内容：《诗》《书》《礼》《乐》《易》《春秋》。

特点：

1）重视文事，虽然要求从政需要文武兼备，但整体偏向文事。

2）重视社会人事，不宣传宗教迷信思想。这也是中国古代非宗教性教育传统的开端。

3）轻视科技和生产劳动。他要培养的是从政人才，而非从事农业、工业的劳动者，因此不强调学习自然知识和科学技术。

6. 德育原则

春秋战国时期伟大的教育家孔子对道德教育有深刻的论证。"仁"与"礼"是他道德教育的主要内容。孔子主张以"礼"为道德规范，以"仁"为最高道德准则，"仁"也是他学说的中心思想。孔子认为"仁"的实行最重要的两项就是"孝"与"忠"。孔子还特别提出了一些道德教育原则，主要有立志、克己、力行、中庸、内省、改过。

7. 对教师的要求

学而不厌，温故知新，诲人不倦，以身作则，爱护学生，教学相长。

（二）孟轲的教育思想

1. 深造自得的教育思想

孟子扩充善端的思想中蕴含了他对教学过程的基本要求，要体现人的理性特点，要遵循和发展人的内在能力，他特别强调个体认知中的自觉性，将其归结为深造自得。

孟子认为知识的学习不是从外而来，而是要通过自己主动自觉的学习和钻研，有自己的收获和见解，才能形成稳固而深刻的智慧，遇事才能左右逢源，挥洒自如。

孟子认为要达到深造自得的基本要求要用正确的方法，深入学习和钻研，特别强调独立思考，独自见解，不轻信，不盲从，要求读书不能拘于文字表面意思，而要经过思考，去体会深层意蕴。总之，学习特别重要的是从感性学习到理性思维的转化。

2. 关于教育作用的观点

孟子从"施仁政"的政治主张和"性善论"出发，高度重视教育的社会作用和其在人的发展中的作用。孟子认为教育的社会作用在于"得民心"，"得民心"是"仁政"的关键，而教育是"得民心"最有效的措施。孟子认为教育在人的发展中的作用是"求放心"。孟子认为人天生虽然都具有四个善端，但在后天中，由于外物的诱惑或自身努力的不足，可能会失掉或摒弃这些善端，教育的作用就在于找回散失的本性，保存和发扬天赋的善端。

（三）荀况的教育思想

1. 荀子的教育观

基于荀子"性本恶"的人性观，荀子提出了自己的教育观。他高度重视教育和学习的功能，包括教育对人的作用，也包括教育对社会发展的作用。荀子认为，教育对人的作用在于"化性起伪"。荀子也很重视教育的社会作用，认为教育能够统一思想，统一行动，使兵劲城固、国富民强。

2. 对教师的地位、作用、条件的论述

1）荀子特别强调教师的地位和作用，他极力倡导尊师。

2）荀子认为教师的作用是与国家的前途命运相连的，关系到国之兴衰、法之存亡，他将教师提高到与天、地、君、亲同等的地位。

3）荀子对教师也提出了很严格的要求，他认为教师应当具备以下四个条件：

第一，要有尊严，要使人敬服；

第二，要有崇高的威信和丰富的经验；

第三，要有传授知识的能力；

第四，要能够体会"礼法"的经纬道理，且能加以阐发。

（四）墨翟的教育思想

1. 墨子的教育作用观

（1）教育对社会的作用

墨家的社会政治理想是"兴天下之利，除天下之害"，其中一项重要的内容就是推行教育，通过教育可以建设一个民众平等、互助的"兼爱"社会。墨子认为，通过教育可以使天下人知"义"，从而实现社会的完善。

（2）教育对个人的作用

墨子的一大贡献是"素丝说"，他以染丝为例"染于苍则苍，染于黄则黄，所入者变，其色亦变"，来说明在教育作用下人性的改变和形成。他认为人性不是先天所成，天生的人性就如同待染的素丝，入什么色的染缸，就成什么样的颜色，以此来比喻有什么样的环境和教育，就会造就什么样的人。墨子的素丝说从人性平等的立场上去阐述教育的作用，较孔子的人性观有明显的进步。

2. 墨家教育思想的特色

墨家和儒家是春秋战国时期最著名的两大学派，韩非将其并称为当世之"显学"，墨家的创始人是墨翟，自称其学说是代表"农与工肆之人"的利益，重视实用，强调下层人民的利益。

1) 在教育作用上，墨家主张教育对社会的作用是通过教育来建设一个民众平等、互助的"兼爱"社会。提出"素丝说"，来比喻有什么样的教育和环境，就会造就什么样的人，以此来说明教育对人的发展起到决定性的作用。

2) 在教育目标上，主张培养"兼士"，"兼士"应当具备三个条件："厚乎德行，辩乎言谈，博乎道术"，即要具备道德的要求、思维论辩的要求和知识技能的要求。

3) 在教育内容上，墨家主张以科技知识和思维训练为特色的教育内容。科学与技术教育包括农业与军事科技知识教育和自然科学知识教育，目的在于使"兼士"获得"各从事其所能"的实际本领。培养思维能力的教育包括认识和思想方法的教育、形式逻辑的教育。目的在于锻炼和形成逻辑思维能力，善于与人论辩，用雄辩的逻辑力量去说服他人，推行自己的政治主张。

4) 在教育方法上，墨家主张主动和创造的教育方法。主动就是即使别人不来请教，也要积极地去施教，"兼士"的职责就是要积极主动地去"上说下教"，向别人宣传、推行自己的主张。

创造就是要创造出新的东西，这既反映了墨子对待文化遗产的态度，也反映了他重创造的教育方法。

墨家还重视实践和量力的方法，墨子是中国教育史上第一个提出"量力"方法的人。

五、董仲舒的教育思想

1. 《对贤良策》与三大文教政策

董仲舒在《对贤良策》中为汉武帝提出了三大建议，如下：

1) "推明孔氏，抑黜百家"。

2) "兴太学以养士"。

3) 重视选举，任贤使能。

根据董仲舒的建议，汉武帝采取了如下措施：设置五经博士，兴办太学，确立察举制度。

2. 董仲舒道德教育思想的基本内容

在董仲舒的教育思想中，道德教育是其核心内容，因为这是董仲舒德治政治思想在教育上的自然延伸，也是实现理想人格的必由之路。

1) 道德教育的作用：德教是立政之本。董仲舒虽然主张道德教化与刑罚并重，但他又强调应当以教化为本为主，刑罚为末为辅。以教化作为实现仁政德治的手段，也是儒家思想的传统。

2）以"三纲五常"为核心的道德教育内容:"三纲五常"是董仲舒伦理思想体系的核心,也是他道德教育的基本内容。先秦儒家提出了"五伦":"君臣,父子,夫妇,兄弟,朋友",而董仲舒又特别强调"君臣,父子,夫妇"这三种关系,即"三纲"——"君为臣纲,父为子纲,夫为妻纲",并将其提升为"五常之道"(五常指仁、义、礼、智、信),并做了新的发挥。"三纲五常"成为中国两千年来封建社会道德教育的中心内容。

3）德育的原则与方法。

①确立重义轻利的人生理想。"正其义不谋其利,明其道不计其功"是董仲舒对这一原则的总概括。董仲舒要求人们要心正意诚,对封建国家利益原则的追求应当高于对个人利益的追求。

②"以仁安人,以义正我"。仁是建立在对人的生命珍惜和热爱的基础上的,体现了对个人生命价值和权利的尊重。义是为封建国家的利益而确立的准则,凸显个人对社会的责任与义务,尊重他人的价值和权利,这实际上是对儒家强调主体道德自觉精神的继承和发扬。

③"必仁且智"。道德教育必须要做到"仁"与"智"的统一,特别强调道德修养中情感与认知的统一。

④"强勉行道"。只要努力地进行道德修养,德行就会日益显著,取得良好的成效。强调品行的积累。

六、颜之推的教育思想

1. 《颜氏家训》

《颜氏家训》是我国南朝梁时期的教育家颜之推根据自己的经历和体会所作,用以训诫其子孙,是我国历史上第一步系统完整的家庭教科书,也是我们了解颜之推教育思想的主要依据。

2. 颜之推家庭教育思想的主要内容

1）颜之推十分重视儿童教育,尤其注重儿童的早期教育,他认为幼年时期是奠定基础的重要阶段,长辈应当抓住教育的关键时期及早对幼儿进行教育,而且越早越好。

2）儿童教育的原则

①及早施教:幼年时期是奠定基础的关键阶段,父母应当及早对幼儿进行教育,早期教育甚至可以从胎教开始。

②严慈相济:善于教育自己子女的父母,通常能把慈爱与严格的要求结合起来,并能收到良好的教育效果。

③均爱原则:在家庭教育中切忌偏宠,不论子女聪慧与否,都应当以同等的关爱和教育标准来对待。

④注重语言教育:语言的学习是儿童教育的重要内容,对儿童进行的语言教育应当注意规范,重视通用语言,而不应强调方言。

⑤注重品德教育:道德教育应当包括以孝悌为中心的伦理道德教育和立志教育两个

方面。

3）颜之推还提出了家庭对儿童的成长有潜移默化的作用。因此，家长应当注意环境习染对儿童发展的影响，审慎地观察子女左右的人，以防误入歧途，慎重地为子女选择师友，发挥教育的积极影响。潜移默化是家庭教育中的重要一环。

3. 颜之推士大夫教育的思想

1）士大夫应当重视教育。在南北朝时期，士大夫阶级虽垄断了教育，但是也轻视教育。

首先，他认为人性分三品，性的品级与教育有直接联系，这成为他强调士大夫受教育的理论依据。

其次，他从受教育与否与个人前途的利害关系出发，说明了士大夫受特殊知识教育的必要性，认为受教育是士大夫保持其原有社会地位的途径。

最后，他从"利"的角度，从知识也是一种谋生的手段等方面论证了知识教育的重要性。因此，士大夫应当重视教育。

2）教育的目标在培养治国人才。抓好士大夫教育，培养对国家有实际效用的各方面人才。

3）以德与艺为主要的教育内容。在"德"方面，颜之推认为树立仁义的信念是道德教育的重要任务，而实践仁义则是道德教育的最终目的。在"艺"方面，颜之推主张以广博的知识为教育内容，以读书为主要的教育途径。

七、韩愈的教育思想

1. 韩愈《师说》中的教育思想

（1）从"人非生而知之者"出发，肯定"学者必有师"

韩愈提出"人非生而知之者"直接否定了"生而知之"的观点，与儒家的传统思想有出入。

（2）"传道、授业、解惑"是教师的基本任务

韩愈通过对以往教师经验的总结，提出了"师者，所以传道、授业、解惑也"。

（3）以"道"为求师的标准，主张"学无常师"

韩愈认为，人们求学的目的就是为了学"道"，其方法是"学无常师"。

（4）提倡"相师"，确立民主性的师生关系

韩愈观察社会上的各种职业，指出"巫医乐师百工之人，不耻相师"，认为这种做法是合理的，比士大夫更明智，士大夫应当矫正"耻学于师"的坏风气，形成相互学习的新风气。

2. 韩愈关于培养人才和选拔人才的思想

（1）人才的培养

为了培养人才，韩愈要求整顿国学，改革招生制度，扩大招生范围，否则势必会导致人才匮乏，统治就会出现危机。

（2）人才的选拔

韩愈要求统治者要爱惜人才，不拘一格选人才。他用千里马和伯乐的关系来比喻人才的难得。

3. 韩愈的"性三品"说与教育作用观

（1）"性三品"说

第一，他提出了性与情的问题，认为人有性和情，性是天生具有的，情是后天习染的，性和情两者是相应的，有什么样的性就会有什么样的情。

第二，性和情都分为三品，性有五德，情有七情，性的主要内容是"仁义礼智信"五德，情的主要内容则是"喜怒哀惧爱恶欲"七情。

第三，基本接受孔子"唯上知与下愚不移"的观点。韩愈认为，上、中品之人可受教育，下品之人只能以刑罚制之。上品之人通过求学而更加明白道理，下等人服从权威就可以少犯罪过，但上品与下品的人性是不能改变的。而中品之人可通过引导或者成为上品，或者沦为下品

（2）教育的作用

第一，从"性三品"说出发，韩愈认为上、中品之人可以受教育，下品之人，虽也具有无常之性，但气质太坏，总是违背封建伦理道德标准，只能以刑罚制之。

第二，教育只能在已定的品位内起作用，不同等级的人接受教育的权利也不同。只有统治阶级才能享有受教育的权利，而对被统治阶级实行专制，剥夺其受教育的权利。这与孔子"有教无类"的思想相比，是倒退的。

第三，人性决定教育内容。由于人性中存在"仁义礼智信"的道德内容，因此，教育应当将这些道德发扬开来，儒家经典是最好的教育内容。

八、朱熹的教育思想

1. "朱子读书法"的主要内容

1）循序渐进。

2）熟读精思。

3）虚心涵养。

4）切己体察。

5）着紧用力。

6）居敬持志。

"朱子读书法"是古代最有影响力的读书方法论。

2. 《白鹿洞书院揭示》的主要内容

1）"父子有亲，君臣有义，夫妇有别，长幼有序，朋友有亲"为教育目的。

2）"博学之，审问之，慎思之，明辨之，笃行之"为治学顺序。

3）"言忠信，行笃敬；惩忿窒欲，迁善改过"为修身之要。

4）"正其义不谋其利，明其道不计其功"为处事之要。

5）"己所不欲，勿施于人；行有不得，反求诸己"为接物之要。

《白鹿洞书院揭示》中的思想，都曾在儒家典籍中出现过，朱熹将这些思想汇集起来，以学规的形式固定下来，形成较完整的书院教育理论体系，成为后世一般学校的学规范本和办学准则，使书院教育逐步走上制度化发展的轨道。

3. 朱熹的教育作用观

朱熹从客观唯心主义思想出发，表述了自己的教育作用观。他认为宇宙万物都是由"理"和"气"两种因素结合而成。"理"是精神性的范畴，属于第一性，"气"是物质性的范畴，属于第二性。

1) 朱熹认为，人和宇宙万物一样，都是由理和气结合而成，人性的主流，禀受于"理"的部分，也就是"天命之性"，"天命之性"是纯然至善的。理和气结合在一起，就体现为"气质之性"，"气质之性"有善有恶，有清有浊。教育的作用就在于"变化气质"，将气质之性中的善性发扬开来。为了论证伦理道德的合理性和永恒性，朱熹认为天理就是以"三纲五常"为核心的封建伦理道德，人欲就是违背封建道德的言行，必须禁止和根除。"存天理，灭人欲"，不仅是朱熹对教育目的、作用的表述，而且是他道德教育的根本任务。

2) 朱熹继承发展了董仲舒和韩愈的性三品学说。圣人之性是清明至善的，没有丝毫混浊，不教而自善；贤人之性次于圣人，但经过教育，也可达到"无异于圣人"的地步；中人之性善恶混杂，介于君子和小人之间，"教化之行，挽中人而进于君子之域；教化之废，推中人而堕于小人之涂"。

3) 朱熹还认为人心和人性也相关，就一般人的内心而言，都有"道心"和"人心"两种成分。"道心"体现"天理"，"人心"体现人欲，"道心"被包含在"人心"之内，是隐性的，教育的作用就是要把"道心"显现出来，也就是把"天理"凸现出来，隐藏人的私欲，这就是"存天理，灭人欲"，使"人心"服从"道心"。这个过程也是"明人伦"的过程，所以朱熹认为教育的目的就在于"明人伦"。

4. 朱熹对小学和大学教育的思想

朱熹在总结前人的教育经验和自己的教育实践的基础之上，基于对人的心理特征的初步了解，将一个人的教育分成"小学"和"大学"两个既有区别又有联系的阶段，并提出了相应的任务、内容和方法。

(1) 小学

学生8岁入小学。在教育任务上，朱熹认为小学教育的任务是"圣贤坯璞"，是打基础的阶段，必须要抓紧，抓好。在教育内容上，以"学事"为主，知识力求浅近、具体，从具体的行为训练着手，懂得基本的伦理道德规范，形成良好的生活习惯，学到基础的文化知识技能，教育和生长发育融为一体，在实践中得到锻炼。在教育方法上，一来主张先入为主，及早施教；二来要求形象生动，激发兴趣；三来首创《须知》《学规》的形式来培养儿童的道德行为习惯。

(2) 大学

学生15岁入大学，主要是在小学之上的深造，在教育内容上，大学的教材主要是《四书》和《五经》，提出要"明理"，要在"坯璞"的基础之上"加光饰"，培养对国家有用的人才。在教育方法上，注重自学，并提倡不同学术观点之间的交流。

综上所述，虽然朱熹的教育思想中有浓厚的理学倾向，客观唯心主义色彩浓厚，但是其对教育作用的重视是值得肯定的，而且，朱熹对小学和大学加以划分，并为各个阶段整理了相应的教材，可以说是教育史上一个极大的贡献。《四书章句集注》在后来的封建社会占有重要地位，甚至超过了《五经》，这也反映了朱熹不可忽视的历史地位。另外，他的"朱子读书法"对我们的学习有很大的启示，在教育史上流传甚广。

九、颜元的教育思想

1. 漳南书院

颜元是明末清初著名的教育家，他创办了漳南书院，漳南书院的教学体现了他实学的教育思想体系。颜元深刻地批判了程朱理学脱离实际的书本教育，竭力提倡"实学"和"实用"的教育。颜元制定了"宁粗而实，勿妄而虚"的办学宗旨，提倡培养"实德实才之士"，以"真学""实学"为主要的教育内容，以"习行"为教学方法。颜元的思想为中国近代教育的发展起到了革新的作用，在中国教育史上具有重要地位。

2. 颜元实学的教育思想

（1）"实德实才"的教育目标

颜元认为学校应当培养"实德实才之士"，即品德高尚、有真才实学的经世致用人才。这种教育目标明显冲破了封建理学的桎梏，带有鲜明的经世致用的特性，反映了当时要求发展社会生产的新兴市民阶级对人才的新要求，具有极大的进步意义。

（2）"习行"的教学方法

这一方法是颜元关于教学方法最基础也是最主要的主张。颜元认为，要获得真正有用的知识，就要通过自己亲身的"习行"，"躬行而实践"，求诸客观的实际事物。因而他所说的"习行"教学法，就是提倡教学过程要联系实际，坚持观察、练习和躬行实践。

（3）"真学""实学"的教育内容

颜元认为，要打破传统教育的局限，仅仅靠改变方法自然是行不通的，在教育内容中注入新的思想才是变革的根本。颜元提倡将以"六艺"为中心的六府、三事、三物作为教育内容。

（4）实学教育思想的实践

颜元曾按照自己的教育思想来规划漳南书院，在漳南书院设置六斋，并规定各斋具体的教育内容。这是颜元"真学""实学"最明确、最有力的说明。漳南书院的六斋主要是文事斋、武备斋、经史斋、艺能斋、理学斋、帖括斋。漳南书院之所以还暂设理学斋和帖括斋，只是为了适应当时的实际，时机一到便关闭这两斋。因此，颜元"真学""实学"的教育内容，和理学教育有本质的区别，而且不仅是在广度上还是在深度上，都大大地超越了"六艺"教育。不仅有经史礼乐的内容，而且将诸多门类的自然科技知识、各种军事知识和技能都正式列入教育内容，并且分科设教，这在当时确实是别开生面，已经蕴含着近代课程设置的萌芽，将中国古代关于教育内容的理论推进到一个崭新的阶段，这是颜元对中国古代教育理论的重要贡献，值得人们重视。

延伸拓展

请扫描二维码了解20世纪20年代的教育思潮。

知识测试

一、填空题

1. 西周建立的两大学校系统是_____和_____。
2. 关于西周时期的"六艺",是指_____、_____、_____、_____、_____、_____。
3. 孔子的道德教育的原则是_____。
4. 汉代著名文献《对贤良策》的作者是_____。
5. 察举制是_____时期得以确立的。
6. _____是一种专门学校,也是世界上最早的文学艺术专门学校。
7. 我国古代首次设立的中央教育行政机构是_____。
8. 中国古代四大书院是_____、_____、_____、_____。
9. 北宋"二程"指的是_____、_____。
10. 中国古代家庭教育的代表作《颜氏家训》的作者是_____。

二、选择题

1. "问渠那得清如许,为有源头活水来"一诗的作者是(   )。
   A. 韩愈　　　　B. 王夫之　　　　C. 王阳明　　　　D. 朱熹
2. 下列读物中那一种不属于蒙学读物(   )。
   A.《弟子规》　B.《三字经》　　C.《师说》　　　D.《幼学琼林》
3. 下列成语哪一个与教育无关(   )。
   A. 画荻教子　　B. 有教无类　　　C. 学以致用　　　D. 墨守成规
4. "桃李满天下"语出哪本著作(   )。
   A.《资治通鉴》　B.《孟子》　　　C.《大学》　　　D.《劝学》
5. "十年树木,百年树人"源自哪位思想家的著作(   )。
   A. 管子　　　　B. 孔子　　　　　C. 曾子　　　　　D. 庄子

三、判断题

1. 稷下学宫的性质是一种学术交流机构,而非学校的性质。(   )

2. "性相近，习相远"是孔子对教育作用的概括。（　　）

3. 道家的教育主张是"化性起伪"。（　　）

4. "三舍法"是王安石在熙宁兴学期间创立的，是对太学的一种改革。（　　）

5. 朱熹认为大学的教育目的在于明理。（　　）

课程实践

一、搜集中国古代著名学校及学府，制作成课件，在课上与其他同学交流。

二、你最喜欢中国古代哪一时期的教育？谈谈你理想中的教育模式。

课后提升

一、浏览电视剧《孔子》，深入了解孔子及其教育思想。

二、阅读中国古代也是世界上最早的一篇专门论述教育、教学问题的论著《学记》，谈谈自己的学习心得。

第四章　中国古代节庆仪礼

任务目标

【知识目标】
　　节庆的概念，中国古代的仪礼主要有哪些。
【能力目标】
　　了解中华节庆文化的博大精深，领略中国古代节庆礼仪的现代意义。
【素质目标】
　　培养学生对中国节庆仪礼的热爱，增强学生的民族自尊心、自信心、自豪感，形成正确的行为规范。

文化热线

　　2005 年，韩国向联合国教科文组织申请，把端午祭（类同我国的端午节）申报为他们国家的非物质文化遗产，并在 2006 年"申遗"成功。当然，韩国的"端午祭"与我国的"端午节"有许多相同的地方，也有很大的差异性。但是，这一现象提醒了我们，在知识产权保护方面，我国应当尽力发掘传统节日的文化内涵，探究传统节日的渊源，搜集传统节日所包含的民俗活动，把尽可能多的中国传统节日在国际上申报为我国的非物质文化遗产。这既能向世界传播弘扬中华传统文化，也是对祖先创造凝聚的文化结晶的一个完美交代和传承。中国传统节日在当代究竟有什么意义，对国人能有什么有益的影响？只有把这个问题考虑清楚了，人们才能够真正去重视传统节日，去挖掘几千年来中华文明古国的优秀民族文化精髓，使传统节日得到进一步传承发展、与时俱进，弘扬其特有的正能量，并向世界展现充满活力的中华文化遗产。

文化解读

一、中国传统节日的渊源与传承发展

　　传统节日的形成是一个民族或国家历史文化长期积淀凝聚的过程。中华传统节日形式多样，内容丰富，是中华民族悠久的历史文化的一个重要组成。从远古先民时期发展而来的中华传统节日清晰地记录着中华民族丰富而多彩的社会生活文化内容。
　　中国传统节日的溯源，主要有以下 4 个方面：
　　一是部分节日起源于远古时代的祭神、祭天地、祭祖活动。如春节，一般认为出自殷

商时期的年头岁末祭神祭祖活动；中秋节，据史书记载最早是始于周朝的祭月；七夕节，最早来源于古人对星宿的崇拜；重阳节，则是起源于先秦时代秋九月农作物丰收之时，人们祭飨天帝、祭祖，以谢天帝、祖先恩德的活动。类似的还有腊八节，从先秦起，腊八节都是作为祭祀祖先和神灵，祈求丰收和吉祥的节日。

二是部分节日是为了纪念历史上的某位拥有良好品德的人物。如端午节是为了纪念投汨罗江自尽的贤臣屈原；寒食节是为了纪念春秋时代晋国公子重耳的忠臣介子推。

三是部分节日来源于宗教的印记。如元宵节古称"上元节"，与中元节、下元节合称"三元"。具体来说，正月十五上元节吃元宵庆佳节，七月十五中元节祭祀先人，十月十五下元节吃冷食纪念贤人，它们并为道教的三大节日；地藏节则是来源于佛教传说，是为了敬拜地藏王菩萨。

四是部分节日是由古老的节气转变而来。如清明节是由二十四节气中的"清明"转化而来，而冬至节也属于这类节日。

二、中国传统节日的风俗特征与教化功能

综观中国传统节日风俗的形成及其变化规律，在目前传承下来的节日风俗中，有共同的特点，也有相异之处。从总体的形成、变化规律来分析，主要有以下 8 个方面的特征。

1. 礼仪性

在众多的节日风俗中，贯穿着一条主线，就是礼尚往来。"来而不往非礼也"，是我们中华民族的传统美德。节日来往，可以说是人际关系、家族关系带有集会性的"桥头堡"。通过这种正常的来往，可以互相问寒知暖，密切人伦关系，交流生活信息，总结发家致富的经验。实践证明，它是人们生活中不可缺少的内容。从过年（春节）开始，差不多每隔一段时间，就有一个重大的节日，随即开展了礼尚往来的来回循环活动。

2. 理想性

在我国的传统节日中，不管农事节日、祭祀节日、庆贺节日、娱乐节日，都有一个共同的理想和目的。如春节活动，是一个综合性的盛大节日，每年农历正月，正是农闲季节。人们在一年辛勤劳动之后，需要休养生息，总结经验，以利再干。例如，把春节活动，作为庆祝丰收、展示成绩、交流信息、企盼来年的日子来庆祝。

3. 时代性

节日风俗的形成，有它的时代性和时代的局限性。如元宵节看花灯的风俗，元宵节观灯之盛况，只能产生在封建社会中期文化比较发达、物质比较丰富的时代。在封建社会的初期和以前的奴隶社会，是不会产生这样标志着人类文明的元宵节观灯活动，也形成不了这样的固定风俗。所以时代性是节日风俗的又一个显著的特征。

4. 民族性

民族性受到地域性的重要影响，原始人因居住的地域不同，水土环境不同，谋生的方式不同，逐步分化为肤色不同、语言不同、风土人情不同、生活习惯不同的各个民族。各个民族中都有自己的民族节日，以及和节日相适应的风俗习惯。这种节日风俗，有着自己民族与其他民族不同的特色；又由于互相借鉴、渗透的作用，有许多节日风俗又有相类似之处。

5. 传承性

节日风俗经过世世代代的流传，变成了一种固定的形式，在一个地区或一个民族中，具有强大的制约能力，它可以使本族本地区的人们共同遵守而不可逾越，它虽不是法律，但有法律的功能，谁要是违犯了风俗，就要受到人们的指责。所以我国《礼记·曲礼上》有规定"入境而问禁，入国而问俗，入门而问讳"。由是观之，民俗具有很难改变和可以改变的二重性。

节日既然形成了一种固定的风俗，就决定了它很难取缔的特点，它只能继承发展，在继承发展的过程中，加以改造和补充，这就使节日风俗具有传承性的特征。

6. 变异性

事物总是在矛盾中前进的，没有矛盾就没有斗争，没有斗争就没有发展。节日风俗的形成，也是一个不断斗争和发展的过程。随着时代的演进和人类物质文明的进步，传统的风俗必然受到历史的批判。对其优秀的风俗，后人继承下来，并且在继承的过程中，加以补充和改进；对其不健康的风俗，要加以改造以至于取缔，这是节日风俗产生变异现象的客观原因。

7. 群众性

风俗习惯是人民群众智慧的积累，为众人所创造，它具有集体化、大众化的特点。中国学者黄遵宪说："风俗之端，始于至微，搏之而无物，察之而无形，听之而无声，然而一二人倡之，千百人和之，人与人相续，又踵而行之；及其至成，虽其极陋甚弊者，举国之人，习以为然。"这就是说，人民群众在创造人类历史的同时，也创造了各自民族的风俗习惯。节日风俗一经形成，就具有广泛的社会性。所以说节日风俗的群众性，也是一个显著的特征。

8. 地方性

各个民族的节日风俗，除具有普遍的共同性外，也由于长期居住的地方不同，形成各自不同的地方风俗。这种地方风俗各具特色，突出地体现了地方性的风土人情，抒发了该地区土生土长人民的七情六欲、喜怒哀乐。

三、中国传统节日的文化内涵

中华传统文化是我们民族的生存之根、立世之魂、传承之本。我国历代劳动人民创造和传承的传统节日文化，可谓是最具活力和影响力、最具民族特色和个性的文化，它集中体现了中华传统文化的核心价值，生动展示了广大民众的精神世界。这些节日久经沧桑，凝聚着历代劳动人民的智慧和情感，以群众喜闻乐见的形式传延不衰，其传承民族血脉、提升民族精神的价值，强化民族文化记忆、心理认同的价值，维系民族团结、社会和谐、家庭和睦的价值，激发与释放情感、协调人与自然关系的价值，是任何文化形式都难以替代的。中国传统节日，凝结着中华民族的民族精神和民族情感，承载着中华民族的文化血脉和思想精华，是维系国家统一、民族团结和社会和谐的重要精神纽带，是建设社会主义先进文化的宝贵资源。中国传统节日的文化内涵是厚重而多彩的。

第一，中国传统节日植根于中国古代农耕文化，是农业文明的缩影，是先人追求天人和谐的产物。

自然环境与地理环境决定了早期的中国以农耕经济为主。人们发明了农具，培育出新的农作物，制定了一系列农业制度，形成了一些农业习俗，创造了农事诗、农事图等，这些都是农耕文化的体现。中国传统节日植根于农业社会的土壤中，是农业文明的伴生物，即节日日期的选择与设定是古人依据天候、物候和气候的周期性转换而约定俗成的，都对应着特定的节气和农时。

以自然节气的规律性变化为依托的中国传统节日，充分体现了人们尊重自然节律，顺应自然时序，感悟天、地、人"三才"的贯通一气，追求和升华"天人合一"的观念。中国传统节日的设置还体现出了农闲农忙安排有别的特点。

如果说，有些民族的节日体系是以宗教纪念日作为核心的话，那么我们的民族传统节日和其他某些民族的传统节日有很大的区别，我们民族传统节日的重要特征在于，这些节日是以协调我们和自然的关系为核心而建立的。中国传统节日表达了我国各族人民应时而作、张弛有度的自然生活节律和独特的审美心理定式；反映了先秦以来历代人民在社会生活实践中，不断认识和改造自然，追求"天人合一"的理想境界。

第二，中国传统节日是中华文化的重要载体，体现着中华文化的丰富性、层次性和多样性。

从远古走来的中国传统节日，是"感自然节律而成，蕴人文精神而丰"。岁月的推移和中华文明的发展，使传统节日不断被多种社会文化因素润泽渗透，有民间传说的嵌入，有宗教活动的影响，有历史人文的大量积淀，有民族智慧、情感、生活习性的融合等，节庆内容不断得到充实和丰富。如介子推居功不受赏的传说之于寒食节；爱国诗人屈原、忠臣伍子胥、孝女曹娥的传说之于端午节；牛郎织女鹊桥相会的爱情传说之于七夕节等。又如，源于远古"腊祭"的春节，腊月初八先民用五谷杂粮做腊八粥敬祖祭神，是古代"腊祭"的开始。后来，佛教传入中国，各大寺庙纪念释迦牟尼成道日做腊八粥与古代"腊祭"的形式相融合，形成了民间食腊八粥的习俗。中国传统节日以博大的包容性，不断地融汇、积淀、丰富、发展，使之成为蕴含丰厚、多姿多彩的文化形态，成为一面最能反映民族文化的"多棱镜"，它能折射出中华民族独特的风俗礼仪、民间信仰、伦理道德、人文诉求、审美情趣、文学艺术、饮食服饰……由此我们可知，中国传统节日是源自人们生活中的共同需要而通过积淀形成的，并以传统礼仪、仪式、游艺等为重要内容和方式，在特定时空关系中利用相应的物质载体表达思想、信仰、道德、理想等的民众群体活动的日子。

中国传统节日的文化艺术形态是多元多样的。若依据传统节庆的性质和内容对其进行分类，可以将中国传统节日分为生产类节日、祭祀类节日、纪念类节日、庆贺类节日、社交娱乐类节日、驱邪祛病类节日等类型。虽然各类节日均是围绕着特有的主题而展开，但在传承发展过程中，又不断渗入新的内容和形式，一个节日中常常包含了多种性质的民俗活动。所以，中国的传统节日春节、清明节、端午节、重阳节等大多具有综合性，通常由多个节日主题、多项民俗活动所构成，其丰富的内容也使这些节日承载着更为丰厚的文化内涵。

中国传统节日文化是一个内容丰富、体系完整的系统，主要包括精神文化层面、行为文化层面和物质文化层面。它们交互作用、彼此依托，构成了中国节庆文化博大精深的独特魅力。

1. 精神文化层面

中国传统节日体现了原始观念文化。对大自然的崇拜是先民的最原始的崇拜形式之一，这里的大自然主要指太阳、月亮、大地及其他自然物。《风土记》[①] 中记载端午节采粽叶、包粽子体现了人们对植物的崇拜。在中秋时节，古代贵族和文人学士会对着天上又亮又圆的一轮皓月，观赏祭拜、寄托情怀。春节祭祖、清明扫墓是对祖先的崇拜。端午赛龙舟的习俗早在屈原之前就出现了，这正体现了对图腾的崇拜，目的是为了祭祀图腾——龙，以祈求避免常见的水旱之灾。

中国传统节日浓缩了我国数千年文明进程的丰富内涵，集中体现了中华民族优秀的精神风貌，寄托着古往今来中国人的理想情怀，蕴含着人们对美好生活的不懈追求、对大自然的感恩与敬畏、对家庭团圆与世间和谐的企望。每个传统节日都有其特定的文化内涵与价值。

2. 行为文化层面

中国传统节日是各种民俗活动和民间艺术集中展示的平台，这个平台荟萃着祭奠、礼仪、表演、技艺、艺术、体育、游戏等丰富多彩的行为文化，构成了一道亮丽的风景线。例如，春节作为中华民族的第一大节，就是各种民俗活动的集大成者。自古祭祀和庆典仪式就十分丰富。就祭祀而言，春节祭祀活动很早就形成了两大祭祀文化传统：一是感念大自然的恩赐而举行的祭祀，如祭祀灶神，是对灶火烧食之功的感念；祭祀土地神，是对大地母亲繁衍万物的回报；祭祀井神、河神，是对生命之水的感恩；对牛、马、鸡等各种家畜的善待和祭祀，则是表达了对帮助人类生存发展的动物们的酬谢，等等。这些祭祀，是中国人一年一度与大自然沟通、对话的方式和渠道，是虔诚的追求与自然和谐统一的写照。二是敬仰古圣先贤和宗族祖先而举行的祭祀。慎终追远的尊祖情怀是中华文明的一条重要根脉，在春节这个普天同庆的日子里，家家户户隆重地举行祭祖活动，宗族家长们率领着儿孙虔诚祭拜列祖列宗，感念祖先的恩德，祈祷其"在天之灵庇佑儿孙"，并倾诉出儿孙们的承诺和告慰。这充分体现了中华民族饮水思源、永不忘本的传统精神。春节期间的社交娱乐活动更是丰富多样：团聚、守岁、贴春联、剪窗花、挂年画、放鞭炮、拜长辈、访亲友、逛庙会、观花灯、闹元宵等。人们在释放内心情感、满足心理诉求、体味人间温情、享受年节欢乐中，演绎着、传承着、创造着中华民族的节日文化，并净化和提升着亲情、友情。春节也是民间艺术、技艺的大展演。在中华民族漫长的年节史中，历代先民发明和创造了数以千计的游戏、艺术、体育的形式和品种，其中既有讲、唱、演，又有游戏、竞技、杂耍等。此外，围绕年节文化而产生的那些神话传说和民间故事，历代文人墨客创作的诗文佳句，以及流传于民间的有关年节的歌谣和俗语等，也都蕴含着深厚的文化内涵和丰富的民族精神。

3. 物质文化层面

在传统节日文化系统中，外显的、有形的物质文化也十分丰富，既有四季飘香的节令佳肴，更有纷繁多样的装饰品、吉祥物，还有大自然赐予的植物、花卉等，这些物质载体，通常具有多种功能，不仅能满足佳节中民众的某种生理需求、社交需求、审美需求、点缀

[①] 《风土记》是由西晋周处所编，此书是记述地方风俗的名著，是迄今为止中国较早记述地方习俗和风土民情的著作。

需求等，而且以其特有的象征性和富含的文化蕴意，满足人们避瘟驱邪、祈福纳祥、生活圆满、健康平安等各种美好的心理企盼和精神欲求。

传统节日中的许多美食佳肴，都有着一定的象征寓意：除夕子夜与新年交替之时吃饺子，又称"更岁交子"，饺子取"交子"的谐音，有"辞旧迎新"与"喜庆团圆"之意；饺子又形似元宝，故又有"招财进宝"之意。春节吃年糕，由于年糕与"年高"谐音，寓意"万事如意年年高"。年节餐桌上的美味佳肴也多有讲究，炒青菜是家家必备的盘中餐，表示"亲亲热热"；吃豆芽菜，因豆芽形同"如意"，意味着"如意吉祥"；餐桌上必有鱼，但切忌一次吃光，表示"富贵有余"，等等。此外，元宵节吃元宵、汤圆，象征家人团圆，和睦幸福；端午节吃粽子以纪念爱国诗人屈原；中秋节赏月、吃月饼，取"天上月圆，人间团圆"、共享天伦之意；重阳节吃重阳糕，有百事俱高的含义。美味的节庆食品饱含着美好的寓意，体现着华夏子孙朴素且高尚的精神追求。

第三，中国传统节日是民族精神的写照，蕴含着中华传统美德。

伴随着农业文明产生、演进的中国传统节日，在协调人与自然的关系中，充分体现了"天人合一"的文化精神。同时，传统节日在长期的流行和发展中，蕴含着历代民众共同的理想和精神追求，又不断吸收和融入儒、释、道等多种有益的文化元素，所以，在中国传统节庆中，凝结着中华民族的民族精神和思想精华，蕴含着值得弘扬的中华传统美德，主要有以下几点：

1. 热爱生命、追求健康的人本精神

天地之间人为贵，以人为中心，人是主导，人追求与万物的和谐，这是我国传统文化以人为本的精神和基调。在年复一年、周而复始、代代相传的传统节日之中，人始终是节日的主体。节庆活动的内容主要是以满足人的需要、和谐天人关系、展示人的才艺、进行人际交往为主。人们在节日中，或阖家团聚、欢庆交流，或探亲访友、男女相会，或祭祀祖先、追念先贤，或结伴出游、踏青赏月，或尊老爱幼、扶贫济困……在普天同庆、融融之乐中，追求着人与自然、人与人的和谐。人最可贵的是生命，中国每一个传统节日都体现了对生命的热爱，对健康的追求。几乎每个节日都有群众性的文体活动：春节，舞龙舞狮、踩高跷扭秧歌；清明节，踏青赏春、荡秋千放风筝；端午节，龙舟竞渡、户外秋游；重阳节，登高啸咏、骑射、竞射，等等。许多节日还有避邪驱瘟、追求健康的内容，如除夕前的除尘送灶，清明节的插柳戴柳，端午节的悬艾蒲、饮雄黄酒，重阳节佩插茱萸、饮菊花酒等。人们在尽情享受节日的欢娱中，在"平安吉祥""健康快乐"的美好祝福中，谱写着一曲曲对生命的颂歌。

2. 敬祖孝先、尊老爱幼的传统美德

中华民族对自己的祖先历来有着异常浓厚的感情。《礼记》称"亲亲故尊祖，尊祖故敬宗"。"仁义"与"孝悌"是中华民族传统道德的核心，孝悌的基本内容则是父慈子孝、兄友弟恭，并由此推及尊老爱幼等。慎终追远的情怀成为中华文明的一条重要根脉，每逢佳节都要虔诚地祭祀祖先，以表达对祖先的孝思和怀念。春节、清明节、中元节等，都有祭祖的仪式和内容，在祭奠与追思中，孕育着后人的感恩之心和责任意识。节庆活动中还处处体现着对长者的尊敬和对幼儿的宠爱，春节给长者拜年，为长辈们送上可心的礼物，节日宴席上对长者座次的优先考虑，为长辈们敬酒祝福；以祈福求寿为重要内容的重阳节，自1989年便成为国家法定的"老人节"，尊老爱老已成为节日的新主题。孩童更是节日的宠儿,春节长辈要给"压岁钱",屠苏酒要从年幼者喝起;端午节要给儿童涂雄黄、佩香囊、带艾虎;中秋节有儿童喜爱的"兔儿爷""流星香球"等,这些习俗寄托着人们对后代的祝福与期望。

3. 勤劳勇敢、刚健有为的自强精神

中华民族是一个勤劳勇敢的民族,具有刚健有为、自强不息的进取精神,这种民族特性和民族精神一直是中华民族奋发向上、蓬勃发展的动力,它体现在人们生活的各个方面,在节庆文化中也有突出的显现。中国传统节日是人们展示勤劳智慧、聪明才艺的最佳时机。元宵节的灯会展示着各种奇思妙想和精湛的手艺。庙会上百戏杂陈、百艺斗胜,使人目不暇接。文人可以联句咏诗,村女也可以当场对歌,刘三姐不输于酸秀才。灯谜竞猜,让人绞尽脑汁。窗花剪纸,生动传神。小女儿斗草,比的是植物知识。秋千起伏,风筝入云,孔明灯升天,荷花灯入水,各有胜场。女孩子们在七夕乞巧,更是以成为巧手姑娘为美。这些多姿多彩的节庆民俗事象,充分反映了华夏子孙刚健有为、自尊自强的进取精神,正是这种精神使中华民族不屈不挠、开拓进取、勇往直前。

4. 弘扬正义、忧国忧民的爱国情怀

中华民族是个重理智的民族,在漫长的历史发展中,形成了坚持正义的民族气节和忧国忧民的博大情怀。中国传统节日中,有不少节日是与民族气节和爱国传统相关联的,尤以清明节和端午节为代表。清明节中融入的寒食节,其起源是为了纪念传说中的晋国忠臣介子推。介子推居功不取,隐居绵山,宁可被烧死,用自己的生命为代价,为民请命,谏言君王自修自省,勤政清明。人们把介子推蒙难的日子定为寒食节,每年此日禁忌烟火,只吃寒食,以示纪念。过寒食节的同时,人们也世世代代赞美与弘扬着介子推的刚正气节。端午节是为了纪念伟大的爱国诗人屈原。他上下求索,为的是精忠报国。他屡遭陷害,含冤而死。民间为了凭吊屈原,于是形成了端午节赛龙舟、吃粽子的节俗。屈原忧国忧民的爱国精神通过端午节这一载体,在年复一年、周而复始的节庆活动中,不断地得以发扬光大。

5. 贵和尚美、团结和睦及平安吉祥的心理追求

"和"即和谐、统一,"美"即美好、团圆,贵和尚美、团结和睦是我国传统文化的基本精神之一。中国传统节日蕴含着丰富的和谐理念,节日的源起便是先人将自然时间进程与社会生活节律有机结合的产物,体现着"天人合一"的理念;节日中的各项娱乐活动、人际交往、饮食安排等都体现着人与自然的和谐、人与社会的和谐、人与人的和谐。除夕之夜,阖家团圆,一家人聚在一起和面包饺子,和面的"和"与"合"谐音,而圆圆的饺子皮则象征着团圆。春节里的"拜年"活动,使亲朋邻里之间,消除了隔阂,增进了团结,可谓"一声恭喜,互泯恩仇"。元宵节,全家围坐在一起吃汤圆,又表达了人们希望生活团团圆圆、和谐美满的愿望。七夕节,牛郎织女的凄美传说,将中国人天长地久的爱情演绎得如此唯美和浪漫。中秋节,团圆团聚、家国和谐,是中华民族永恒的憧憬与追求。九九重阳,登高吃糕,寄托着人们健康长寿、实现人生境界步步高的美好愿望。

第四,中国传统节日是民族情感的凝结,是增强民族文化认同、维系国家统一、民族团结和社会和谐的重要精神纽带。

中国传统节日不仅蕴含着优秀的民族精神,而且凝结着丰富的民族感情,是民众精神情感的重要寄托方式。广大民众有着追求丰收富裕、平安和顺、生活美满、欢乐吉祥、健

康长寿等共同的理想和愿望，这些心理诉求，不断通过欢度传统节日的方式，通过节庆的礼仪习俗得以表达和释放。民众最美好的向往是人与人之间的亲近与和谐，最希望享受到的是和睦亲情的温暖，而传统节日作为文化生活的节点，是民众表达和抒发内心情感的最佳时机。节庆活动中蕴含的情感极为丰富，既有对自然万物的感恩，也有对祖先的答谢；既有对先烈圣贤的缅怀，也有对故土家乡的依恋；既有对父母与长者的敬爱之情，也有兄妹手足的牵连之情；既有街坊邻里的互助之情，也有朋友同事的友爱之情。通过祭祖、拜年、访亲、联欢等多种节日仪式，传递着这些人间美好的情愫，使传统节日超越时空界限，始终发挥着凝聚民族情感、融洽人际关系、促进社会和谐的功能。由于传统节日具有周期性、民族性、群众性、综合性等特点，又使这种功能不断地得以强化。

中国传统节日是对民族文化和民族记忆的一种全民性强化，是延续民族品性、增强民族认同的链条。传统节日的风俗在几千年的历史长河中传承、发展、融合，形成了独特的民族特性。这些节日超越了地域、阶级、种族乃至时代的界限，无论是官方还是民间，无论是达官显贵还是庶民百姓，无不同日而庆，同日而乐。俗话说"有钱没钱，回家过年"。每逢春节前，中国人返乡的景象如同候鸟回迁，大多数人不论身在何处，都要踏上归乡之路，回家团聚，共度除夕。即使身处海外的华人华侨，每逢传统节日，也都会想到自己是炎黄子孙，在庆贺佳节之时，无限向往祖国。遍布世界五大洲的数千万华人，以及越来越多走出国门的实业家和留学生，他们落居在哪里就把"过大年"的习俗带到哪里，并在"过大年"时，将思乡、思亲、思归、祈盼团圆之情，以及人与人、民族与民族之间的亲善之情抒发到了极致。在浓郁的传统节庆文化的氛围里，民族认同感自会不期而至、不约而同。海外侨胞对清明祭祀也十分重视，每逢清明节都有大批海外华侨归国祭祀祖先，也祭祀本民族的始祖。每年有数以万计的海外华侨来到陕西桥山黄帝陵、轩辕庙，祭祀华夏始祖轩辕黄帝。他们在庄严肃穆的气氛中，在追忆先祖的仪式中，接受着民族文化的熏陶和人文精神的陶冶，体现出炎黄子孙血脉相连、心心相印。传统节日使民族传统文化的因子渗透到每个人的心灵，彰显到社会生活的各个领域，整个民族在周而复始的中华节庆文化的洗礼中，凝聚和维系着民族情感，锤炼和固化着民族个性，培育和弘扬着民族精神，壮大和张扬着民族形象。

中国传统节日又是维系国家统一、巩固民族团结、促进各民族文化交流与融合的重要精神纽带。我国是一个由 56 个民族组成的国家，各民族都有自己的传统节日，但汉族的一些较大的传统节日，也是许多少数民族共同享有的节日。如满族、朝鲜族、黎族、纳西族、侗族、毛南族、达斡尔族、拉祜族、锡伯族、白族等少数民族，人都与汉族一样，将春节、端午节、中秋节、重阳节列为自己民族的节日。尤其是春节，如今已差不多成为我国各个民族的共同节日。各少数民族都以自己的庆贺方式欢度传统佳节，这也恰好反映了中华文化"和而不同"的优良传统。各民族人民在共同欢度传统节日中，有力地促进了民族文化的交流与融合，巩固了民族的大团结，增强了中华民族的向心力和凝聚力。

中国传统节日的文化内涵博大精深，其深厚的文化底蕴已经深深融入历代人的日常生活，滋养着民族的生命力、创造力、凝聚力，推动着中华文化历久弥新，也促进着当代和谐社会的建设。今天，我们在运用传统节日弘扬民族文化时，更应该贴近实际、贴近生活、贴近群众，根据时代的发展和国情民意，在继承传统节日文化精髓、保持固有文化底蕴和功能的同时，与时俱进地发展传统节日文化，并赋予其新的时代内涵和生命活力，将传统节日熔铸得更加生机盎然、灿烂辉煌，成为当代民众由衷喜爱、自觉参与、乐在其中的精神家园。

四、古代的节庆民俗

节日原本是一个民族或一个地区的祭祀日或庆祝日。祭祀什么和庆祝什么则与这个民族或地区的产生与发展有关。在漫长的历史长河中我们的祖先创造了丰富灿烂的文化，也留下了丰富多彩的具有民族特色的传统节日。透过这些民间传统节日，可以探索到我们民族的历史文化渊源，还可以感受到千百年来人们对美好生活的向往。下面按时间顺序扼要介绍我国几个主要的传统节日。

（一）春节

春节，是农历的岁首，又叫阴历（农历）年，俗称过年，是中华民族最隆重、最热闹的一个古老的传统节日。据史书记载，春节起源于殷商时期年头岁尾的祭神祭祖活动，西汉时，每年一度的新年被定在暮春正月，但当时的新年并不是在正月初一，而是在"腊日"，即后来的腊八。南北朝之后，才把腊祭移至岁末。古代时，农历新年并不叫"春节"，到了民国时，改用阳历，才把农历正月初一正式定名春节，因为春节一般都在立春前后。中国古代过年，总是与鬼神迷信相连的，而春节期间主要的事情是打鬼。从腊八吃腊八粥开始，宫廷与民间都要打鬼，腊月二十三则要祭拜主宰吉凶祸福的灶王爷，以求来年的衣食温饱。这期间，家家户户都要扫除污秽，预防疾病。腊月三十，还要贴门神、贴春联、贴福字、剪窗花、挂旗、蒸年糕、吃饺子、放鞭炮，除夕守岁，大年初一相互拜年祝福。如今，漫长的历史岁月已使春节成为象征中国人民团结、幸福、希望的传统佳节。

（二）元宵节

每年中国农历（中国旧时计算日期的方法）正月十五都是中国人民传统的元宵节。元宵节的得名，是因为它的节俗活动在一年的第一个月（元月）的十五日夜（宵）举行而来。元宵节也叫"灯节""灯夕"，因为在这个节日的主要活动是夜晚放灯。此外，元宵节也叫上元节。

每逢元宵节，全国家家户户都要挂彩灯，放焰火；大街上挂满了琳琅满目的花灯，东北和新疆等寒冷地区，还要制作晶莹剔透的冰灯。到了晚上，全家还要围坐在一起，品尝美味的元宵。元宵节习俗的形成，大约起源于中国古代的汉朝初期，从汉武帝起，正月十五这天，汉代的皇帝要祭祀一位象征宇宙元气的神明，这位叫"太一"的神明据说地位还在五帝之上，所以受到的奉祀比较隆盛。到了汉明帝时，因皇帝曾敕令元宵燃灯，这才形成了后世张灯、观灯的习俗。如今，张灯、观灯的习俗已经成为元宵节最重要的活动之一了。

（三）清明节

在春光明媚的三四月间，中国传统习俗中最重要的节日就要数"清明节"了，时间在公历的4月5日前后。它流行于中国的大部分地区。从节气（中国农历的一种区分一年四季的方法）来讲，清明是中国农历二十四节气的第五个小节气。由于二十四节气较客观地反映了一年四季在气温、降水等方面的变化，因此劳动人民利用它来安排农事活动。如中国北方有"清明前后，点瓜种豆""植树造林，莫过清明"的农谚，所以，中国现代的"植树节"就定在3月12日。不过，清明作为节日，与节气又有所不同。节气是中国物候变化、时令顺序的标志；节日则包含一定的风俗活动和特定的纪念意义。在中国传统的二十四节气中，由节气演变为节日的只有清明。主要节俗活动有禁火寒食、扫墓踏青、荡秋千、蹴鞠（踢球）、放风筝、拔河、打马球等。清明这一节气正因注入了寒食禁火、扫墓等习俗，才形成节日。自西周（前1000年左右）起，就有在墓前祭祀祖先的扫墓或墓祭习俗。

（四）端午节

中国的农历五月初五为端午节，端午节是中国延续了两千多年的旧习俗，中国人为什么要过端午节呢？这里有着不少的传说，最著名的就是为了纪念中国历史上伟大的民族诗人屈原。过端午节，中国各地有很多习俗。每到这一天，家家户户都悬钟馗像，挂艾叶、菖蒲，赛龙舟，吃粽子，饮雄黄酒，佩香囊。

（五）七夕节

又叫乞巧节、少女节。相传起源于牛郎织女鹊桥相会的神话传说。据《荆楚岁时记》[①]："七月七日为牵牛织女聚会之夜。是夕，人家妇女结彩楼，穿七孔针，或以金银鍮石为针，陈几筵酒脯瓜果于庭中以乞巧。"这种乞巧活动既是斗巧嬉戏，也是希望心灵手巧和幸运的到来。《古诗十九首》有"迢迢牵牛星，皎皎河汉女"的诗句，秦观《鹊桥仙》更是以美丽哀婉的爱情故事、天长地久的爱情描写，打动了无数人。七夕节最普遍的习俗就是青年女子在七月初七的夜晚，进行各种乞巧活动。乞巧的方式大多是姑娘们穿针引线，做些小物品赛巧，摆上些瓜果乞巧。

（六）中秋节

中秋节是中国的传统佳节，是仅次于春节的第二大传统节日。农历八月十五是中国传统的中秋佳节。按中国古代历法的解释，八月是秋季的第二个月，称"仲秋"，八月十五又在仲秋之中，所以叫"中秋"，中秋节月亮圆满，象征团圆，因而又叫"团圆节"。从时令上说，中秋是"秋收节"，春播夏种的谷物到了秋天就该收获了，自古以来，人们便在这个季节饮酒舞蹈，喜气洋洋地庆祝丰收。关于中秋节的由来，有源于唐玄宗游月宫的浪漫故事：唐玄宗中秋之夜在宫中祭月时，随侍道人作法，将手中拐杖化作空中银桥，玄宗步入月宫。但见门楼匾额上书"广寒清虚之府"，门口的高大桂树下白兔正在捣药，宫内嫦娥诸仙女在悠扬的乐曲伴奏下，翩翩起舞。玄宗从月宫归来，命人整理出暗自记下的舞曲，命名为《霓裳羽衣曲》。月宫之所以称"广寒宫"，也与此传说有关。每逢中秋，一轮圆月东升时，人们便在庭院、楼台，摆出月饼、柚子、石榴、芋头、核桃、花生、西瓜等果品，边赏月，边畅谈，直到皓月当空，再分食供月果品，其乐融融。赏月是由祭月发展而来的。祭月是中秋节最重要的一项活动。祭拜对象是月神。大多数地方是遥向清空拜月，有的地方是拜木雕月神像，有的地方则张挂木刻版印的"月亮纸"。各地至今遗存着许多"拜月坛""拜月亭""望月楼"的古迹。北京的"月坛"就是为皇家祭月修造的。如同端午节的

[①] 《荆楚岁时记》，是记录中国古代楚地（以江汉为中心的地区）岁时节令风物故事的笔记体文集，由南北朝梁宗懔（约501—565年）撰。全书共37篇，记载了自元旦至除夕的24个节令和时俗。

粽子，月饼自然也成了中秋节的另一象征。相传中秋吃月饼的习俗始于唐代。唐太宗与群臣欢度中秋时，手持吐蕃商人所献圆饼，指着空中明月笑道："应将胡饼邀蟾蜍。"随即将胡饼分与群臣共食，从此就有了中秋吃月饼的习俗。中国人历来把家人团圆、亲友团聚，共享天伦之乐看得极其珍贵，中秋节寄托了人们"花好月圆人团聚"的祈望。

（七）重阳节

农历九月初九，是中国的一个古老的传统佳节——重阳节。中国古人以九为阳数，九月初九，两阳相重，故叫"重阳"。重阳节，又有"老人节"之称。重阳登高，是节日主要习俗。历代以来，汉族官民到九月初九全都成群结队去爬山。住在江南平原的百姓苦于无山可登，无高可攀，就仿制米粉糕点，再在糕面上插上一面彩色小三角旗，借以示登高（糕）避灾之意。历代诗人都喜欢重阳登高赋诗，唐代大诗人王维的《九月九日忆山东兄弟》："独在异乡为异客，每逢佳节倍思亲。遥知兄弟登高处，遍插茱萸少一人。"远客思乡之情，深切感人。重阳节还有插茱萸、饮菊花酒、吃重阳糕等风俗。茱萸，也叫越椒，是一种中药植物，气味辛烈，中国古人认为折茱萸插到头上，可以防止恶浊邪气的侵袭；燃熏后可以避虫咬，在这"百足之虫，死而未僵"① 之时，熏佩以避之，犹似端午节熏雄黄一样，是很符合传统卫生习惯的。

五、古代的人生仪礼

人生仪礼，也叫人生礼仪，国际上称作"通过仪礼"，是指人在一生中几个重要阶段上所经历的不同的仪式和礼节，主要包括诞生仪礼、成年仪礼、结婚仪礼和丧葬仪礼。中国的人生仪礼在秦汉之前就已经存在，既受儒家文化支配，又与寻常百姓的需求相结合，具有深厚的历史内涵。

（一）人生仪礼的定义与功能

每个人在一生中必须经历几个生活阶段，人的社会属性是通过这些重要阶段而不断确立的。进入各个阶段时，总有一些特定的礼仪作为标志，以便获得社会的承认和评价。

1. 概述

诞生仪礼是开端之礼，也是一个人一生中举行的第一个仪式，在人生诸多仪礼中占有重要位置，它表示婴儿脱离母体走向社会，宣示一个新的家庭成员的隆重诞生。诞生仪礼持续的时间比较长，它涵盖了求子、孕育、诞生的习俗，向后还派生出生日习俗。

2. 习俗表现

（1）求子习俗

中国的求子仪式纷繁多样，既有原始的生殖器崇拜，向送子娘娘、碧霞元君、送子观音等神灵的祈求，也有"拴娃娃""送瓜求子""拍喜"等习俗，都反映了中国古代老百姓以子嗣为重、求子心切的传统心态。

---

① 三国魏·曹冏《六代论》："百足之虫，至死不僵，以扶之者众也。"比喻势家豪族，虽已衰败，但因势力大，基础厚，还不致完全破产。

(2) 孕期习俗

1) 孕避：怀孕期间避开众人。

2) 胎教：《史记》中记载：太任有娠，目不视恶色，耳不听淫声，口不出秽言，食不进异味。

3) 饮食：忌吃兔肉、狗肉、驴肉、公鸡、螃蟹、鸭子等。

4) 起居：忌参加喜丧、搬重物、缝针线、动剪刀等。

(3) 贺诞礼俗

1) 报喜：一是悬挂标志，二是给亲友报喜。《礼记·内则》："子生，男子设弧于门左，女子设帨于门右。"

2) 三朝：标志家庭庆贺添丁进口的仪式，以"洗三"最为突出。

3) 满月：婴儿进入人群的重要仪式。

4) 周岁：古称"周晬"，是诞生礼中的最后一个高潮，其中重要仪式是"抓周"。

3. 诞生仪礼功用

防止小孩得病染疫：洗三、剃发等；祈福纳吉：满月、周岁礼加强亲族团结，平衡姻亲关系，调节生活等。

(二) 成年仪礼

1. 概述

成年礼，又叫成丁礼，在我国古代，汉民族通称冠礼。成年礼是表示一个人进入成年阶段所举行的一种特殊仪式，它在人的一生中具有重要意义。汉族历史上有男子20岁行冠礼，女子15岁行笄礼的规定。

成年礼已经大多与其他阶段的人生仪礼相结合而失去了大部分的独立性。

2. 成年仪礼的规范与特征

1) 年龄：生理成熟；社会的需要和公认的条件许可。

2) 性别：与性别教育有很大关系；传授秘密知识，女性成年礼简单、温和而又私密。

3) 考验、训诫、变形：如环境的改变；艰苦生活；沉重的劳动；肉体痛苦；制造恐怖场面。

4) 成熟标志：发式；特殊装饰品；文身；新命的名字。

3. 习俗表现

(1) 及冠

古代男子年满二十就举行冠礼，具体年龄各朝代有所不同，《礼记·士冠礼》对冠礼有较为完备的记载。

(2) 及笄

笄礼是女子成年时所举行的成年礼，古代女子十五而笄。笄礼的仪式，文献没有记载，学者大多以为应当与冠礼相似。到了宋代，一些学者为了推行儒家文化，构拟了士庶女子的笄礼。

女子的成年礼，还有较为普遍的存留，主要体现在已基本合并到婚礼仪典之中的上头、开脸等行为当中。

(3) 文身

主要流行于热带、亚热带地域的傣族、布朗族、基诺族等少数民族中。文身的习俗，早见于中国古籍记载,最早可能源于原始的图腾崇拜,后来作为一种美的装饰流传下来。

(4) 漆齿

染齿习俗在我国有悠久的历史,很多古籍中就有"黑齿国"[①]的记载。当代田野作业表明,中国少数民族地区的染齿习俗,几乎都与古老的成年礼有关。

(5) 换服

通过服饰的更换来象征成年是大多数民族的共同选择。汉族主要是通过头饰的改变来象征成年,而在摩梭人、纳西族、普米族、彝族等则是通过男换裤、女换裙的方式来表示。

4. 成年仪礼功用

成年礼所表达的民俗信仰是一种生命转换观念。这种观念认为人进入成年是一次生死关头的转折,它标志着一个"旧我"的死亡,和一个走向成熟的"新我"的诞生。

其意义就体现在它通过一套严密的仪式活动将处于孩童期的少年引导进入成年期,并且将男女两性的角色予以了社会化的判定。

(三) 婚姻仪礼

1. 概述

婚姻合两性之好,是两性结合、繁衍种族的根本性文化形式。自古至今一直受到世人的高度重视,被认为是上可以事宗庙,下可以继后世。因此,古代创设了一系列程式繁杂的婚姻礼仪,为建立正常的社会秩序提供了统一的行为模式,成为构建家庭、维系社会的纽带。

2. 习俗表现

(1) 古代"三书六礼"

中国传统的婚姻礼俗,大约在汉代就已经定型。古代士大夫在婚嫁中通行"六礼",即纳采、问名、纳吉、纳征(亦称"纳币")、请期、亲迎。其中,前五项为婚前的礼仪,属于议婚、订婚的过渡性礼仪,而"亲迎"为正式的婚礼。自宋代后,"六礼"根据实际情况,逐渐由繁到简,但至少都保留有纳采、纳币和亲迎三种仪式。

(2) 相亲、订婚阶段:媒、帖、聘

谋合二姓为媒,斟酌二姓为妁。媒人是专司婚嫁双方联络、协商事宜的人,以中老年妇女为多,所以称媒婆的更广,至迟在春秋时就已存在。姑娘美不美,全靠媒人一张嘴。

门当户对:门第,背景,年龄,郎才女貌。

父母之命:男女当事人的发言权未必受重视,男方家长角度的要求有能生养、爱劳动、孝顺公婆、会服侍丈夫,相貌其次;女方家长角度的要求有稳妥实在,相貌其次,结实。

聘礼起源自劳动力的物质补偿,像是买卖人口,实质上是双方利益的讨价还价。传统社会中总以为女子是"赔钱的",养大了给别人,赔上嫁妆,所以收取昂贵的彩礼以得到补偿。

[①] 黑齿国最早见于《山海经》,如《山海经·大荒东经》:"有黑齿之国。帝俊生黑齿,姜姓,黍食,使四鸟。"、《山海经·海外东经》:"黑齿国在其北,为人黑齿,食稻啖蛇,一赤一青,在其旁。……下有汤谷。"《汉书》《后汉书》以及《梁书》也有相关记载,这些史书中的黑齿国位于倭国的东南部或南部。

（3）迎娶阶段

祈求吉祥，多生贵子；嫁妆；花轿；拜堂；闹新房。亲迎后的合卺、闹新房。

合卺[jǐn]：交杯酒。

结发：同体同心，两个新人就床而坐，男左女右，各自剪下自己的一绺头发，然后再把这两缕长发相互绾结缠绕起来，以誓结发同心、爱情永恒、生死相依，永不分离。

闹洞房：至迟汉代已经流行，分文闹与武闹，有不闹不发、大闹大发之说，据说可以辟邪震阴气。

（4）姻亲关系认可：庙见，三朝回门

回门应该可以视作是婚姻礼的末章，它的不可或缺就在于这是一场以女方家族为主举行的喜筵，正和迎娶当日男方主办的喜筵相对。在回门喜筵中，更多的是温馨、平和。

回门古时称为归宁，回娘家请安，视作聘娶婚仪式的最终完成。

3. 婚姻仪礼功用

婚礼实际上承担了成年礼的功能，成家与立业都是获得真正意义上的社会成员身份的必需。婚姻不仅是成熟的标志和获得完全社会成员身份的途径，也是完成性的手段，表现了两性的结合与欢好。

婚礼是一个人身体上成人的媒介、获得完全人格的桥梁，不可谓不重要。但这不仅仅是从个人角度而言的，它对于家庭、家族、社会的意义同样不容忽视。

（四）丧葬仪礼

1. 概述

丧葬仪礼，是人生最后一项"通过礼仪"，标志着人生旅途的终结。儒家注重孝道的伦理思想和灵魂不死、轮回转世的生死观念，使得丧葬仪式历来受到人们的重视。尤其是汉族的"隆丧厚葬"的观念，使得上至君王，下至百姓，都不遗余力地大操大办。厚葬重殓，事死如事生，讲求排场，民间俗称"办白事"。人们对丧葬礼所需竭尽全力，甚至倾家荡产。同时，丧葬礼俗仪规繁缛，贫富差异十分明显，成为富商大贾和官宦人家赌豪竞奢的一种形式。其传承轨迹，实际上是随着社会的政治、经济、文化发展和人们经济能力和思想观念的不断变化而发展变化的，在传承过程中，经历了由繁缛到简单、再由简单复归繁缛的发展过程，并根据自身需要，推衍了旧有的礼俗仪规。

2. 治丧礼俗

治丧礼俗是人生礼仪中一种独特的方式，历来受到人们的重视。治丧礼俗包括从准备后事到出殡之间的各种仪式，主要有停丧、招魂、报丧、吊唁、入殓、出殡等。其主题是表现对死者的哀悼，通过信仰和禁忌仪式使死者的灵魂得以安息。

3. 落葬方式

丧葬礼俗包括"丧"和"葬"两个部分，"丧"是指哀悼死者的礼仪，"葬"是指处理死者遗体的方式。流传较为广泛的落葬方式有火葬、土葬、天葬、水葬、树葬、悬棺葬等。

祭奠死去的亲人，选择什么方式，受经济、文化等个人素质和社会环境的影响。应该说，悼念亲人，是人之常情。但是，在现代文明不断发展的今天，应该提倡在精力允许的情况下，尽可能革除那些带有迷信色彩的礼俗，使丧葬礼仪这一传统文化朝着积极、文明、健康的方向发展。

延伸拓展

请扫描二维码了解中国古代灯文化。

知识测试

一、填空题

1. 人生仪礼，通常又被称作_____。
2. 旧时婚姻的"六礼"是指_____、_____、_____、_____、_____、_____。
3. 古代的"五服"，是指_____、_____、_____、_____、_____。
4. 古时，人们生了男孩在门的左边悬挂_____；生了女孩在门的右边悬挂_____。
5. 我国传统的节日主要有春节、元宵节、清明节、端午节、_____、中秋节和重阳节等。
6. 清明之日不动烟火，只吃凉的食品，源于纪念春秋时代晋国"士甘焚死不公侯"的_____。
7. 中国民众把端午节的龙舟竞渡和吃_____等，与纪念屈原联系在一起。
8. "七月七日长生殿"的下句是_____，描写的是七夕节。
9. 中秋节吃_____的民间传说与朱元璋起义联系在一起。
10. 饺子的"饺"和"交"谐音，"合"和"交"又有相聚之意，所以用饺子象征团聚合欢；饺子还有_____之意，非常吉利。

二、选择题

1. 节日风俗的产生，直接相关的观念是（　　）。
   A. 自然崇拜　　B. 原始信仰　　C. 灵魂崇拜　　D. 迷信
2. 元宵节燃放灯火之俗始于（　　）。
   A. 祀蚕神
   B. 佛教正月十五"燃灯表佛"
   C. 祭祀紫姑娘
   D. 汉武帝祀太一神
3. 生命降生仪式称为（　　）。
   A. 洗三　　B. 满月　　C. 周岁　　D. 抓周
4. 屈原是我国春秋时期哪国人？（　　）
   A. 秦国　　B. 楚国　　C. 魏国　　D. 赵国

5. 在商业民俗中，最古老最原始的交换方式，是（　　）。
A. 行商　　　　B. 集市　　　　C. 坐商　　　　D. 马帮

三、判断题

1. 中国古代居主导地位的媒聘婚需要经过六道程序，即六礼：纳彩、问名、纳吉、纳征、请期、亲迎。（　　）
2. 元宵节起源自秦汉时代，古代又名上元节、元夕节、灯节，习俗主要有吃元宵、放花灯、猜灯谜等。（　　）
3. 在中国传统节日中，元宵节也叫"上元""上元节"。（　　）
4. 古代的年龄有时不用数字表示，而是用一种与年龄有关的称谓来代替，如"豆蔻"指的是十八岁的少女。（　　）
5. 束发，清朝以前汉族男孩成年束发为髻，即男子十五岁。（　　）

课程实践

中国的传统节日丰富多彩，是我们中华民族悠久历史文化的一个组成部分，请把下列各诗句所描写的传统节日依次填写在横线上。

①独在异乡为异客，每逢佳节倍思亲。②东风夜放花千树，更吹落，星如雨。
③爆竹声中一岁除，春风送暖入屠苏。④柔情似水，佳期如梦，忍顾鹊桥归路。
⑤堪笑楚江空渺渺，不能洗得直臣冤。⑥风雨梨花寒食过，几家坟上子孙来？

答：
① _____　　② _____
③ _____　　④ _____
⑤ _____　　⑥ _____

课后提升

一、人生仪礼是人的一生中首要仪式，体现出的是对子嗣的重视和对生命的热爱。通过查阅资料及视频了解诞生仪礼。

二、四川省乐山市的犍为县文庙，从2012年起恢复举办了成人礼仪式。犍为文庙的成人礼包括8项主要活动：就位、开礼、加冠笄、醮酒、聆训、宣誓、礼成和拜至圣先师（包括赞礼、正宾、赞者、摈者、执事、冠笄者父母、现场观众）

请通过查阅资料及视频了解成人仪礼。

三、拜堂仪式是婚礼过程中最重要的大礼，又称拜天地、拜花堂、拜堂成亲。广泛流行于全国许多地区，汉、京、仫佬等民族均有该风俗。通过查阅资料及视频了解结婚仪礼。

四、悬棺葬式是一种处置死者尸骨的特殊方式，在我国主要流行于古代南方少数民族地区。这种富有深厚文化内容的悬棺葬式，存在着许多令今人无法解释的困惑之处。请通过查阅资料及视频了解这种丧葬仪礼。

第五章　中国古代舌尖文化

任务目标

【知识目标】

了解中国茶文化、酒文化和饮食文化。

【能力目标】

能够感受中华茶文化、酒文化和饮食文化的博大精深，提升生活品位，了解茶的文化现象，把茶道贯穿到生活中去，懂得欣赏茶文化。

【素质目标】

培养学生对中国传统文化的热爱崇敬之情，增强学生的民族自自豪感，形成健康的饮食习惯和生态文明理念。

文化热线

时下，很多年轻人将"吃西餐、喝咖啡、品拉菲"视为一种有品位、有情调、有文化的表现。殊不知，中国的茶酒食历经数千年而留传至今，不仅是为人果腹的物质形式，而且是承载了艺术、思想、哲理的文化形态。中国传统文化中的茶、酒、食既有体现市井百态的一面，也有展现高雅深沉的一面。或许大家对其所蕴含的品位、情调和文化知之甚少吧！"不到园林怎知春色如许"，就让我们一起走进中国传统舌尖文化，领略中国茶、酒、食的独特魅力。

文化解读

一、中国的茶文化

（一）从茶之源、茶之用到茶文化

1. 茶的发现

中国是茶的故乡，茶的发现和利用，在中国已有四五千年的历史了。《神农本草经》记载："神农尝百草，日遇七十二毒，得荼（茶）而解之。"唐代陆羽《茶经》称"茶之饮，发乎神农"，是说茶被神农所发现，并用为药材，自此后，茶逐渐推广为药用。

神农尝百草

相传在公元前 2700 多年以前，神农为了给人治病，经常到深山野岭去采集草药，他不

仅要走很多路,而且还要对采集的草药亲口尝试,体会、鉴别草药的功能。有一天,神农在采药中尝到了一种有毒的草,顿时感到口干舌麻,头晕目眩,他赶紧找一棵大树背靠着坐下,闭目休息。这时,一阵风吹来,树上落下几片绿油油的带着清香的叶子,神农随后拣了两片放在嘴里咀嚼,没想到一股清香油然而生,顿时感觉舌底生津,精神振奋,刚才的不适一扫而空。他感到好奇怪,于是,再拾起几片叶子细细观察,他发现这种树叶的叶形、叶脉、叶缘均与一般的树木不同。神农便采集了一些带回去细细研究,后来将它定名为"茶"。这就是茶的最早发现。

2. 饮茶的起源与发展

关于饮茶的起源众说纷纭。但总的来说,中国人饮茶不晚于汉代。现存最早较可靠的茶学资料是在汉代,以王褒撰的《僮约》为主要依据。

僮 约

西汉时蜀人王子渊去成都应试,在双江镇亡友之妻杨惠家中暂住。杨惠热情招待,命家僮便了去为子渊酤酒。便了对此十分不满,跑到亡故的主人坟上大哭,并说:"当初主人买我来,只让我看家,并未要我为其他男子酤酒。"杨氏与王子渊对此十分恼火,便商议以一万五千钱将便了卖给王子渊为奴,并写下契约。契约中规定了便了每天应做的工作,其中有两项是"武阳买茶"和"烹茶尽具"。就是说,每天不仅要到武阳市上去买茶叶,还要煮茶和洗刷器皿。《僮约》证明,当时在成都一带已有茶的买卖,如果不是大量人工种植,市场便不会形成经营交易。

从两汉到三国,在巴蜀之外,茶是供上层社会享用的珍稀之物。晋以后,饮茶才进入中下层社会,成一时风尚。上自帝王将相、下到平民百姓、中及文人士大夫,社会各阶层普遍饮茶。也正是在两晋南北朝时期,中国人的饮茶习俗才得以形成,并延续至今。

3. 茶文化的内涵与形成发展

(1) 茶文化的内涵

中国茶文化是一种介于物质与精神之间的"中介文化"。中国茶文化是包括茶艺、茶道、茶礼以及与其他文化相结合后派生出的与茶相关的各种文化形式,如茶乐、茶诗、茶书画等。

(2) 茶文化的形成与发展

两晋南北朝时期,中国茶文化初现端倪。

中国茶文化的真正形成始于唐代。《茶经》的问世是唐代茶文化形成的标志,并促进中唐形成了中国茶文化的第一个高峰。

宋代,点茶道和斗茶之风流行天下,茶器、茶馆初盛,茶书始兴,并于北宋后期形成了中国茶文化的第二个高峰。

至明代,中国茶叶发生重大变革,明初废团茶而兴散茶;宜兴紫砂茶具异军突起、独树一帜;茶会成为文人墨客品茗话诗的常见活动形式;茶馆成为曲艺艺术活动的理想场所;明代茶书现存35种之多,占了现存中国古典茶书一半以上……在晚明时期,形成了中国茶文化的第三个高峰期。

从清中叶到"文革"结束这一段时期,中国茶文化走向低迷。直至20世纪80年代之后,中国茶文化才开始复兴。不仅茶艺、茶道得以复苏,茶文化的研究也日益活跃。

(二) 从茶之艺到茶之道

1. 茶之艺

茶艺是茶文化的基础，也是茶文化的重要组成部分。茶艺起源于中国，萌芽于唐、发扬于宋、改革于明、极盛于清。茶艺也是一门综合性的艺术。它与美学、文学、绘画、书法、音乐、陶艺、瓷艺、服装、插花等艺术门类结合，共同构成了茶艺文化。

我国自古以来就十分讲究茶的冲泡（沏茶）技术，并积累了丰富经验。唐代陆羽在《茶经》中就总结了煮茶用水的经验："山水为上，江水为中，井水为下。"在泡一种茶叶之前，还必须充分了解这种茶叶品种的特点，才能依据其特性，给予最适当的滋润，以发挥最佳的茶质。另外，还要掌握泡茶的三要素，即投茶量、冲泡温度、冲泡时间。

2. 茶之道

（1）茶道的内涵

中国茶道是饮茶之道和饮茶修道的统一，而饮茶即道是中国茶道的最高境界，是茶人的终极追求。因此，中国茶道蕴含饮茶之道、饮茶修道、饮茶即道三义。

饮茶之道——饮茶的技艺，也就是通常所说的茶艺，"道"在此作"方式、方法、技艺"讲；饮茶修道——借助饮茶活动以修行正道、体道悟道，此"道"指道德、规律、真理、本源、生命本体、终极实在等；饮茶即道——饮茶即修道，即"茶即道"，此"道"指本源、生命本体、宇宙根本、终极实在。

（2）茶道的构成

茶境，就是茶道活动的环境。茶礼，是指茶道活动要遵循一定礼法。茶艺，是饮茶艺术，饮茶生活的艺术化。茶修，即借茶修行。

（3）茶道精神

中国的茶道精神一直没有相对统一和共同认可的说法。唐代陆羽首倡"俭德"的茶道精神，在《茶经》中提出"为饮，最宜精行俭德之人"；宋徽宗赵佶的《大观茶论》中有言"祛襟涤滞，致清导和，则非庸人孺子可得而知矣；冲淡简洁，韵高致静，非惶非遽之时可得而好尚矣"，其中的"清、和、淡、洁、韵、静"是为茶道精神之另一说；近代茶学家庄晚芳先生则将中国茶道精神归纳为"廉、美、和、敬"，为廉俭育德、美真廉乐、合诚处世、敬爱为人之意；台湾中华茶艺协会第二届大会通过的茶道基本精神则是"清、静、怡、真"，其中，"清"指清洁、清廉、清静、清寂，"敬"为尊重他人、对己谨慎，"怡"乃怡悦，而"真"是真理之真、真知之真。

3. 茶道与哲学

（1）茶道与道家及道教

道家秉持天人合一哲学思想，中国茶道将自然主义与人文精神有机地结合起来，道教清静无为的长生养生观使道教和茶道在"静"的方面高度契合。

（2）茶道与儒家

中庸之道及中和精神是儒家茶人自觉贯彻并追求的哲理境界和审美情趣。儒家思想融入茶道的显著特点之一是茶礼的形成。中国茶道也蕴含着儒家积极入世的乐观主义精神。

（3）茶道与佛教

佛教与中国茶道的形成、发展和传播密切相关。佛门茶事活动生动体现了茶道的表现形式，促进了中国茶道枯索静寂之美的形成——"茶禅一味"。

（三）从茶诗词、茶小说到茶书画

1. 茶与诗词小说

（1）茶与诗、词

中国茶诗萌芽于晋、兴盛于唐宋、延续于元明清，至今仍然可见。据统计，中国以茶为题材的诗有数千首，盛唐以后的著名诗人几乎全都留下了咏茶诗篇。

走笔谢孟谏议寄新茶（节选）

唐·卢仝

一碗喉温润，两碗破孤闷。

三碗搜枯肠，唯有文字五千卷。

四碗发轻汗，平生不平事，尽向毛孔散。

五碗肌骨清，六碗通仙灵。

七碗吃不得也，唯觉两腋习习清风生。

宋代之后的茶文学中，茶词虽不断，但佳作不多。

西江月·茶词

宋·苏轼

龙焙今年绝品，谷帘自古珍泉。雪芽双井散神仙。苗裔来从北苑。

汤发云腴酽白，盏浮花乳轻圆。人间谁敢更争妍。斗取红窗粉面。

（2）茶与散文、小说

最早的涉茶文是西汉王褒的记事散文《僮约》，现存最早的茶文是西晋杜育的《荈赋》，《叶嘉传》是苏轼杰出的文学才华和丰富的茶文化知识相结合的产物，通篇无"茶"字，但茶却无处不在，是古今茶文中的一篇奇文。

现代散文中，周作人的《喝茶》和林清玄的《茶味》都是别具一格、令人回味。

茶　味

林清玄

我时常一个人坐着喝茶，同一泡茶，在第一泡时苦涩，第二泡甘香，第三泡浓沉，第四泡清淡，再好的茶，过了第五泡就失去味道了。这泡茶的过程时常令我想起人生，青涩的年少，香醇的青春，沉重的中年，回香的壮年，以及愈走愈淡，逐渐失去人生之味的老年。

我也时常与人对饮，最好的对饮是什么话都不说，只是轻轻地品茶；次好的是三言两语，再次好的是五言八句，说着生活的近事；末好的是九嘴十舌，言不及意；最坏的是乱说一通，道别人是非。

与人对饮时常令我想起，生命的境界确是超越言语的，在有情的心灵中不需要说话，也可以互相印证。在喝茶中有水深波静、流水喧喧、花红柳绿、众鸟喧哗、车水马龙种种境界。

我最喜欢的喝茶，是在寒风冷肃的冬季，夜深到众音沉默之际，独自在清净中品茗，一饮而尽，两手握着已空的杯子，还感觉到茶在杯中的热度，热，迅速地传到心底。犹如人生苍凉历尽之后，中夜观心，看见，并且感觉，少年时沸腾的热血，仍在心口……

中国茶事小说起源于魏晋，茶的故事已在志怪小说集中出现。唐代是中国小说发展的第一个高峰期，此时的茶事小说多为轶事小说集，以记人物言行和所闻轶事为主要内容，散见于《大唐新语》《酉阳杂俎》等书。宋元时期，茶事小说依然多数为轶事小说，多见于笔记小说集。明清时期，古典茶事小说发展进入巅峰时期，众多传奇小说和章回体小说都出现描写茶事的章节，如《红楼梦》第四十一回"贾宝玉品茶栊翠庵"、《老残游记》第九回"三人品茶促膝谈心"等。另如《水浒传》《西游记》《聊斋志异》等都有对名茶、茶器、饮茶习俗、饮茶艺术的描写。

《红楼梦》中的茶事描写

纵观众多古典小说，描写茶事最为细腻、生动而寓意深刻的非《红楼梦》莫属，堪称中国古典小说中写茶的典范。如第四十一回"栊翠庵茶品梅花雪"一中，妙玉在招待了贾母、刘姥姥等人后，把黛玉、宝钗几位请进了她的耳房里用茶，此茶的水"是五年前我（妙玉）在玄墓蟠香寺住着，收的梅花上的雪"。充分表现了当时讲究用雪水烹茶的择水方式，并被认为是一大雅趣。《红楼梦》所描绘的贾府贵族的日常生活中，煎茶、烹茶、茶祭、赠茶、待客、品茶这类茶事活动比比皆是，真正写出了中国茶文化的深邃内涵。

2. 茶与琴棋书画

（1）茶与琴

琴，也称七弦琴，又有雅琴、素琴之美称，现今多称古琴。它是历代文人雅士修身养性、体悟至道的"明德之器"。琴与茶性情相宜，琴韵清雅和淡，茶韵清静怡真，可谓"琴茶同韵"。

除古琴外，古筝、洞箫、竹笛、琵琶、埙等乐器也都是演奏茶事音乐的理想乐器。《阳关三叠》《梅花三弄》《平沙落雁》《高山》《流水》《平湖秋月》等都是颇具代表性的茶事乐曲。

一边品味佳茗，一边聆听妙曲，确是人生一大赏心乐事。如明代唐寅的《琴士图》中就描绘了这样一幅景象：青山旷野中，一位高士静坐苍松前，面对飞瀑流泉，拂琴茗饮，神思飘逸，似已融趣于水声琴音之中。

（2）茶与棋

棋是启迪智慧、陶冶情操的一门艺术。古人将棋声、煎茶声列为最清音。一边弈棋、一边品茗，平添闲情雅趣。棋以潇洒、超然为神趣，茶以清雅、淡泊为妙韵，棋道与茶道都是养生之道。

（3）茶与书法

许多书法家都爱饮茶。于是，专门以茶诗、茶字为题材的茶书法便成为书画界一种特殊的好尚。

现存最早的茶事书法出现在我国第一个茶文化高峰的唐代——
"苦笋及茗异常佳，乃可径来。怀素上。"

（4）茶与绘画

唐代以来，文人雅士常有品茶时赏字观画、写字作画的习惯。无茶不文人、文人多茶人。他们寄情于山水，放情于茶事。

二、中国的酒文化

（一）酒的起源与发展

1. 酒的起源

中国是世界上最早酿酒的国家之一。在中华民族悠久的历史长河中，酒的起源可以追溯到上古时期，至今已有五千多年的历史。然而，关于中国酿酒起源的说法各有不同，有仪狄造酒、杜康造酒等。

仪狄造酒

史籍中有多处关于仪狄"作酒而美""始作酒醪（láo）"的记载，因此有人认为仪狄乃制酒之始祖。自上古三皇五帝时所形成并流行于民间的各种造酒方法，都是仪狄将其归纳总结出来，并使之流传于后世的。

杜康造酒

晋朝江统《酒诰》中载，杜康"有饭不尽，委余空桑。郁积成味，久蓄气芳。本出于此，不由奇方"。杜康将未吃完的剩饭，放置在桑园的树洞里，剩饭在洞中发酵后，传出芳香的气味并流出带此香气的液体。后来，魏武帝乐府曰："何以解忧，惟有杜康。"自此之后，认为酒就是杜康所创的说法就越来越多了。

还有一种说法叫"仪狄作酒醪，杜康作秫（shú）酒"。这里并无时代先后之分，只是讲他们作的是不同的酒。如果硬要将仪狄或杜康确定为酒的创始人的话，只能说仪狄是黄酒的创始人，而杜康则是高粱酒创始人。

从现代科学的观点来看，酒的起源经历了一个从自然发酵酒过渡到人工造酒的过程。几千年来中国酒推陈出新，其品种之多、产量之大、声誉之高，在世界酒史上名列前茅。

2. 酒的发展

中国酒的历史源远流长。含糖野果自然发酵酿成酒的现象在新石器时代以前就被先人们注意和利用了；仰韶文化早期的出土文物中，已有彩陶一类的酒器，这充分说明距今5 000多年前用发酵的谷物酿酒的工艺已经出现。那时的先民认为酒是一种含有极大魔力的液体，主要用以祭祀祖先神灵、医病驱魔，仅仅是极少先民享用；到了龙山文化后期（距今约4 000年前），先民的酿酒和饮酒已经成为人们生活中平常之事。

商代，酿酒业开始有了发展。酿酒从农业中分离出来，成为独立的手工业。

周代，酿酒已有一套比较完善和合乎科学的酿酒工艺了，在《诗经》《楚辞》等古籍中载有"旨酒""吴醴""椒浆"等美酒，说明已能酿制各种黄酒、果酒、配制酒。此外，周代起开始设置专门的管酒官员。

秦汉之后，随着农业和手工业的发展，我国传统酒逐步进入成熟期。《酒诰》《北山酒经》等酿酒巨著先后问世，它们详细记述了制曲酿酒的工艺技术，为后人留下了宝贵经验，对我国的酿酒业产生了巨大而深远的影响,并说明在相当长的历史时期内,我国一直是世界上制曲酿酒独一无二的国家。

唐宋时代,中国传统酒的发展进入灿烂的黄金时代,在文化名人李白、杜甫、白居易、苏轼、陆游等饮酒、颂酒的诗词中有着充分的反映。由于汉唐盛世,促进了中国各地经济、文化的交流与互相渗透,也促进了酒业的发展。宋代,举世闻名的中国白酒问世,成为酒中佳品,而且黄酒、果酒、葡萄酒、药酒等酒品也竞相发展,使中国酒达到历史上的鼎盛时期。

至明清两代,酒的产量和品种大大超过前朝,并逐渐形成了现今最为常见的黄酒、白酒、啤酒、果酒和配制酒五大类别。

(二)酒与社会生活

1. 酒礼

酒礼即饮酒的礼节,用来体现与酒相关的行为中的贵贱、尊卑、长幼乃至各种不同场合的礼仪规范总和。酒与礼密不可分也是中国酒文化的特点之一。

(1) 祭祀之礼

不论祭祀天地、社稷,还是祭祀祖先,祭必用酒、饮酒必祭是我国由来已久且必行的礼则。至今,我国各民族都普遍保留着用酒祭祀祖先的习俗,特别每逢农历正月初一、清明、冬至等重要的节日,都要进行祭祖活动。祭祀中,人们要把酒置于酒杯供奉祖先,意谓让神、祖先同享人间美酒;或默念祈祷并将酒洒于地上,酹(lèi)酒而祭以祈求祖宗神灵的庇佑。

(2) 宴饮之礼

中国人历来好客,常设宴款待客人。伴随宴饮活动,也产生了许多相应礼节。宴饮前,主人要充分准备宴饮的酒食;客人则要衣冠整洁、准时赴宴。宴饮过程中则需要注意多项酒礼。其一,宴饮的座次需按资排辈以别尊卑长幼;其二,主客双方要相互敬酒;其三,饮酒时要注意长幼之序;其四,饮酒的过程要"拜、祭、啐、卒爵"。

2. 酒俗

随酿酒业普遍兴起,酒逐渐成为人们日常生活的重要饮品,酒事活动逐步广泛促进形成了较为系统的关于酒的风俗习惯。这些风俗习惯内容涉及人们生产、生活的许多方面,其形式生动活泼、姿态万千。

酒与民俗不可分。诸如农事节庆、婚丧嫁娶、生日满月、庆功祭奠、奉迎宾客等民俗活动,酒都成为中心物质。祭拜庆典、农事节庆时若无酒,缅情先祖、追求丰收富裕的情感就无以寄托;婚嫁时无酒,白头偕老、忠贞不贰的爱情无以明誓;丧葬时无酒,后人忠孝之心无以表述;生宴时无酒,人生礼趣无以显示;饯行洗尘若无酒,壮士一去不复返的悲壮情怀无以倾诉。总之,无酒不成礼、无酒不成俗,离开了酒民俗活动便无所依托。

3. 酒令

我国既有着悠久的酒史,又有着悠久的游戏史,而中华传统文化的齐合性特征刚好把酒和游戏二者结合为一,形成了一种佐饮助兴的酒令,古人把它称之为"酒戏",即饮酒的游戏。

中国酒令名目繁杂。清代俞敦培《酒令丛钞》分为古令、雅令、通令、筹令。《中国酒令大观》记载有覆射猜拳类（68种）、口头文字类（348种）、骰子类（128种）、骨（牙）牌类（38种）、筹子类（78种）、杂类（56种）等6大类，计726种。

（三）从酒诗词、酒书画到酒小说

1. 酒与诗词

古往今来，诗人和酒有着不解之缘，纵观中国文学史，诗和酒也常常相提并论。酒是古典诗词的催化剂，它激发着诗人的情绪、点燃了诗人的创作灵感。在卷帙浩繁的古诗中，不论是田园诗、边塞诗、宫廷诗，还是送别诗、闺怨诗、应制诗……几乎每一种诗体都写到酒，有关酒的名篇、名句俯拾皆是，长诵不衰。在诗酒结合的不断发展中，也逐渐形成了中国独具特色的"诗酒文化"。

（1）唐代咏酒诗

唐代诗歌大盛，诗人们嗜酒成风，因此咏酒诗也极为丰富，几乎所有的诗人都有关于酒的诗篇。在酒诗的内容中，既有体现借酒消愁、潇洒闲适、忘却尘世之情的，也有展现豪放狂欢和真挚友情的。

在唐代众多诗人当中，写酒诗最具代表性的当属"诗仙"李白。李白的咏酒诗中比较有名的有《将进酒》《把酒问月》《月下独酌》《金陵凤凰台置酒》《对酒》《襄阳歌》《悲歌行》《对酒忆贺监》等。这些诗歌皆为千古盛传不衰的咏酒名篇。

与李白同代的爱酒诗人，还有杜甫、贺知章、孟浩然、王昌龄、白居易、刘禹锡、元稹、李商隐等。

（2）宋代咏酒词

两宋是词的繁荣时期，也是咏酒诗词佳作迭出的时期。北宋时期的王禹偁、范仲淹、欧阳修、柳永、王安石、苏轼、秦观、黄庭坚，南宋时期的朱敦儒、李清照、陆游、范成大、辛弃疾等都有咏酒词的传世佳作。

中国古典诗歌有着表现忧患意识的悠久传统，这一传统在宋代咏酒词中不仅得到了很好的表现，而且又有了"踵事增华，变本加厉"的发展。

一方面思乡怀土、感伤离别、伤春悲秋的忧患情结，在咏酒词中得到了更为深邃、更为细腻的表现，另一方面宋代词人的咏酒之作通常都带有鲜明的时代特征和忧患意识。正是在这种特定的社会文化氛围中，宋代文人的咏酒词有相当一部分深深地打上了时代的烙印。

2. 酒与书画

（1）酒与书法

被誉为天下第一行书的《兰亭集序》，就是大书法家王羲之在绍兴兰亭与人聚饮时写就的。王羲之在"曲水流觞"醉酒中信手写下《兰亭集序》，此序写成，众名士都拍案叫绝，就连王羲之在酒醒之后也大吃一惊，事后他又多次书写《兰亭集序》，再也没有达到醉酒时遒媚劲健、绝代所无的艺术境界。

张旭号"草圣"，与李白、贺知章等人同为"酒中八仙"。张旭喜欢喝酒，"每大醉，呼叫狂走，乃下笔"，有时把头浸在墨汁里，用头发抒写，飘逸奇妙、异趣横生，时人称他为"张颠"，称他的狂草为"醉墨"。杜甫在《饮中八仙歌》中写道："张旭三杯草圣传，脱帽露顶王公前，挥毫落纸如云烟。"活灵活现地刻画出了张旭醉后挥毫的神态。正因为如此，才有不朽之作《古诗四帖》传世。

唐朝另一位酒与书齐名的应属怀素。怀素是出家人，人称"醉僧"，在经禅之余爱好书法，尤其擅长写草书。他又爱好喝酒，喝酒时就到处乱写，寺院里墙壁、衣物、器皿都留下他草书的痕迹。有人问怀素写字的秘诀，他竟以"醉"字作答，正所谓"醉来信手两三行，醒后却书书不得"（怀素语）。李白写醉僧怀素："吾师醉后依胡床，须臾扫尽数千张。飘飞骤雨惊飒飒，落花飞雪何茫茫。"怀素酒醉泼墨，方留其神鬼皆惊的《自叙帖》。

唐朝以后，书法艺术得以继承发展，酒也一直相随相伴。苏东坡、黄庭坚、米芾、蔡襄都以书法著称于世，号称"宋四大家"。这四人既是书法大家，又是酒中人。苏东坡不但喜欢喝酒，还能自己酿酒，黄庭坚寄情山水田园，饮酒酬唱，以诗词书画解愁自娱，米芾一生嗜酒，有诗为证，"醉困不知醒，欹枕卧江流"。

（2）酒与绘画

绘画与书法一样，要达到得心应手的程度，必须有娴熟而深厚的技巧和功底，并心有所感而寄于笔墨。要做到心有所感，许多书法家借助于酒力，许多画家也是这样。

苏轼的绘画作品往往是乘酒醉发真兴而作，黄山谷题苏轼《竹石》诗说："东坡老人翰林公，醉时吐出胸中墨。"连苏轼自己也承认"枯肠得酒芒角出，肺肝搓牙生竹石。森然欲作不可留，写向君家雪色壁。"苏东坡酒后所画的正是其胸中郁结和心灵的写照。"扬州八怪"之一郑板桥的字画不能轻易得到，于是求者拿狗肉和美酒款待，在郑板桥的醉意中求字画者即可如愿。郑板桥也知道求画者的把戏，但他耐不住美酒狗肉的诱惑，只好写诗自嘲："看月不妨人去尽，对月只恨酒来迟。笑他缣素求书辈，又要先生烂醉时。""吴带当风"的画圣吴道子，作画前必酣饮大醉方可动笔，醉后为画，挥毫立就。在段成式的《酉阳杂俎》中，有寺院住持以酒换取吴道子画的记载。明代画家唐伯虎，在桃花坞建筑屋室，饮酒作画，以卖画为生，求画者往往携酒而来，才可得到一幅画。"元四家"中的黄公望也是"酒不醉，不能画"。

酒除了是画家们创作的催化剂，还是画家们创作的重要题材，诸如文会、雅集、夜宴、月下把杯、蕉林独酌、醉眠、醉写……无一不与酒有关，无一不在历代中国画里反反复复出现。这样的名画比比皆是，如东汉壁画《夫妇宴饮图》、"砖印壁画"《竹林七贤与荣启期图之———阮籍》、晚唐孙位的《高逸图》、南宋刘松年的《醉僧图》、明代仇英的《春夜宴桃李图》等。

可见，酒与书画艺术的不解之缘由来已久，不少书法家和画家的许多艺术精品的产生，都与酒密切相关。当然，他们之所以能创造出精湛的艺术品，最主要的原因，还是他们的勤学苦练。但是，酒对书画作品的诞生所起的作用也是不可忽视的。

（四）酒与国家政治

随着酒的社会化程度的加深，其精神价值也越来越大。而这种精神价值的不断增强，致使酒的社会化逐渐向酒的政治化衍生。北宋赵匡胤借酒夺权、明代朱元璋借酒消患、"鸿门宴"以酒为政治斗争工具等一个个因酒而生的历史故事，更是给酒文化又贴上了政治标签。

1. 中国古代酒政

酒政，或称酒法，是国家对酒业从生产、流通、销售到使用过程所制定实施的政策和制度。由于酒作为一种特殊商品，涉及国家财政收入、粮食分配、百姓健康、社会治安等诸多问题，因此，中国历代统治者都对酒类的产销政策十分重视，实行了严格的管理。中国古代酒政形式主要有酒禁、榷酒、税酒等形式。

(1) 禁酒

禁酒用法律手段和行政命令禁止酒类的生产、流通。距今4 000多年以前的大禹时期，中国人已经开始有意识地禁酒，而周朝所颁布的禁酒令《酒诰》既标志着酒禁的开始，也标志着中国酒政的开始。在此后的历朝历代中，禁酒都极为普遍，禁酒类型也有不同。

(2) 榷酒

榷酒，古称榷酤或榷酒酤，是酒政的主要形式。它包括酒专卖和酒曲专卖，实际上就是由国家垄断了酒类的生产和买卖。中国酒专卖始于西汉天汉三年（前98年）二月，以后历代相沿。榷酒的首创，在中国酒政史上具有重大意义，它不仅为国家扩大了财政来源、加强了经济上的中央集权，同时也达到了节约粮食的目的。

(3) 税酒

税酒是对酒征收的专税。中国税酒始于战国时期。西汉以后，除隋朝和一些禁酒或实行酒专卖的时期以外，历代都曾对酒类开征专税。唐代还曾以酒税代徭役。

2. 酒与政治谋略

以酒解仇、以酒招安、以酒赐恩、以酒避难、以酒消灭异己、以酒巩固政权等，这些都是酒在封建社会政治活动中扮演的不同角色，很多帝王和政治家都在酒的掩护下不自觉地把酒当成了政治斗争的工具和手段，演出了一幕幕的政治悲喜剧。如"鸿门宴""煮酒论英雄""杯酒释兵权"等。

三、中国的食文化

(一) 中国饮食文化概述

1. 中国饮食的起源发展

早在旧石器早期，人们并不懂得取火和熟食，"茹毛饮血"就是当时饮食状况的真实写照。燧人氏发明钻木取火后，人们开始食用熟食并从此进入了石烹时代。进入新石器时代后，随着种植业、养殖业和制陶业的发展，中国的先人们逐渐告别了单纯依赖自然的生活方式，创造出灿烂的原始饮食文化。夏商周三代是中国饮食文化的成形时期，出现了较系统的烹调理论，膳食制作日趋成熟，并形成了中国饮食文化发展的第一个高峰。从战国到南北朝期间的10个世纪，是中国封建社会向上发展的时期，也是中国饮食文化发展的一个新阶段。隋唐至明清是中国饮食文化的又一高峰时期。

2. 中国饮食文化的特点

(1) 医食合一

在中国，食与医有着密切的联系，几千年前就有"医食同源"和"药膳同功"的说法。中国古代医学源于饮食，传说中的神农氏不仅是教人们种庄稼、树百谷的农业之神，还是医药的发明者、是华夏民族的药王。《神农本草经》《黄帝内经》《食疗本草》等医学、养生书籍中也都有涉及饮食的内容，体现出医食同源的理念。

(2) 本味主张

有人说，美国人用脑子吃饭，因为他们吃一个面包也要计算卡路里；日本人用眼睛吃饭，因为他们非常重视食品的色彩美；而中国菜被称为"舌头菜"，因为只有中国人懂得用舌头吃饭。而众所周知的纪录片《舌尖上的中国》，也充分体现了中国饮食文化中注重原料天然性味、讲求食物隽美之味的特点。

（3）风味多样

由于我国幅员辽阔、地大物博，各地气候、物产、风俗习惯都存在着差异。因此，在饮食上也形成了许多风味。我国一直就有"南米北面""南甜北咸东酸西辣"的说法，而"鲁、川、粤、苏、闽、浙、湘、徽"八大菜系各也具独特风味。

（4）四季有别

中国人特别强调进食与宇宙节律协调同步，春夏秋冬、朝夕晦明要吃不同性质的食物，甚至加工烹饪食物也要考虑到季节、气候等因素。比如，冬天宜味醇浓厚，多炖焖煨；夏天宜清淡凉爽，多凉拌冷冻。此外，中国传统饮食还反对食用反季节食品。孔子说"不食不时"，一是说定时吃饭，二是说不吃反季节食品。这种强调适应宇宙节律的思想意识的确是华夏饮食文化所独有的。

（5）讲究美感

中国的烹饪，不仅技术精湛，而且有讲究菜肴美感的传统，特别注重食物的色、香、味、形、器的协调一致。希望通过和谐统一，给人以物质和精神双重的享受。

（6）注重情趣

我国传统饮食自古就注重品位、情趣，不仅对饭菜点心的色、香、味有严格的规范，而且对它们的命名、品味的方式、进餐时的节奏、娱乐的穿插等都有一定要求。比如，中国菜肴的命名就颇有趣味，既有根据主、辅、调料及烹调方法的写实命名，也有根据历史掌故、神话传说、名人食趣、菜肴形象来命名的，饱含生活情趣。如"全家福""将军过桥""狮子头""叫花鸡""龙凤呈祥""鸿门宴""东坡肉"等。

（二）中国饮食的区域性和传统菜系

1. 中国饮食文化的区域性

由于我国自然环境、气候条件、民族习俗等地域差异，各地区和各民族在饮食惯制、饮食结构、饮食口味、饮食器具和烹调方式等方面都有所不同，从而使我国饮食文化呈现复杂的地域差异。

中国饮食地域性差异的形成有其历史原因：

一是地理环境差异。

二是经济差异。

三是宗教信仰和民族习惯的差异。

2. 中国传统菜系

汉族发明了炒（爆、熘）、烧（焖、煨、烩、卤）、煎（溻、贴）、炸（烹）、煮（汆、炖、煲）、蒸、烤（腌、熏、风干）、凉拌、淋等烹饪方式，又向其他民族学习了扒、涮等方式，用来制作各种菜肴。经历代名厨传承至今，形成了各具特色的菜系，最具影响的是鲁菜（山东）、川菜（四川）、苏菜（江苏）、粤菜（广东）、浙菜（浙江）、闽菜（福建）、湘菜（湖南）、徽菜（徽州）八大菜系。

（1）鲁菜

鲁菜即山东菜系，由齐鲁、胶辽、孔府3种风味组成。齐鲁风味以济南菜为代表，以清香、鲜嫩、味纯著称。用高汤调制是济南菜的一大特色；胶辽风味亦称胶东风味，以烟台福山菜为代表，口味以鲜嫩为主，偏重清淡，讲究花色；孔府风味以曲阜菜为代表，有"食不厌精，脍不厌细"的特色，其用料之精广、筵席之丰盛堪与过去皇朝宫廷御膳相比。

（2）川菜

四川菜系主要流行于西南地区和湖北地区。川菜是中国最有特色的菜系，也是民间最大菜系。辣椒、胡椒、花椒、豆瓣酱等是主要调味品，不同的配比，化出了麻辣、酸辣、椒麻、麻酱、蒜泥、芥末、红油、糖醋、鱼香、怪味等各种味型，无不厚实醇浓，具有"一菜一格""百菜百味"的特殊风味，各式菜点无不脍炙人口。

（3）苏菜

江苏菜系一般餐馆中亦被称为"淮扬菜"，今天国宴仍以淮扬菜系为主。由于江浙地区气候潮湿，又靠近沿海，所以往往会在菜中增加糖分来去除湿气。江苏菜很少放辣椒，因为吃辣椒虽然能够去除湿气，但是容易上火。因此，江浙菜系是以偏甜为主。

江苏菜系由南京、徐海、淮扬和苏南4种风味组成。

（4）粤菜

广东菜是国内民间第二大菜系，地位仅次于川菜。粤菜的海外影响极大，在国外是中国的代表菜系。由于当地气候潮湿又靠近沿海，广东菜系口味偏甜，甜度超过杭州菜，但不如江苏菜系和本帮菜。

广东菜由广府、客家、潮汕3种风味组成。

（5）闽菜

闽菜是以闽东、闽南、闽西、闽北、闽中、莆仙地方风味菜为主形成的菜系，以闽东和闽南风味为代表。

闽东风味以福州菜为代表，具有几大鲜明特征：一为刀工巧妙、寓趣于味；二为汤菜众多、变化无穷；三为调味奇特、别是一方。

（6）浙菜

浙江素有粮仓的美誉，浙菜风味包括杭州、宁波、温州、金华等地方的菜点特色，特点是清、香、脆、嫩、爽、鲜，在中国众多的地方风味中占有重要的地位。浙菜就整体而言，有比较明显的特色风格，又具有共同的四个特点：选料讲究，烹饪独到，注重原味，制作精细。

（7）湘菜

湖南菜系以长沙菜为代表，湖南菜系各地风味统一，是民间第三大菜系。湘菜包括湘江流域、洞庭湖区和湘西山区3个地区的菜点特色。湖南菜最大特色一是辣，二是腊。

（8）徽菜

徽州菜系，不等同于安徽菜，徽菜主要流行于徽州地区和浙江西部。徽州风味主要特点是擅长烧、炖，讲究火功，很少爆、炒，并习以火腿佐味、冰糖提鲜，善于保持原汁原味。不少菜肴都是用木炭火单炖、单火靠，原锅上桌，不仅体现了徽菜古朴典雅的风格，而且香气四溢，诱人食欲。

（三）饮食民俗和饮食礼仪

1. 饮食民俗

饮食民俗是指人们在筛选食料，加工、烹制食物和食用食物的过程中所形成并能够传承的风俗习惯，也称饮食风俗。中国食俗丰富多彩且内涵丰富，集中表现为传统节令食俗和人生仪礼食俗。传统节令食俗如春节的年夜饭、元宵节的元宵、端午节的粽子、七夕节的巧果、中秋节的月饼、冬至的水饺、腊八节的腊八粥……在人生仪礼中，婴儿降生时的红鸡蛋、孩子满月时的满月酒、婚礼中的交杯酒和"撒帐"、老人做寿时的长寿面和寿桃……无一不增进着亲族间的联系、表达着人们对生活的追求、展示着饮食中的文化观念和文化审美。

2. 饮食礼仪

（1）延请礼仪

中国古代延客礼仪比较复杂，但却有着十分独特的文化内涵。中国有在置办重要宴会前数天便以极为谦恭热诚的口吻向拟邀请客人敬达请柬的礼俗。这种请柬一般是数天前呈上第一柬，宴会当天递上第二柬，开宴前一个时辰再送上第三柬。拟邀的客人在收到每道柬后，一般亦有回帖，表明自己很荣幸被邀并一定遵时赴宴；如果不能或不愿出席，亦应以感谢之情陈叙理由婉辞，方为不失礼。

（2）筵宴座次

在筵宴座次的安排上，中国古代有"室中以东向为尊，堂上以南向为尊"的说法。筵宴中一席人数并非定数，自明代流行八仙桌后，一席一般坐八人。但不论人数多少，均按尊卑顺序设席位。席上最重要的是首席，必须待首席人入席后其余的人方可落座。中国筵席按入席者身份排座次的礼俗影响深远，直至今日。现代中式宴席一般采用圆桌，宴席位次同样要明确突出"上座"。上座一般位于背墙对门的中间位置，坐在面门中央位置的一般是主人，称为主位；对面背对门的是第二主人。主人右侧的位置是第一主宾位，左侧是第二主宾位，第二主人右侧是第三主宾位，左侧是第四主宾位。

（3）进食礼仪

中国人在宴请中十分讲究礼仪，各时期、各地区的情形各有不同，但仍有一些共通之处。参加宴席前要尽早答复对方能否出席，以便主人安排；参加宴会时要注意着装得体，不迟到早退，并遵循"客随主便"的原则，听从主人安排，恰当选择座次；宴饮时注意举止文明礼貌，尽量做到取菜适量、闭嘴咀嚼、恰当饮酒、忌谈不祥之话题等。

（4）筷子礼仪

筷子不仅是中国人每天用餐的必备餐具，同时也是中国传统饮食文化的象征。在长期的生活实践中，中国人对筷子的使用提出了许多禁忌，如三长两短、先人指路、品箸留声、击盏敲盅、执箸巡城、当众上香等。

（四）饮食文化中的人文情怀

1. 文学作品中的饮食文化

饮食在文学中的作用举足轻重，诗、词、散文、小说及语言文字中，都离不开饮食的作用。饮食，一方面为文学家提供了创作的动力，另一方面又成为文学家创作的重要题材。

不仅诗词与饮食（特别是酒和茶）自古以来有着不解之缘，小说创作与饮食也是密切联系在一起的。饮食为小说创作提供了丰富的素材；同时，小说创作又反过来促进了饮食的发展，为我们研究中国饮食史提供了宝贵的资料。《红楼梦》便是典型。曹雪芹在《红楼梦》中用将近三分之一的篇幅对清代饮食文化活动予以生动而细致的描述。

红楼美食大观（节选）
蒋荣荣等

"就其规模而言，则有大宴、小宴、盛宴；就其时间而言，则有午宴、晚宴、夜宴；就其内容而言，则有生日宴、寿宴、冥寿宴、省亲宴、家宴、接风宴、诗宴、灯谜宴、合欢宴、梅花宴、海棠宴、螃蟹宴；就其节令而言，则有中秋宴、端阳宴、元宵宴；就其设宴地方而言，则有芳园宴、太虚幻境宴、大观园宴、大厅宴、小厅宴、怡红院夜宴等，令人闻而生津。"此外，《红楼梦》还载有186种食品，"所有这些食品可分归为主食、点心、菜肴、调味品、饮料、果品、补品补食、外国食品八个类别。其中主食原料十一；食品十种；点心十七种；菜肴原料三十一种；食品三十八种；调味品八种；饮料二十三种；果品三十种；补食补品十一种；外国食品七种"。

与饮食有关的对联、骈语、成语、谚语等，也是中国文化宝库中的重要遗产。以成语为例，与饮食有关的条目不胜枚举，如山珍海味、食不厌精、珍馐百味、酒池肉林、粗茶淡饭、箪食瓢饮、茹毛饮血、巧妇难为无米之炊等。

此外，中国历史上的许多神话传说，也和饮食密切交融在一起。"钻燧取火""宿沙作煮盐""神农尝百草""杜康造酒"等，都是历史上著名的神话故事。

2. 饮食文化中的哲学思想

（1）中国饮食文化中"阴阳五行"的哲学思想

阴阳五行是中国古代朴素的唯物论和辩证法思想，"阴阳五行"的哲学思想是理解中国传统饮食文化的一条主线。中国饮食文化中不仅把味道分为"五味"，而且还把为数众多的谷物、畜类、蔬菜、水果分别纳入"五谷""五肉""五菜""五果"，并以臊、焦、香、腥、腐"五气"为阳；以甘、酸、辛、苦、咸"五味"为阴。药、食同源于五气，各具五味。《黄帝内经》中就已总结到"五谷为养，五果为助，五畜为益，五菜为充，气味合而服之，以补益精气"的膳食配伍原则，同时也提出"阳之所生，本在无味，阴之五宫，伤在五味"的观点。在中国饮食文化中，人们每日摄入的饮食五味，不仅是为了满足口腹之欲，也是为了调和人体五脏的阴阳之平衡，而这恰是"阴阳五行"的哲学思想在中国传统饮食文化中的充分体现。

（2）中国饮食文化中"天人合一"的哲学思想

人与自然的关系是中国传统文化的一个基本问题，而"天人合一"的哲学思想所强调的正是人与自然的和谐统一。人类的生存仰赖于大自然中生长的食物，故有"天人合一"和"民以食为天"的说法。祭祀是"天人合一"思想最早体现在中国饮食文化中的证明。古代祭祀中都有食物，因为人们认为祭品（主要是食物）是人与天的联系物，因而把祭祀食品神圣化。此外，中国人还强调进食与宇宙节律协调同步。春夏秋冬、朝夕晦明要吃不同性质的食物；加工烹饪食物要考虑到季节、气候等因素；饮食方法也要随四时的气候变化、寒热温凉做适当的调整。这都体现出中国饮食所遵循的"天人合一"哲学思想。

(3) 中国饮食文化中"中和之美"的哲学思想

"中和之美"既是中国传统饮食文化的哲学思想，亦是最高审美。"中和"指恰到好处，合乎度。"中和"除了能使味美，同时对人的机体也有重要的调节作用和保健功能。中医理论认为，辛味具有宣散润燥、行气血的作用；甜味有补益、缓急的作用，可改善心情；酸味有涩肠止泄、生津止渴的作用；苦味可清热、明目、解毒。五味的"中和之美"亦是身体健康、延年益寿的重要条件。具备"中和之美"的中国饮食，丰富而和谐、多样而统一，体现了浓郁的中国哲学意识。

3. 中国菜名中的文化拾趣

(1) 诗情画意入菜名

中国传统菜名，很多都富有诗情画意。如，粤菜"百鸟回巢"，用青菜丝围成一个"鸟窝"，中间放上几个剔透的鹌鹑蛋，绕窝摆几只肥硕的禾花雀，盘底浅浅灌一些鸡汁，似一片轻轻流淌的小溪水。整个画面自然、恬静，宛如一幅田园风光画。食者尚未举箸，便会沉浸于"山气日夕佳，飞鸟相与还"的遐想之中。风花雪月、珍珠玛瑙等也融入了美味佳肴的菜名中，别有诗情画意。如将七片莲藕孔眼灌入白米，再切五片胡萝卜刻成梅花，遂成"梅花欢喜漫天雪"；菠菜炒番茄为"翠柳啼红"；黄豆上放猪血是"碧血黄沙"；萝卜丝上放红辣椒称是"踏雪寻梅"；鸡脚烧鹌鹑蛋为"明月映珊瑚"……

(2) 传奇故事入菜名

中国的菜名里还包含着一段段故事和传说。比如众所周知的"过桥米线"，背后就有这样一段传奇故事。

过桥米线

过桥米线已有一百多年的历史。相传，清朝时滇南蒙自市城外有一湖心小岛，一个秀才在岛上读书，秀才贤惠勤劳的娘子常常弄了他爱吃的米线送去给他当饭，但等出门到了岛上时，米线往往已不热了。后来一次偶然送鸡汤的时候，秀才娘子发现鸡汤上覆盖着厚厚的一层鸡油有如锅盖一样，可以让汤保持温度，如果把佐料和米线等吃时再放，还能更加爽口。于是她先把肥鸡、筒子骨等煮好清汤，上覆厚厚鸡油；米线在家烫好，其他配料切得薄薄的，到岛上后用滚热的油汤烫熟，之后加入米线，鲜香滑爽。此法一经传开，人们纷纷仿效，因为到岛上要过一座桥，也为纪念这位贤妻，后世就把这种美食叫作"过桥米线"。

(3) 比喻调侃入菜名

中国传统菜肴还常以比喻手法命名。如豆苗比作"龙须"、鸡蛋美名"芙蓉"、鸡翅喻为"华袖"、鸡爪称作"凤爪"、豆腐叫作"白玉"等。当人们坐在席间,听到这些美名、品赏这些佳肴时,不由得胃口大开。在中国菜中,以"龙凤"命名的菜较多。龙是中华民族的图腾,凤是中国人的吉祥鸟,一只鸡加一条鳗一起炖烧,命名为"龙凤呈祥";鱿鱼炒鸡片称为"游龙戏凤";鸡丝拌粉皮称为"玉叶凤柳";菜花炒鸡块叫"凤穿牡丹";竹笋烧鸡片称"凤入竹林";鸡脚炖白蘑菇丁谓之"雪泥凤爪";公鸡母鸡同锅称为"鸳凤合鸣";等等。

延伸拓展

请扫描二维码了解中国十大著名小吃。

知识测试

一、填空题

1. 中国人饮茶不晚于_____代,现存最早且较为可靠的资料依据是_____撰写的《_____》。

2. 世界第一部茶著作是_____,作者_____,_____人,被后人誉为_____。

3. 茶艺起源于_____,萌芽于_____,发扬于_____,改革于_____,极盛于_____。

4. 中国茶道包含了_____、_____、_____、_____四大要素。

5. 关于酒起源的传说有_____、_____等。

6. 宴饮中需要注意的酒礼有:宴饮座次需_____以别尊卑长幼;主客双方要_____敬酒;饮酒时要注意_____。

7. 在唐代众多诗人中,写酒诗最具代表性的当属"诗仙"_____。

8. 中国饮食文化的特点有_____、_____、_____、_____、_____。

9. 经历代名厨传承至今,形成了各具特色的中国传统菜系,最具影响力的是_____、_____、_____、_____、_____、_____、_____、_____八大菜系。

10. 中国的饮食文化不仅仅是"吃"的文化,同时还蕴含着丰厚的哲学思想,_____、_____、_____的哲学思想在中国的饮食文化中都有体现。

二、选择题

1. "齐必变食，居必迁坐。食不厌精，脍不厌细。"出自下列哪部书？（　　）
   A. 《论语》　　　B. 《孟子》　　　C. 《红楼梦》　　　D. 《神农本草经》
2. 太极拳是一种系统的强调平衡、内外兼修的健体防身体育运动，早期曾被称为（　　）。
   A. "长拳"　　　B. "棉圈"　　　C. "十三势"　　　D. "软手"
3. 被唐代茶圣陆羽定为"天下第一泉"的是（　　）。
   A. 北京玉泉　　　B. 杭州虎跑泉　　　C. 镇江中冷泉　　　D. 庐山谷帘泉
4. "杯酒释兵权"的故事与下列哪位皇帝有关？（　　）
   A. 明成祖朱棣　　　B. 汉高祖刘邦　　　C. 宋太祖赵匡胤　　　D. 唐太宗李世民
5. 酒与（　　）密不可分，也正是中国酒文化的特点之一。
   A. 礼　　　B. 乐　　　C. 射　　　D. 数

三、判断题

1. 现代"酒"最为常见的有黄酒、白酒、啤酒、果酒、配制酒五大类别。（　　）
2. 王羲之在"曲水流觞"醉酒中信手写下了《兰亭序》。（　　）
3. 中国古代酒政的形式主要有禁酒、榷酒、税酒等形式。（　　）
4. 周代是中国饮食文化的成形时期。（　　）
5. 中国饮食地域性差异的形成原因有地理环境差异、经济差异、宗教信仰和民族习惯的差异。（　　）

课程实践

一、根据你家乡的饮茶习俗，介绍或展示某一类茶的冲泡茶艺。
二、根据自己熟悉的家乡菜，介绍或展示某一道菜的烹饪过程。

课后提升

一、很多茶的名称都蕴含着一个美丽传说，请查阅资料，了解中国的十大名茶以及它们背后的传说故事。
二、观看纪录片《中国酒文化》，了解中国酒文化历史。
三、观看纪录片《舌尖上的中国》第一季和第二季。

第六章 中国古代文化符号

任务目标

【知识目标】

了解汉语与汉字的发展概况、中国书法与绘画的发展过程、中国传统服饰的形成和演变。

【能力目标】

能够感受常见汉字的内涵和意蕴，体会汉字独特的形态美，学会临摹中国名家书法和鉴赏中国名家书画，能辨认出在重要场合穿戴的富有中国特色的传统服饰。

【素质目标】

培养学生了解汉语与汉字、中国书画艺术、民族传统服饰的热情，陶冶文化情怀，提高人文素养和民族自豪感。

文化热线

最近几年，"汉语热"有目共睹。2019年2月15日，美国语言学家乔治·韦伯，提出了一个语言评价体系，世界最具影响力语言的评分。英语排在首位，影响力为37分，随后依次为法语、西班牙语、俄语以及阿拉伯语。汉语排在第六位，影响力为13分。这6种语言，均是联合国官方使用的世界语言。而汉语的使用人数则是最多的，全球使用人数15亿，超过世界总人口的20%。同年，俄罗斯更是把汉语科目纳入国家统一考试（简称"俄罗斯高考"），社会关注度持续提升。

对于俄罗斯"汉语热"的现象，中国人民大学-圣彼得堡国立大学俄罗斯研究中心主任关雪凌认为，随着"一带一路"倡议的不断推进、中俄多领域合作交流的深化及中俄贸易额的大幅增长，俄罗斯国内对汉语人才需求近年来急剧增加。因此，在俄罗斯出现汉语热是在意料之中，而且俄罗斯出现汉语热的现象不是暂时的，随着中俄关系的进一步加强，这将是一种长期现象。近十年来学习汉语的俄罗斯人增加了两倍多，在很多俄罗斯人眼中，学好汉语就等于有了"铁饭碗"，既有专业知识背景又懂汉语的学生在就业时有更强的竞争力。

文化解读

一、汉 语

（一）语言与汉语

语言是以语音为物质外壳、以词汇为建筑材料、以语法为结构规律的一种符号系统。

它是人类最重要的交际工具，是一种音义结合的符号系统。

汉语，即汉族的语言，又称华言、华语、唐话。汉语是中国汉族的共同语。中国除占总人口91.51%的汉族使用汉语外，有些少数民族也转用或兼用汉语。

狭义的"汉语"仅指现代标准汉语。现代汉语有标准语（普通话）和方言之分。普通话以北京语音为标准音、以北方话为基础方言、以典范的现代白话文著作为语法规范。2000年10月31日颁布的《中华人民共和国国家通用语言文字法》确定普通话为国家通用语言。汉语的音节可以分析成声母、韵母、声调3部分，词汇分实词和虚词，句子成分包括主语、谓语、宾语、补语、定语和状语。

（二）汉语的特点

1. 语音方面

汉语语音的特点是音节结构简单，音节界限分明，声调是音节的重要组成成分。汉语的音节结构有很强的规律性。

元音是一般音节中不可缺少的成分，一个音节内部最多可以连续出现三个元音。辅音主要处在元音的前面，即音节的开头，只有少数辅音可以处在元音的后面，即音节的末尾。处在元音前后的辅音一般只能有一个。汉语传统上把一个音节分为声母、韵母和声调三部分。声母指处在音节开头的辅音。音节的开头如果没有声母，就是零声母音节。韵母指音节中声母后面的成分，可以只是一个元音，也可以是元音的组合或元音和辅音的组合。声调指整个音节的高低升降，汉语是有声调的语言，音节的高低升降具有辨义作用。汉语声调的数目比声母和韵母少得多（汉语拼音方案列出了普通话的21个声母和35个韵母），普通话只有4个声调，根据传统名称，分别称为：阴平、阳平、上声、去声。汉语许多方言还有所谓轻声音节，这种音节读得短而轻，没有明显的高低升降变化。两个或两个以上音节连在一起时，音节的高低升降往往发生变化，这种现象称为连读变调。汉语各方言的连读变调现象相当复杂，各有各的特点，苏州话的连读变调就比普通话复杂得多，几乎每一个声调都存在连读变调现象，而且变调发生在后一个音节。儿化韵也是汉语语音中的常见现象。当"儿"音节处于其他音节之后，往往和前面音节的韵母合并成为儿化韵。韵母儿化以后声音有时发生较大的变化，有些音节本来是不同的，韵母在儿化以后却变成了同音。汉语许多方言都有儿化现象，但儿化的情况和程度不尽相同。

2. 词汇方面

词汇指汉语里词的总汇，即所有的词的集合体，其中也包括性质和作用相当于词的固定词组，如成语。

1) 汉语语素绝大部分是单音节的，单独使用时就是词，不单独使用时就是构词成分。如："光"和"明"既是两个语素，又是两个词，二者合起来是一个词。

2) 构词法与句法基本一致，这主要由于汉语缺乏形态变化。词根复合是新词产生的主要方法，因此很多复音词是由古代单音词构成的词组发展而来的，如妻子、困乏等。

3) 汉语复音节词绝大部分是合成词，但有一部分是双音单纯词，主要表现为叠音词和联绵词。叠音词是同一个字重叠而成，如关关、交交、习习等；联绵词大多数是由具备双声或叠韵关系的两个字构成的，如：逍遥、徘徊、望洋、萧瑟、流离、倜傥等。叠音词和联绵词有一个共同的特点：词中的单字不表示任何意义，只起记录音节的作用，重叠或两个字合起来后的两个音节表示具体词义。

4）汉语中的外来词，如雪茄（cigar）、康拜因（combine）、加仑（gallon）等，属于音译外来词。汉语中的外来词主要有两种情况：纯粹音译，就像上面所举的例子；半译音半译义，如：哀的美敦书（uleimatum）、吉普车（jeep）、啤酒（beer）等。

5）汉语词汇的双音节化趋势：单音节词常常扩充为双音节，多音节词语往往被压缩成双音节，如：车—车子，鸟—飞鸟，月—月亮，窗—窗户，高级中学—高中，电视大学—电大，对外贸易—外贸，挖掘潜力—挖潜等。

6）汉语中有大量四字成语，就其语言结构单位说，多属于词组，就其造句功能说，相当于一个词。任何一种语言的词汇都永远处于不断变化状态，汉语词汇将随着中国社会物质文明和精神文明的发展而不断发展和丰富。

3. 语法方面

标准汉语语法中最大的特点是没有严格意义的形态变化。名词没有格的变化，也没有性和数的区别。动词不分人称，也没有时态。这一不同于欧洲语言的特点，使得在历史上很长一段时间内，汉语被很多语言学家认为既没有语法也没有词类，就连20世纪著名的历史学家威尔·杜兰在《文明的故事》第一卷《东方的遗产》一书中，仍旧认为汉语没有语法和词类。一种观点认为，汉语有语法也有词类，只是它的语法不同于欧洲语言，而且一个词语存在多词性现象。汉语语法的另外一个特点是省略——不影响整体意思的词往往会被省略。

（三）汉语的影响力

汉语历史悠久，使用人数最多，居世界人口使用语言数量第一（占世界人口使用语言五分之一），是中国的官方语言，是新加坡的四种官方语言之一，亦是联合国6种工作语言之一，主要流通于中国（大陆、澳门、香港和台湾）、新加坡、马来西亚、缅甸、泰国等东南亚国家以及美国、加拿大、澳大利亚、新西兰、日本等国的华人社区。

1. 对《牛津英语词典》的影响

牛津大学出版社旗下的《牛津英语词典》（*The Oxford English Dictionary*）公布，该词典2016年3月更新版收录了500个新词语，其中13个含有汉语元素的词语来自中国香港特区，如char siu（叉烧）、yum cha（饮茶）、milk tea（奶茶）、dai pai dong（大排档）等。它们颇具地方特色，多以粤方言拼音显示。

拥有150多年历史的《牛津英语词典》被认为是最全面和较权威的英语词典，并被誉为英语世界的金科玉律；每个词语被其收录都要经历一个漫长而慎重的过程。这一巨型词典自2000年起每隔3个月便将词典内容更新一次，现已收录超过60万个英语词语，其中含有汉语元素的英语词语就有1 500多个。

《牛津英语词典》中的汉语借词有的源于普通话，如feng shui（风水）、tung oil（桐油）、paper tiger（纸老虎）、Maoism（毛主义/毛泽东思想）等；有的源于粤方言，如kowtow（磕头）、pakchoi（白菜）、samfu（衫裤）等；还有的源于闽方言，如satin（缎子）、kylin（麒麟）、oolong（乌龙茶）等。这些含有汉语元素的英语词语通常采用音译、意译、音意合译、音译加词缀和语义再生这5种方式来产生，它们或多或少都经过了一定程度上的"英化"改造，基本上都融入了英语的词汇体系和语用系统。

除了汉语借词外，《牛津英语词典》还收录了一些含有汉语元素的表达方式（即"中式英语"），如long time no see（好久不见）、no cando（不能做/干不了）和lose face（丢面子)。虽然这些中式英语不符合传统英语的表达习惯,但英语民族却喜闻乐用。据美国"全球语言监测"(GLM)机构的专家预测,随着汉语影响力渐增,用不了多久,good good study,day day up(好好学习,天天向上)、no money no talk(没钱免谈)、add oil(加油,用于鼓励他人)等中式英语也会进入这一词典。

《牛津英语词典》不断收录含有汉语元素的词语和表达方式,不仅丰富了英语的文化内涵,而且也促进了英语的全球化发展,还反映出汉语对英语的影响与日俱增。正如中国语言学家周海中教授所言:"随着中华民族与英语民族的交流交往日益频繁,来自汉语的英语词语及表达方式将会越来越多,从而进一步推动英语的国际化、多样化进程。"

2. 对其他国家的影响

2015年起,汉语出现在全俄中学生奥林匹克比赛科目中,比赛优胜者将可享受政府资助名额的录取优惠。

2019年2月23日,在王储穆罕默德·本·萨勒曼结束访华之际,沙特阿拉伯宣布将汉语纳入沙特王国所有教育阶段的课程之中,以使该国教育更具多元性。

2019年,俄罗斯正式把汉语科目纳入国家统一考试。据悉,俄罗斯统一国家考试既是中学毕业考试,也是高校入学考试。统一考试的外语科目现包括英语、法语、西班牙和德语等科目。毕业生可根据所选院校要求自愿选择进行外语考试。

二、汉 字

(一) 文字与汉字

文字是记录语言的音、形、义统一的书写符号系统。它是人类重要的交际辅助工具。文字是在已存在语言的基础上产生并发展起来的,它从属于语言。没有语言,社会不能存在;而没有文字,社会仍可存在。

汉字是记录汉语的文字,亦称中文字、中国字、国字。汉字是汉民族共同使用的文字,同时汉字也是全国通用的文字。大型字典收入汉字超过10万个,常用汉字约3 000多个。

汉字有繁体和简体之分。由于汉字历史悠久,使用地域广阔,人口众多,用它记载的典籍数量多、时间跨度大,所以汉字体系总字数多、异体字多、一些字笔画数多,人们学习和使用起来有一定的困难。因此,人们开始简化汉字。汉字简化的主要途径是减省笔画。简化后的汉字称为"简体字",相对而言,简化前的汉字为"繁体字"。例如,"鸟"为简体字,"鳥"为繁体字。我国1956年开始推行汉字简化,在不同历史时期汉字都得到了不同程度的简化。简化后的汉字大大方便了人们的生活、学习和工作。目前,我国按照1986年中国政府发布的修订后的《简化字总表》来推行简化字形,除特殊情况(如古籍出版/书法创作)外,就不再使用原有的繁体字,而是用简体汉字。我国香港特区、澳门特区、台湾地区以及海外部分地区目前仍在用繁体汉字。

(二) 汉字的特色

汉字因形状方正,有"方块字"的别称。从结构上来看,汉字有以下特色:

规整的字体(如楷书、宋体、隶书、篆书等)书写下的汉字是一种方块字,每个字占据同样的空间。汉字包括独体字和合体字,独体字不能分割,如"文""中"等;合体字由基础部件组合构成，占了汉字的90%以上。合体字的常见组合方式有：上下结构，如"笑""尖"；左右结构，如"词""科"；半包围结构，如"同""趋"；全包围结构，如"团""回"；上中下结构，如"赢"；左中右结构，如"斑"；"品"字形结构，如"品"。汉字的基础部件包括独体字、偏旁部首和其他不成字部件。

汉字的最小构成单位是笔画，笔画也具有一定的含义，如横画"一"，可表示地平线（如旦字中的一横）等。

书写汉字时，笔画的走向和出现的先后次序，即"笔顺"，是比较固定的。基本规则是，先横后竖，先撇后捺，从上到下，从左到右，先外后内，先外后内再封口，先中间后两边。不同书写体汉字的笔顺可能有所差异。

从字体上分，可将各类汉字的字体分为3大类型。第一类是从宋代活字印刷发展起来的宋体、黑体（包括粗、细等线体）等；第二类是由书法演变而来的字体，如楷体、仿宋体、行楷、隶体、魏体、舒体、颜体、瘦金体以及钢笔书写的字体等；第三类是属于美术字体，如综艺、美黑、琥珀、水柱等。其他字体多是属于以上3类字体的变异，例如：由宋体演变的大标宋、小标宋、报宋、长宋、中宋、姚体等；由黑体演变而成的大黑、平黑、粗黑、等线体（包括粗、中、细等线体，后又演变出粗、准、细圆体）等；由楷体、仿宋体等演变而来的中楷和细仿宋等；由黑体和宋体演变而来的美黑；由隶体演变而来的隶变体等。

笔画最少的汉字只有一画。有的字在书面上没有，只在民间流传，"biang"是笔画较多的汉字，有56笔，异体字共有45笔，繁体字共有59笔。"biangbiang面"是源于陕西的一种面，也是一家面馆的品牌，还在使用这个字，流传不广，2006年方才流行，声称只能在《康熙字典》中查到"biang"字写法。事实上，在《康熙字典》中也查不到"biang"字的写法。

汉字不仅具有独特的形态美，其表意特征更使其具有极其深远的内涵和意蕴，在发展过程中凝聚了五千年文明的精华，反映出古人的正统信仰、道德至上、天人合一思想等多种信息，是我国传统文化和民族精神的重要载体。每个汉字，都会在人们面前呈现出一幅生动形象的人文景观。如"信"字，人言为信，指人的言论和行为应当诚实、不欺诈，"信念""信仰"也都是建立在此基础之上的；"说"字，言要兑现才能说话；心居于中，是"忠"；心真、守德是"慎"；心里有鬼，是"愧"；"债"字由人和责两部分构成，表明欠债必还是人的责任；"悔"字，乃心中自恨言行有失之意，然而古人教诲人们"徒悔，无益也""过而能改，善莫大焉"，把握好现在和未来，才能真正做到人生无悔。汉字的智慧，将人的心灵世界演绎得淋漓尽致。

（三）汉字的影响力

汉字是世界上影响力最大的文字之一，也是世界上最古老的文字之一，已有6 000多年历史。汉字是迄今为止持续使用时间最长的文字，也是上古时期各大文字体系中唯一传承至今者，中国历代皆以汉字为主要的官方文字。

在古代，汉字还充当东亚地区唯一的国际交流文字，20世纪前仍是日本、朝鲜半岛、越南等国家的官方书面规范文字，东亚诸国都在一定程度上自行创制汉字。汉字对周边国家的文化产生过巨大的影响，形成了一个共同使用汉字的汉字文化圈，在日本、越南和朝鲜半岛，汉字被融合成它们语言的文字。

汉字是世界四大自源文字之一，鲜有文字的书写能成为一门艺术，更无一能达到汉字书法艺术的高度。王羲之、颜真卿、柳公权、黄庭坚等书法名家的作品至今让人们叹为观止。

三、书 法

（一）书法与中国书法

书法是指按照文字特点及其含义，以其书体笔法、结构和章法书写，使之成为富有美感的艺术作品。主要有汉字书法、蒙古文书法、阿拉伯书法和英文书法等。

中国书法，就是汉字的书写艺术。被誉为无言的诗，无行的舞，无图的画，无声的乐等。中国书法是一门古老的汉字书写艺术，从甲骨文、石鼓文、金文（钟鼎文）演变而为大篆、小篆、隶书，至定型于东汉、魏、晋的草书、楷书、行书等，书法一直散发着艺术的魅力。在中国，书法、绘画与诗歌一起构成了灿烂的东方艺术瑰宝。

人们通常所说的书法作品，是用毛笔书写的。随着书写工具的演进，在日常书写中传统的毛笔已经被圆珠笔、铅笔、走珠笔和钢笔取代。现代人的日常书写一般都用硬笔书写，无论考试、功课、书信等都是。硬笔尖在使用上和美感的表现上和传统毛笔的软笔尖不同，汉字之美多了一个展现的形态。

（二）中国书法的分类

书法主要分为篆书、隶书、楷书、草书、行书5种。

篆书是传世最早的书法表现方式。虽然现在很多人都对篆书并不是很熟悉，但是它却是这么多书法种类中最有内涵的一种。

隶书是在篆书之后开始被大众接受的字体。隶书的最大特点还是它有自己独有的思想性，通过柔美的笔画与严谨的章法，体现出来的是有思想与内涵的文字。

楷书是由隶书慢慢演变来的，又称真书、正书。楷书是我国发展时间最悠久的书体，而且在历史上也有很多楷书作品。

草书的出现也意味着文字不仅仅再停留在内涵层面，而是更在乎它的美观，是5种书法中艺术价值最高的一种。

行书是介于楷书与草书之间的书法。

（三）中国书法的基本特征

中国书法有三个特点：气势、意态和韵律。不论是篆书、隶书、楷书、行书还是草书，都贵在气势、意态和韵律。

1. 气势

中国书法的气势美由笔势、体势、行气、章法所构成。一般来说，篆书、隶书、楷书势从内出，盘纡于虚，为无形之使转；草书势从外出，盘纡于实，为有形之使转；而行书则介于两者之间，虚实并见，锋势时藏时露，体势时斜时正。

"势"在书法艺术中有三个重要作用：一能产生笔力，力必须以气为凭借，有气自然有力；二使点画妥帖，心随笔运，取象不惑；三使血脉流通，精神贯穿，意境活泼。有气势的作品能将全幅字贯注成一片段，从而表现出一种精气凝结的意境。所以说："作字之道，点如珠，面如玉，体如鹰，势如龙，四者缺一不可。"①"点如珠"喻其圆润；"画如玉"喻其洁净；"体如鹰"喻其沉雄；"势如龙"喻其气势。龙者，静则潜伏于深渊之内，动则腾飞于九霄之上，乘云驾雾，卷风舒雨，变化无常。故凡得势者，泼墨则有风舒云卷之势；得气者，下笔便有运斤成风之趣。

这种纵横挥洒、磅礴酣畅的气概，是一个书者圆熟的笔墨技巧和深厚的功力产生的综合效果，同时也体现出高度的艺术修养和才华。没有气势的作品滞钝而没有精神，字字僵化没有生命力。所以，力量的充溢是书法艺术的物质基础，气势的流畅是书法艺术的精神基础，韵律的生动是书法艺术的情感基础。

张旭史称"草圣"，其《古诗四帖》以五色彩笺纸草书古诗四首。该作品通篇气势磅礴，布局大开大合，落笔千钧，狂而不怪，气势奔放纵逸。

2. 意态

孙过庭在《书谱》里写道："羲之写《乐毅》则情多怫郁，书《画赞》则意涉瑰奇，《黄庭经》则怡怿虚无，《太师箴》又纵横争折。暨乎兰亭兴集，思逸神超；私门诫誓，情拘志惨。所谓涉乐方笑，言哀已叹。"这段话说的就是书法的意境。

意态在字外。我们说一个女子婀娜多姿、喜怒哀乐率直或婉转，这说的就是美女的意态。所请意态，包括体态和神态两部分，两者都可以在书法作品中心神领会。

一幅好的书法，其结构的安排最见书写者的匠心。有的精心安排，字体严谨，堪称佳妙；有的妙手偶得，自然天成，出人意表。总的来说，都是字的体势生动，字的神态动人。字的体势和神态都是字的结构的表现。字的结构又是点画的组合，正如建筑设计，由构件组合成许多不同的空间。字也是这样，它由实的线条和布白相互映衬，虚实相生、主次疏密对比、笔势呼应顾盼，构成了书法作品独特的意态美。

在中国书法历史上，篆书既有整齐停匀之美，又有婉转曼妙之趣；隶书既有雄健厚重之美，又有跌宕飞动之势；楷书既有精严庄重之美，又要神采焕发；行草既有流畅飞动之美，又要遒劲有力。无论是书写节奏还是书写结构，都能表现出独特的意态美。所以，欣赏中国书法，必须懂得欣赏字的体态和神态所表现的独特韵味。

王羲之的《兰亭集序》历来被认为是经典杰作，其书法飘逸流畅，如行云流水而又笔力雄健。全文共计324字，凡是重复的字都各不相同，特别是其中的21个"之"字，各具风韵，无一雷同。

3. 韵律

古代许多骚人墨客从不同角阐释了书法韵律的内涵："喜则气和而字舒，怒则气粗而字险，哀则气郁而字敛，乐则气平而字丽。情有重轻，则字之舒敛险丽亦有深浅，变化无穷。"②颜真卿的《祭侄稿》就是抒情作品的典范，他以情感为主笔墨，直抒胸臆，把感受到的痛苦、悲愤，倾泻于笔端，读之感人肺腑。司空图说："近而不浮，远而不尽，然后可以言韵外之致耳。"这句话指出了书法韵律的层次性。羊欣《采古来能书人名》曰："（王献之）骨势不及父，而媚趣过之。"欧阳询《用笔论》曰："用笔之趣，信然可珍，窃谓合

---

① 语出曾国藩。曾国藩（1811—1872年），初名子城，字伯涵，号涤生，出生于湖南长沙府湘乡荷叶塘白杨坪（现属湖南省娄底市双峰县荷叶镇大坪村）。清朝军事家、理学家、政治家、书法家、文学家。

② 语出《翰林要诀》，《翰林要诀》是中国元代论学书之法的著作，陈绎曾撰。

乎古道。"这都指出了书法韵律的趣味性。这些性质正与音乐的韵律相合。

书法的线条、结构、墨色等方面是构成书法艺术美学的原理。一幅作品，从上到下、从左到右都传送韵律的信息，线条的飞舞、跳跃，墨色的变化都影响到韵律。作品中的神韵、墨韵，促人深思、遐想。

苏轼的《寒食帖》将诗句心境情感的变化，寓于点画线条的变化中，或正锋，或侧锋，辗转多变，顺手断连，浑然天成。其结字亦奇，或大或小，或疏或密，有轻有重，有宽有窄，参差错落，恣肆奇崛，变化万千。

四、绘　画

（一）绘画与中国画

绘画，是指用笔、板刷、刀、墨、颜料等工具材料，在纸、纺织物、木板、墙壁等平面上塑造形象的艺术形式。现代可以通过计算机软件用鼠标手写板进行数码绘图，实现无纸化数字图像保存，避免了资源的浪费。也使得观看照片更加方便、美观。按工具材料和技法的不同，以及文化背景的不同，分为中国画、油画、版画、水彩画、水粉画等主要画种。

中国画，简称"国画"。是我国传统造型艺术之一。主要是用毛笔、软笔或手指，用国画颜色和墨在帛或宣纸上作画的一种中国传统的绘画形式。

（二）中国画的分类

中国画主要分为人物、花鸟、山水这几大类。从表面上看，这是按照题材进行划分。其实，这是在用艺术表现一种观念和思想。所谓"中国画三门"，实际上概括了宇宙和人生的三个方面：人物画表现的是人类社会、人与人的关系；山水画表现的是人与自然的关系，将人与自然融为一体；花鸟画则表现大自然的各种生命与人和谐相处。中国画之所以分为人物、花鸟、山水这几大类，其实是由艺术升华的哲学思考，三者之合构成了宇宙的整体，相得益彰。

1. 人物画

人物画的出现要远早于山水画与花鸟画。据记载，商周时期，已经有人物壁画。东晋时的顾恺之专攻人物画，是我国画史上第一个明确提出"以形写神"主张的人。唐代画家阎立本也擅长人物画，最有名气的人物画就是《步辇图》。另外大名鼎鼎的吴道子、韩干等，也都是人物画高手，人物画大体分为道释画、仕女画、肖像画、风俗画、历史故事画等。画家们对人物的基本要求是，人物个性刻得要逼真传神，气韵生动，形神兼备。其传神之法，常把人物性格的表现，寓于环境、气氛、身段和动态的渲染之中。因此，中国画论上称人物画为"传神"，这类杰作车载斗量，如东晋顾恺之的《洛神赋图》卷，唐代韩滉的《文苑图》，五代南唐顾闳中的《韩熙载夜宴图》，北宋李公麟的《维摩诘像》，南宋李唐的《采薇图》、梁楷的《李白行吟图》，元代王绎、倪瓒的《杨竹西小像》，明代仇英的《列女图》卷，曾鲸、张翀的《侯峒曾像》，清代任伯年的《高邕之像》等。

《步辇图》是唐朝画家阎立本的名作之一，是中国十大传世名画之一，现藏于故宫博物院。作品设色典雅绚丽，线条流畅圆劲，构图错落富有变化，为唐代绘画的代表性作品。

2. 山水画

山水画，顾名思义是以描写山川自然景色为主体的绘画，魏晋南北朝就已展露，但仍附属于人物画，作为背景的居多。隋唐之后，山水画独立发展，这一时期最有代表性的就是王维的水墨山水画，五代、北宋之后，山水画大兴，如荆浩、米芾、米友仁的水墨山水，王希孟、赵伯驹等的青绿山水，南北竞辉达到高峰，从此成为中国画领域的一大画科。到了元代，山水画趋向写意，以虚代实，侧重笔墨神韵，开创新风。

《春山瑞松图》是宋代书画家米芾创作的一幅纸本画，原存清宫内府斋宫，现为台北故宫博物院藏。图中描绘云雾掩映的山林景色，图中白云满谷，远山耸立云端，近处古松数株隐显于雾气中。松下有亭，空无一人。山峦青绿晕染，再加"米点"（亦称"落茄皴"），松树笔法细致、严密。

明代及近代，山水画继续发展，董其昌及清初"四王"（王时敏、王鉴、王翚、王原祁）为山水画走向绘画理论及绘画手法的程式化做出了重大贡献。山水画能脱离人物面自立门户，有一个非常重要的原因，那就是画家们的借景抒情。清代恽寿平《鸥香馆画跋》中说："春山如笑，夏山如怒，秋山如妆，冬山如睡"，这些四季的神态、表情，都是"天"与"人"的融合统一，是人化的自然。明代莫士龙在《画说》中说："画之道，所谓宇宙在乎手者。"清代邹一桂在《小山画谱》中写道："今以万物为师，见一花一萼，谛视而熟察之，以得其所以然，则韵致丰彩，自然生动，而造物在我矣。"

3. 花鸟画

东晋画家顾恺之说："绘画，人最难，次山水，次狗马（在传统绘画中，'狗马'属于花鸟范畴）。"这句话透露了两个信息：第一，花鸟画的创作相对较容易；第二，花鸟画和人物画、山水画共同构成了中国画三门，三者虽然在画技难度上有高低之分，但在艺术欣赏上却是平分秋色。

魏晋南北朝之前，花鸟画一直是以图案纹饰方式出现在陶器、铜器之上。那时候的花草、禽鸟和一些动物具有神秘的意义，有着复杂的社会意蕴。魏晋南北时，一批专门画花鸟的画家出现，并且来了大放异彩的作品，顾恺之的《凫雁水鸟图》、史道硕的《鹅图》、陆探微的《半鹅图》、顾景秀的《蝉雀图》、袁倩的《苍梧图》、丁光的《蝉雀图》、萧绎的《鹿图》。这说明此时的花鸟画已经有了一定规模。此行期的花鸟画较多的是一些禽鸟动物，因为它们往往和神话有一定的联系，有的甚至是神话中的主角，如为王母捣药的玉兔、太阳中的金乌、月宫中的蟾蜍，以及代表四个方位的青龙、白虎、朱雀、玄武等。

到了唐代，花鸟画真正独立，属于花鸟范畴的牛马在这一时期已经有了较高的艺术成就。现在所能见到的韩干的《照夜白》、韩滉的《五牛图》以及传为戴嵩的《斗牛图》等，都表明了这一题材具有的较高的艺术水准。杜甫赞赏画家薛稷的话说："薛公十一鹤，皆写青田真。画色久欲尽，苍然犹出尘。低昂各有意，磊落如长人。"

在中国古代绘画史上，无论是人物画、山水画还是花鸟画，正如杜甫的诗所说的那样"低昂各有意"，它们都具有中国传统文化推崇的高深莫测的意境，而这一意境的产生正是中国古代画家胸中抱有的一个思想：无论画什么，必须形神兼备。

《五牛图》是唐朝韩滉创作的黄麻纸本设色画，该作品现藏于北京故宫博物院。画中的五头牛从左至右一字排开，各具状貌，姿态互异。一牛俯首吃草，一牛翘首前仰，一牛回首舔舌，一牛缓步前行，一牛在荆棵蹭痒。整幅画面除最后右侧有一小树外，别无其他衬景，因此每头牛可独立成章。"点睛"是牵动全局的关键，画家将牛眼适当夸大，着意刻画，使五牛瞳眸炯炯有神，达到了形神兼备的艺术境界。五牛皆目光炯炯，深邃传神，将牛既温顺又倔强的性格表现得淋漓尽致。

（三）中国画的艺术特征

"以形写神、形神兼备"是传统国画艺术的基本造型法则，更是绘画理论与实践的永恒话题和基本追求。所谓"形"，是指客观事物可视之形态、形象、形状、形体。比如我们看到的一朵花、一只鸟、一座山。所谓"神"，就是事物的内涵、精神气质和气韵。能否把"形神"的关系处理好，做到形神兼备，是中国画特别是人物画创作的关键。

荀子说"形具而神生"，虽然非专指绘画，但却给中国古代的画家们提了个醒。古代画家们清醒地意识到：不能顾了形似，失去了神似，应该力求神似。宋代苏轼的论画诗"论画以形似，见与儿童邻。赋诗必此诗，定知非诗人"，正是表达了这个意思。

国画界有一著名传说：中国古代著名画家、南北朝时期的张僧繇曾画了四条龙在寺壁上，四条龙没有画上眼睛，他常对人说，"点睛即飞去"。大家都认为他吹牛，非要他为龙画上眼睛。张画家被迫追无奈只好去画龙眼，但在点了两条龙的眼睛之后，一声霹雳，两龙破壁乘云腾空而去，另外二龙未点睛，所以没有飞走。这个传说虽有神话意味，却说明了这样一个事实：形神兼备才是最好的画作。

写形是为了传神，形可在"似与不似之间"，"以形写神"的终极目的是"达意"和"传神"。宋人邓椿在《画继·杂说》中把"传神"作为绘画的主要法门："画之为用大矣，盈天地之间者万物，悉皆含毫运思，曲尽其态，而所以能曲尽者，止一法耳。一者何也？曰：'传神而已矣。'"这段话可以看作是中国传统画家们的艺术追求，也是中国画能成为人类艺术瑰宝的根本原因。

五、服　饰

（一）服饰、传统服饰与中国传统服饰

服饰，是衣服鞋包及装饰品等的总称，多指衣服。

传统服饰，是指一个民族自古传承下来、具有本民族固有特色的一种服装。

中国传统服饰是中国人的传统服饰。汉服是中国传统服饰的代表，是中国"衣冠上国""礼仪之邦""锦绣中华"的体现，承载了汉族的染织绣等杰出工艺和美学，传承了30多项中国非物质文化遗产以及受保护的中国工艺美术。

从"黄帝垂衣裳而天下治"[①]的历史记载中可以看到，中国古代服饰有着悠久的历史，且在发展中逐步形成了自己的文化。中国服饰文化，从宏观的服饰文化观念到着装配饰与妆容的搭配法则，融会了影响中国几千年的礼乐文化。服饰文化也是中国礼乐文化中十分重要的部分。同时，在中国服饰的发展史上，儒家、道家等思想意识起到了贯穿始终的作用，它们是中国服饰发展的灵魂。

---

① 原话为"黄帝、尧、舜垂衣裳而天下治，盖取诸乾坤"，出自《易经·系辞下》。

（二）中国传统服饰的基本形制

汉传统服饰有两种基本形制，即上衣下裳制和衣裳连属制。上衣下裳的服制，据《释名·释衣服》载："凡服上曰衣。衣，依也，人所依以避寒暑也。下曰裳。裳，障也，所以自障蔽也。"上衣的形状多为交领右衽，下裳类似围裙的形状，腰系带，下系带。这种服制对后世影响很大。

衣裳连属制，古称深衣，始创于周代。《礼记·深衣》注称："名曰深衣者，谓连衣裳而纯之以采也。"深衣同当代的连衣裙结构类似，上衣下裳在腰处缝合为一体，领、袖、裾用其他面料或刺绣缘边。深衣这一形制，影响于后世服饰，汉代命妇以它为礼服，古代的袍衫也都采用这种衣裳连属的形式。

（三）中国传统服饰的文化内涵

1. 中国传统服饰的礼制文化

孔子在《论语尧曰》中说"君子正其衣冠"，这句话不仅仅指穿戴衣饰要整齐以示自身的教养，还暗示着衣冠整齐、得体本身就是君子的起码礼仪。

中国古代的服饰中包含着各种各样的礼制文化，其中以皇帝的服饰最为突出。中国古代为了限制诸侯僭越、以下犯上，更为了确立皇室独尊的威严地位，从周代开始就制定了详尽的礼制。服饰制度作为礼制的一个重要组成部分，成为从表象上来区分统治阶级及其内部等级和被统治阶级的符号。某些形制符号因为其特定的象征意义成为某些阶层的专有，任何其他阶层的人不可侵犯。最典型的例子就是龙袍，在历史的演变过程中，逐渐成为皇权的象征，任何人越权使用都会被视为大逆不道。与皇帝的龙袍相呼应，凤凰作为皇后服饰中的图案，也是其身份和地位的象征。龙凤图案是中华民族服饰最富有特色的纹样之一，它不仅积淀了深厚的华夏文明，也体现了中华传统文化的核心理念。在中国古代，龙凤图案一直是皇权的专用纹样，象征着权力。

汉代贾谊在《服疑》中说："是以天下见其服而知贵贱，望其章而知势位。"服饰的等级标识功能用一句话便可表达得清楚、明白：上下有序，君臣有别。服饰早已成为体现礼制最直接的形式。

2. 中国传统服饰的纹样文化

服饰纹样无论是其发展历史还是表现形式，都与人们的生活息息相关。从先秦时期的抽象简洁，到秦以后的整齐工整，再到明清时期的写实细腻，服饰纹样的发展也反映着不同时期人们审美情趣的变化。

商代的服饰纹样主要以云雷纹、菱形纹、回龟纹、几何纹为主，并以二方连续的构图形式出现，强调一种韵律美。到了周代，便出现了用于冕服之上的十二章纹，这十二种纹样分别是：日、月、星辰、山、龙、华虫、宗彝、藻、火、粉米、黼、黻。每个纹样都有其象征意义，表现出奴隶社会人们崇尚自然的审美意识，也是我国服饰纹样披上阶级色彩的开始。隋唐的服饰纹样继承了周代纹样的严谨和战国时期的舒展，又融合了秦汉的明快和魏晋的飘逸，服饰纹样的风格趋于丰满圆润，构图匀称饱满，这一特点具体表现在了唐代盛行一时的缠枝图案。此外，这时的服饰纹样多取吉祥美好的寓意，图案多为花鸟、团花、瑞兽等，格局对称，成双成对，华丽丰满。纹样在唐朝也是区别官员地位官阶的标志之一，武则天延载元年（694年），定制官员袍服纹样有狮、麒麟、虎、豹、鹰、龙、鹿等,这也是明清补服的萌芽。补服是明清两朝朝臣官员所着的服装,以服装上的补子纹样来区分品级。补子是绣在袍的前胸后背的一种方形纹饰,文官饰禽纹,武官饰兽纹。明清两朝补子的等级分配大体相同,只有细微差别。

3. 中国传统服饰的色彩文化

色彩与纹样一样,是中国传统服饰中十分重要的内容。中国传统服饰的色彩文化最早源于自然色彩,日月星辰、火种、植物、矿石等都是原始人类提取服饰色彩的源泉。考古发现,红色是中国人以及人类最早使用的颜色,因为这种由赤铁矿研磨而成的颜料是当时最容易获取的原料之一。可能也由于这个原因,中国人对于红色有着与生俱来的喜爱。

在封建社会,黄色一直被看作是皇帝的专属色,这也是中国服饰色彩中独特的"黄色文明"。基于对自然色彩的崇拜和对等级制度的遵守,中国传统服饰色彩总体呈现出艳丽饱满的特征,红、黄、蓝三原色加上黑、白两色构成了中国传统服饰色彩的基调,这五色也被认为是最正统、最权威的颜色。即使到了汉代以后色彩原料的来源不断丰富,已经可以研制出更多种色彩,中国传统服饰色彩的基本格调依然没有改变。

4. 中国传统服饰的布料文化

古代平民百姓、奴仆穿的都是褐衣、布衣。褐是粗糙的麻、毛编织品,布则比褐细致一些,成为平民百姓的衣着布料。《诗经七月》中的"无衣无褐,何以卒岁",描写的就是社会最底层的劳动者的生活,是贫贱者的常服。达官贵人的服饰布料多是绫罗绸缎、丝帛锦绢。《红楼梦》第三回写林黛玉眼中的王熙凤,对其服饰有重点描写,"身上穿着缕金百蝶穿花大红洋缎窄裉袄,外罩五彩刻丝青银鼠褂,下着翡翠撒花洋绉裙",把富贵达显的身份表现得恰如其分。

(四) 中国传统服饰的配饰

中国服饰的配饰中,最典型的就是头饰。

头饰的起源既有御寒遮羞、防御隐蔽的因素,也有装饰悦目的作用。上古时期的人类就已经有不同的发式,并懂得用动物骨头和玉石等做成头饰。商周时期,冕冠出现标志着首服制度已有了雏形。秦汉时期,男子的首服为巾冠制,秦代一些武将开始用四方巾扎头后再戴上帽子。两汉时期,这种头饰广为底层平民所用。尤其是东汉时期,头巾更是得到了广泛使用,连身居要职的官员也开始用方巾束发。形成这种风潮的原因之一是当时的士人受玄学影响不拘小节,认为戴冠是一种累赘,而扎头巾轻便,于是渐成风习;原因之二是,相传当时的汉元帝刘奭额发丰厚,怕被认为缺乏智慧,于是以幅巾包头,统治者的提倡自然引起官民纷纷效仿。

秦汉以冠定职,男子的冠帽样式繁多,典型的几种有进贤冠、却敌冠、长冠、高山冠、远游冠等。汉代女子的发式多为绾髻,有明马髻、盘桓髻、百合髻、飞仙髻、垂云髻等。到了魏晋南北朝时期,受放浪不羁、随心所欲的文士习气影响,男子首服也多以头巾为主流。当时流行的是"角巾",相传名士郭林宗裹着头巾外出,途中遇到大雨,于是头巾被雨水淋湿,使得一个角下陷,路人撞见后觉得很新奇,纷纷效仿,成为一时风习,因此"角巾"又叫"林宗巾"。这一时期,女子的发髻由于受道教、佛教和一些外来思想的影响,颇为随性飘逸,灵蛇髻、飞天髻等式样受到当时女子的追捧。隋唐男子的首服主要是幞头,女子的发式可谓花样繁多,有数十种之多,头上的饰物也形式各异,有钗、簪、步摇、梳篦、金钿、银钿等。此外,因唐朝与少数民族交流频繁,许多少数民族的发式和头饰也被人们竞相效仿，胡帽、回纥髻等就是典型的例子。

宋朝的衣冠头饰以内敛、简约为美。男子首服除了在盛大场合会佩戴冠冕外，日常都还是以戴幞头为主。宋代女子上自王妃下至百姓都喜戴冠，常见的冠有角冠、凤冠、龙凤发钗冠、山口冠、珠冠等。

辽金元时期，呈现出多民族头饰大融合之势。辽、金、元分别是契丹族、女真族和蒙古族建立的政权，辽代契丹族男子的髡发和元代蒙古族男子的婆焦头都是极富特的少数民族发式。女子首服中最负盛名的是元代女子的顾姑冠，这种冠细而高，外形好似一个大花瓶，冠顶的饰物则视佩戴者身份地位而定。

明代是一个极其重视衣冠的朝代，男子的巾和帽式样繁多，不胜枚举，其中最被人所熟知的有乌纱帽、冀善冠、梁冠、四方平定巾等。古人被罢官免职便会用"丢了乌纱帽"来形容，由此可知乌纱帽是一种官帽，是官位的象征。这种帽子分上下两层，先用铁丝编制成框再罩以纱巾。明代妇女的发髻最普遍的为假髻，做假髻的方法有两种：一种是在本身的头发里掺入部分假发，并衬以独特的发托，将发髻的高度增加；另一种是完全用假发制成，如现今的假发套，用时直接戴在头上。

清朝入关后，强行命令百姓剃发。虽然当时的汉官、文人甚至百姓一时都无法接受，但在"留头不留发，留发不留头"的高压政策下，人们还是普遍剃发。清朝推行的满族发式为"半留半剃"式，即从额角两端引一条直线，将直线外的头发全部剃掉，留颅后的头发编成发辫垂于脑后。清朝的官帽有暖帽和凉帽之分，自皇帝至朝臣朝冠的形式大抵相同，用来区分官阶等级的标志是顶珠和花翎，即我们常听到的"顶戴花翎"。寻常百姓则常戴毡帽、瓜皮帽等。清代女子的发式分为满汉两式：满族妇女的"两把头"最为典型，后期发展为"大拉翅"；汉族女子则以牡丹头、元宝头等最为流行。从冠冕堂皇到乌纱帽、顶戴花翎，中国古代的"头上文化"可谓博大而精深。

六、妆　容

妆容指人体通过某种装扮修饰形成的外在形态表现；从"妆"字和"容"字分开来可以理解为通过打扮装饰凸显的人体神态、状态或者说景象、效果。从化妆角度看，有面部和整体装束之分。

追求美是人类的天性，原始人就开始懂得用土来装饰颜面，历朝历代的妇女对化妆一直有着不断的追求，无论色彩还是式样，可谓变化无穷。

中国古代面妆的种类，主要有红妆、白妆、花钿妆 3 种。

红妆的起源很早，从文人墨客的许多诗句中不难看出，红色是古代女子在化妆时的主要颜色，"冲冠一怒为红颜"[①]"故烧高烛照红妆"[②]"素手青条上，红妆白日鲜"[③] 等诗句都用红妆来比喻女子。红妆真正的普及是在汉代以后，因张骞通西域时带回了红蓝花这种能够提取红色颜料的植物，使得红妆成为古代女子化妆的主旋律。南北朝时期，出现了一

---

① 出自明末清初诗人吴伟业（字骏公，号梅村）的《圆圆曲》。
② 出自宋代苏轼的《海棠》。
③ 出自唐代李白的《子夜吴歌·春歌》。

种"斜红妆"。其来历相传是三国时魏文帝所宠爱的宫女一次夜里侍奉魏文帝，不慎撞到屏风而留下两道疤痕，可魏文帝对她却更加怜爱，因此许多女孩子也开始效仿，用胭脂在脸颊近眼的双侧画出血晕染的效果，颇为有趣。到了唐朝，红妆被发展为各种花样，胭脂也成为妇女必不可少的化妆品。在《开元天宝遗事》中，有一段描写杨贵妃在炎热的夏日渗出红色的汗珠，其实这是杨贵妃涂了胭脂的缘故。

在我国古代的审美标准中，以肤白为美，古人常常用肤如凝脂、肌如白雪来称赞美人，因此白妆的流行就不足为奇了。白妆的盛行要归功于粉的出现。古时候的粉在材料上大致可分为两类：一种是用米粒研磨后加入香料而成；一种是以土、水银和铅制作而成。粉的制作过程十分复杂，早在先秦时期，我国女子就以白妆为主，以粉白黛黑为美。唐代杨贵妃的白妆黑眉也曾引得宫中女子纷纷效仿。

花钿妆是指用极薄的金属片或彩纸、丝绸、虫翅等制作成日月星辰、花鸟鱼虫等小巧精致的图案，用一种叫作呵胶的胶水贴在额头、眉心、两颊、双鬓的化妆之法，又称"贴花钿""贴花子""贴花黄""梅花妆"等。贴花钿最早始于秦朝，在南北朝时期得到发展，唐代达到顶峰。"低鬟向绮席，举袖拂花黄"①"腻如云母轻如粉，艳胜香黄薄胜蝉"② 等诗句，道出了花钿妆之美。

延伸拓展

请扫描二维码了解汉语方言的分布情况。

知识测试

一、填空题

1. _____是中国已发现的古代文字中时代最早、体系较为完整的文字。
2. 汉字的最小构成单位是_____。
3. _____是我国历史上第一次汉字规范化的产物。
4. 中国书法有三个特点：_____、_____、_____。
5. 被誉为"天下第一行书"的《兰亭序》的作者是_____。
6. 中国画主要分为_____、_____、_____这几大类。
7. 画家张择端的《清明上河图》生动描绘了_____时期的繁荣兴旺景象。
8. 汉传统服饰有两种基本形制，即_____和_____。
9. 中国古代面妆的种类，主要有_____、_____、_____三种。

---

① 语出南朝梁陈间的诗人徐陵的《奉和咏舞诗》。
② 出自唐诗人王建的《题花子赠渭州陈判官》。

10. 在中国古代服饰中，_____一直是皇权的专用纹样，象征着权力。

二、选择题

1. "水"字属于下列哪种汉字构成方式？（   ）
   A. 象形字　　　　B. 指事字　　　　C. 会意字　　　　D. 形声字
2. 下列句子中属于主谓谓语句的是（   ）。
   A. 这部小说艺术水平高　　　　　　B. 在花园里那些花儿真漂亮
   C. 这个办法我觉得是不好的　　　　D. 他一点书也不读
3. 中国古装种类中最重要的礼服是（   ）。
   A. 常服　　　　B. 补子　　　　C. 凤冠霞帔　　　　D. 冕服
4. "诗中有画，画中有诗"是赞扬谁的？（   ）
   A. 苏轼　　　　B. 王维　　　　C. 欧阳修　　　　D. 钟嵘
5. 在我国古代的审美标准中，以肤白为美，古人常常用肤如凝脂、肌如白雪来称赞美人。白妆最早在什么时候出现的？（   ）。
   A. 先秦　　　　B. 汉代　　　　C. 唐代　　　　D. 宋代

三、判断题

1. 秦始皇统一六国以前的所有文字统称为大篆，其中包括甲骨文。（   ）
2. 标准汉语语法中最大的特点是没有严格意义的形态变化。（   ）
3. 钟繇是著名的书法家，他生活的年代是唐朝。（   ）
4. "作画妙在似与不似之间"的提出者是齐白石。（   ）
5. 追求美是人类的天性，历朝历代的妇女对化妆一直有着不断的追求，红色是古代女子在化妆时的主要颜色。（   ）

课程实践

一、中国幅员辽阔，方言众多。请用你的家乡话诵读经典，介绍家乡美食或学唱一首民俗歌谣，将其制成一段视频，在课上与同学交流。

二、了解中国文房四宝，动手体验中国书法：购买笔墨、纸和字帖，临摹名家书法，体会书法的美感和意境。

三、中华民族共有56个民族，你最喜欢的民族服饰是哪一种？

请从中任选一种服饰，通过文献、网络搜集中国传统服饰的发展历史及主要特点，对其进行介绍。要求制作成图文并茂的PPT在班上与其他同学交流。

课后提升

一、浏览纪录片《汉字五千年》，了解汉字的演变和汉字的文化底蕴。

二、观看《中国汉字听写大会》《中国成语大会》《欢乐喜剧人》等综艺节目，领略汉语的魅力。

三、阅读沈从文的《中国服饰史》，了解中国服饰的历史变迁，思考服饰背后所体现的礼制和规范。

第七章　中国古代科技发明

任务目标

【知识目标】
了解四大发明的发展历程及其对人类文明进程的影响，认识中国古代科技成就的辉煌。

【能力目标】
能够梳理出中国历史上科学技术文化发展的脉络及其特点。

【素质目标】
培养学生对中国古代科技发明的自豪感，增强学生对中国科技发明创新的自信心，帮助学生理解科教兴国战略实施的必要性和艰巨性，形成正确的科学观。

文化热线

材料一：

中国古代农业科技成就表（明代以前）

作物	最早种植粟、稻、麦、豆、黍并逐渐传播到世界各地
农具	春秋时期发明了灌溉提水工具辘轳；战国出现牛耕、铁制的犁和灌溉机——龙骨水车；宋元时期农具的制造技术居于世界领先地位
水利	2 500多年前修建了世界最早的大型蓄水灌溉工程——芍陂水利工程；2 000多年前修建的都江堰工程具有防洪、灌溉、航运三种作用，是世界仅存的一项古代"生态工程"
农学	我国最早记载农具的专著《耒耜经》，记载了从原始社会到晚唐我国重要的农具；《齐民要术》中关于农学和生物学的知识在世界上保持领先地位达一千多年；《农政全书》建立了较完整的农学体系

注：英国学者罗伯特·坦普尔说："现代世界赖以建立的种种基本发明和发现，可能有一半以上源于中国。"

（1）上述材料是如何体现中华文化基本特征的？

材料二： 发展航天事业是中华民族复兴的重要组成部分。中国航天科技集团公司是拥有"神舟""长征"等著名品牌和自主知识产权、自主创新能力强、核心竞争力强的特大型国有企业。公司通过独特的企业文化，弘扬了民族精神。中国航天科技集团公司企业文化、企业使命：创人类航天文明　铸民族科技丰碑；企业精神：自信自强，无私无畏，敢想敢为，尽善尽美；核心价值观：以国为重，以人为本，以质取胜，以新图强……

（2）指出该企业文化主要体现了中华民族精神的哪些内涵，并说明如何弘扬和培育民族精神。

文化解读

一、中国古代最重要的科技成就

中国古代科技成就指中国古代各项科技成果，包括造纸、印刷、纺织、陶瓷、冶铸等。中国古代科技源于生活，而生活需要各种实用技术。造纸、印刷、纺织、陶瓷、冶铸、建筑等中国人引以为豪的发明创造无不带有鲜明的实用烙印。然而，时代在前行，曾经应用广泛的古代实用技术，今天早已失传或正在消失，需要我们以现代技术手段复原和再现，以今天的科学道理去揭示和阐述。

（一）天文历法

1. 先秦时期

春秋时期，我国留下了世界上公认的首次哈雷彗星的确切记录。《春秋》记载，公元前613年，"有星孛入于北斗"，即指哈雷彗星，这一记录比欧洲早六百多年。春秋时期我国历法已经形成自己固定的系统，基本上确立19年7闰的原则，这比西方早160年。

2. 两汉时期

汉武帝时，天文学家制定出中国第一部较完整的历书《太初历》，开始以正月为岁首。西汉关于太阳黑子的记录，被世界公认为是有关太阳黑子的最早记录。东汉时，张衡从日、月、地球所处的不同位置，对月食做了最早的科学解释。张衡发明制作的地动仪，可以遥测千里以外地震发生的方向，比欧洲早1 700多年。

3. 隋唐时期

唐朝天文学家僧一行制定的《大衍历》比较准确地反映了太阳运行的规律，系统周密，表明中国古代历法体系的成熟。僧一行还是世界上用科学方法实测地球子午线长度的创始人。在实测中他认识到，在小范围有限的空间里得到的认识，不能任意向大范围甚至无际的空间推演，这是我国科学思想史上的一大进步。

4. 宋元时期

北宋科学家沈括的突出贡献在天文学方面，把四季二十四节气和十二个月完全统一起来的"十二气历"更加简便，有利于农事安排。元初设立太史局编制新历法。元朝杰出天文学家郭守敬，提出"历之本在于测验，而测验之器莫先仪表"的正确主张，创制了简仪和高表等近20件天文观测仪器，主持了全国范围的天文测量。郭守敬主持编定的《授时历》，一年的周期与现行公历基本相同，但问世比现行公历早300年。

（二）数学成就

1. 商周时期

中国古代数学对世界文化的贡献，首推十进位值制。商代甲骨文中用一、二、三、四、五、六、七、八、九、十、百、千、万13个数字计数，足见中国远在四五千年以前就已使用了十进位值制。这种计数方法与现行的阿拉伯数字，除符号不同外，没有任何差异。

徐岳在《数术记遗》①记载："黄帝为法，数有十等。"李约瑟②说："西方后来所习见的'印度数字'的背后，位值制早已在中国存在两千年了。"如果没有这种十进位值制，就几乎不可能出现我们现在这个统一化的世界。

2. 两汉时期

《九章算术》约成书于东汉，分九章介绍了许多算术命题及其解法，是当时世界上最先进的应用数学，它的出现标志着中国古代数学形成了完整的体系。

公元1世纪成书的《九章算术》对中国古代数学产生了非常深刻的影响。该书共9章，246个数学问题，记载了当时世界上最先进的分数四则运算和比例算法，对面积和体积的各种算法以及应用勾股定理进行测量，这也是古代世界长期未能圆满解决的问题。书中运用的开平方、开立方和在此基础上求解一元二次方程、联立一次方程的方法，引入的负数概念和正负数的加减运算法则，要比欧洲早1 500多年。

《九章算术》不仅在中国数学史上有重要地位，对世界数学的发展也有很大影响，朝鲜和日本都曾用它作教科书。

3. 南北朝时期

魏晋时期的数学家刘徽，运用极限理论，提出了计算圆周率的正确方法。南朝祖冲之精确地计算出圆周率是在3.141 592 6～3.141 592 7之间，这一成果比外国早近一千年。他的专著《缀术》对数学发展有杰出的贡献。

1)《周髀算经》。中国古代算书中《周髀算经》《九章算术》《孙子算经》《五曹算经》《夏侯阳算经》《孙丘建算经》《海岛算经》《五经算术》《缀术》《缉古算机》等10部算书，被称为"算经十书"。其中阐明"盖天说"的《周髀算经》，被人们认为是流传下来的中国最古老的既谈天体又谈数学的天文历算著作。它大约产生于公元前2世纪，但它所包含的史料，却有比这更早的。其中提到的大禹治水时所应用的数学知识，成为现存文献中最早提到使用勾股定理的例子。

2) 勾股定理。现在流传的《周髀算经》，都不是原来的著作，都经后人修改和补充过。《周髀算经》的本文，是周公与商高的问答部分；接下去的荣方与陈子问答部分，是《周髀算经》的续文。据《周髀算经》记载："故折矩以为句广三，股四，径隅五。既方其外，半之一矩，环而共盘，得三、四、五。两矩共长二十有五，是谓积矩。故禹之所以治天下者，此数之所由生也。"这段话的意思是：将矩的两直角边加以折算成一定的比例，短直角边长（句）3，长直角边长（股）4，弦就等于5，得成3、4、5。句（即勾）、股平方之和为25，这称为积矩。大禹所用的治天下（指治水）的方法，就是从这些数学知识发展出来的。在世界数学史上，一般把勾股定理归功于公元前5世纪左右发现它的古希腊数学家毕达哥拉斯，因为他提出了定理的一般形式的叙述和证明，我国则稍晚。但实际上，商高关于勾股定理的认识，要比毕达哥拉斯早得多。《周髀算经》成书于公元前2世纪左右，所记载的周公与商高问答的事是在公元前11世纪左右。这个事实证明我国古代数学家独立地发现并应用了勾股定理的一般情形，要比外国早得多。

---

① 《数术记遗》是东汉时期徐岳编撰的一本数学专著，内有中国特色的十四种算法，但流传至今的只有珠算一种。书中还有关于数级和最大数的记载。

② 李约瑟（Joseph Terence Montgomery Needham，1900年12月9日—1995年3月24日），英国近代生物化学家、科学技术史专家，其所著《中国的科学与文明》（即《中国科学技术史》）对现代中西文化交流影响深远。

3）测量太阳高度。陈子是周代的天文算学家，荣方是当时天文算学的爱好者。在陈子教给荣方的各种数据计算的具体方法中，我们可以发现在二千六七百年前，我国对勾股定理的应用已达到十分熟练的程度。陈子测量太阳高度的方法可叙述为：当夏至太阳直射北回归线时，在北方立一8尺高的标竿，观其影长为6尺。然后，测量者向南移动标竿，每移动1 000里，标竿的影长就减少1寸。据此可设想，当标竿的日影减少六尺，则标竿就向南移动了60 000里，而此时标竿恰在太阳的正下方。据勾股定理和相似形原理可算得：测量者与太阳的距离为10万里。据记载，古希腊第一个自然哲学家泰勒斯也曾利用日影测出金字塔的高。他的方法是由一根立竿的影长和同时测得的金字塔的影长算出了金字塔的高度。泰勒斯被称为西方的"测量之祖"。泰勒斯的这一工作与陈子的工作大致在相同的时期，然而陈子的方法要比泰勒斯的方法水平高得多，泰勒斯只利用到相似三角形的知识，而陈子除了能利用相似三角形的性质外，还能熟练地运用勾股定理。

（三）物理学成就

战国时期，物理学有较大成就。《墨经》中有大量的物理学知识，其中包括杠杆原理和浮力理论的叙述，还有声学和光学的记载。关于光影关系、小孔成像等，写得很系统，被现代科学家称为"《墨经》光学八条"。

（四）医药学成就

1. 先秦时期

扁鹊是战国时期最著名的医生，后代把他奉为"脉学之宗"，他采用望、闻、问、切四诊法，从脉象中诊断病情。切脉是扁鹊的主要成就。四诊法成为我国中医的传统诊病法，两千多年来一直为中医所沿用。

2. 两汉时期

战国问世、西汉编定的《黄帝内经》是我国现存较早的重要医学文献。它奠定了祖国医学的理论基础。东汉的《神农本草经》是中国第一部完整的药物学著作。东汉末年的名医华佗，擅长外科手术，被人誉为"神医"，发明的麻沸散，比西方早1 600多年。东汉末年的名医张仲景，被称为"医圣"，其代表作《伤寒杂病论》是后世中医的重要经典。

3. 隋唐时期

唐朝杰出的医学家孙思邈的《千金方》，全面总结历代和当时的医药学成果，并有许多创见，在我国医药学历史上占有重要地位。吐蕃名医元丹贡布编著的《四部医典》，在国内外有重要影响。唐高宗时期编修的《唐本草》，是世界上最早的、由国家颁行的药典。

4. 明清时期

明朝李时珍著《本草纲目》，记载药物一千八百多种，方剂一万多个，全面总结了16世纪以前的中国医药学，被誉为"东方医药巨典"。李时珍重视实地考察和试验观察，注意运用比较方法，所以他对药物的认识和总结具有较高的科学价值。《本草纲目》对药物的分类反映了由低级到高级的生物进化观。李时珍还提出"鸟产于林，故羽似叶"的观点，反映了他在动物适应环境、相关变异以及遗传特征等方面的新认识。

（五）地理学成就

1. 南北朝时期

西晋时期，裴秀是中国古代杰出的地图学家，绘制出了《禹贡地域图》，还提出了绘制地图的原则。北魏时期,地理学家郦道元的《水经注》,通过为古书《水经》作注,以《水经》为纲,全面而系统地介绍了水道流经地区的自然地理和经济地理等诸方面的内容,是一部历史、地理、文学价值都很高的综合性地理著作。

2. 明清时期

明朝徐霞客的《徐霞客游记》,对石灰岩溶蚀地貌的观察和记述,早于欧洲约两个世纪。还记录了一些地理发现,纠正了前代地理学著作中的一些错误。

(六) 建筑学成就

1. 先秦时期

夏、商、西周的都城是全国政治、交通中心,都城有城门供居民出入,城内有整齐宽广的街道。

2. 隋唐时期

隋唐是中国古代建筑的成熟时期,取得了辉煌成就。隋朝著名建筑师宇文恺主持修建了大兴城,唐朝在此基础上扩建为长安城。长安城整体设计合理,建筑规模宏大,体现了当时城市建筑的高超技术。宇文恺采用图纸和模型结合的设计方法,是我国建筑技术上的一大突破。隋朝工匠李春设计建造的赵州桥,是世界上最早的敞肩石拱桥,在世界桥梁史上占有重要地位。

3. 宋元时期

北宋末年李诫编写的《营造法式》,是我国建筑史上的杰出著作。辽代河北蓟县(今为天津市蓟州区)独乐寺、山西应县木塔,是我国著名的古代木结构建筑。金代的卢沟桥闻名中外。元大都建筑宏伟,城内有完整的排水系统。

4. 明清时期

明成祖令人在元大都的基础上营建北京城,约八十万能工巧匠中,最有名的是木工蒯祥,被誉为"蒯鲁班"。北京城有三重,宫城外有皇城,皇城外有京城。宫城又称紫禁城。北京城的主体建筑都布置在中轴线上,中央官署集中在京城南部,钟楼、鼓楼位于城北。宫城的黄色琉璃瓦和红墙相配,充分体现出封建皇帝的威严。

(七) 著作成就

1. 农学专著

北朝时期,贾思勰的《齐民要术》系统地总结了6世纪以前黄河中下游地区农牧业生产经验、食品的加工与贮藏、野生植物的利用等,是中国现存最早最完整的农书。明朝时期,徐光启的《农政全书》综合介绍了我国传统农学成就,建立了一个比较完整的农学体系。书中还引入了《泰西水法》,介绍了欧洲先进的水利技术和工具。全书60卷,分12门,其中"救荒"一门占全书三分之一,表明作者关心民间疾苦,也说明当时灾荒的严重和政局的衰败。

2. 手工业专著

战国时期,出现了手工业专著《考工记》。记述了齐国官营手工业各个工种的设计规范和制造工艺,不但在我国工程记述发展史上有重要地位,在当时世界上也是独一无二的。

3. 科技论著

北宋科学家沈括的《梦溪笔谈》总结了我国古代主要是北宋时期的许多科技成就,在我国和世界科技史上有重要地位。英国学者李约瑟称沈括是"中国科技史上最卓越的人物",《梦溪笔谈》是"中国科学史的里程碑"。

4. 生产技术综合著作

明代宋应星的《天工开物》总结了明代农业、手工业的生产技术。书中还收录了一些国外传来的技术,这表明海外技术的不断传入已成为人们不可缺少的知识。国外称它为"中国17世纪的工艺百科全书"。

中国古代科技发展的特点:①中国古代科技具有很强的实用性,服务于生产和巩固统治的需要。②中国古代科技著作大多是对生产经验的直接记载或对自然现象的直观描述,具有较强的经验性。③古代科学理论的技术化倾向严重,而这些技术又不具有开放性,没有转化为普遍的生产力。总之,中国古代科技对世界造成了重大影响,为世界科学技术做出了重大贡献。

二、中国古代四大发明

我国古代四大发明是指中国古代对世界具有很大影响的四种发明,是古代中华民族劳动人民的重要创造,一般是指造纸术、印刷术、火药和指南针。此一说法最早由英国汉学家李约瑟提出并为后来许多中国的历史学家所继承,普遍认为这四种发明对中国古代的政治、经济、文化的发展产生了巨大的推动作用,且这些发明经由各种途径传至西方,对世界文明发展史也产生了很大的影响。

中国古代的四大发明在欧洲近代文明产生之前陆续传入西方,对西方科技发展产生了一定影响。印刷术的出现改变了只有僧侣才能读书和受高等教育的状况,便利了文化的传播;火药和火器的采用摧毁了欧洲中世纪天主教的思想枷锁;指南针传到欧洲航海家的手里,使他们有可能发现美洲和实现环球航行,为西方奠定了世界贸易和工场手工业发展的基础。

中国古代四大发明,在人类科学文化史上留下了灿烂的一页。这些伟大的发明曾经影响并造福于全世界,推动了人类历史的前进。

(一)造纸术

造纸术是中国古代四大发明之一,是人类文明史上的一项杰出的发明创造。中国是世界上最早养蚕织丝的国家。汉族劳动人民以上等蚕茧抽丝织绸,剩下的恶茧、病茧等则用漂絮法制取丝绵。漂絮完毕,篾席上会遗留一些残絮。当漂絮的次数多了,篾席上的残絮便积成一层纤维薄片,经晾干之后剥离下来,可用于书写。这种漂絮的副产物数量不多,在古书上称它为赫蹏或方絮。这表明了中国汉族造纸术的起源同丝絮有着渊源关系。

人们都知道蔡伦造纸,实际上,在西汉时期我们的先民就已经发明了纸。1986年,甘肃天水放马滩出土的汉景帝时的纸,是迄今所知最早的纸。到东汉时,蔡伦在总结前人经验的基础上,改进了造纸术,他用树皮、麻头、破布和旧渔网等材料制成植物纤维纸。其中树皮纸就是他的发明。蔡伦曾被封为"龙亭侯",所以人们把他创造的纸叫作"蔡侯纸"。到了两晋时期,人们利用纸写字,由此产生了书法艺术,同时也用纸作画。后来造纸技术提高,一些特殊的纸张诞生了,如始于唐代的宣纸,对中国书法、绘画产生了深远影响。

从 6 世纪开始，造纸术逐渐传往朝鲜、日本，以后又经阿拉伯、埃及、西班牙传到欧洲的希腊、意大利等地。1150 年，西班牙开始造纸，建立了欧洲第一家造纸厂。此后，法国、意大利、德国、英国、荷兰、美国都先后建厂造纸。到 16 世纪，纸张已流行于欧洲。中世纪的欧洲，据说抄一本《圣经》要用 300 多张羊皮，文化信息的传播因材料的限制，范围极其狭小，纸的发明为当时欧洲蓬勃发展的教育、政治、商业等方面的活动提供了极为有利的条件。

（二）印刷术

中国的印刷术经过雕版印刷和活字印刷两个发展阶段。晋人借鉴印章和石刻经验发明了墨拓技术。唐代在墨拓基础上发明了雕版印刷术。唐代留下的《金刚经》（868 年），精美清晰，是世界上最早的标有确切日期的雕版印刷品。雕版印刷对文化的传播起了重大作用，但是也存在明显的不足：一是刻版费时费工费料，刻一部书需要很长时间和很多木料；二是雕版中如有错字错句，更改也很困难。11 世纪初，宋代的毕昇发明了活字印刷术，使印刷术得到普遍推广。活字制版避免了雕版的不足，只要事先准备好足够的单个活字，就可随时拼版，大大地加快了制版时间。活字版印完后，可以拆版，活字可重复使用，且活字比雕版占的空间小，容易存储和保管。这样，活字的优越性就表现出来了。毕昇发明的活字印刷术比欧洲的活字印刷术早 4 个多世纪，东传朝鲜、日本，西传埃及、欧洲。印刷术的发明，对人类文化的传播和保存，是一个重大贡献。

中国的雕版印刷大约在 14 世纪以后从伊朗传到欧洲，欧洲现存最早的有确切日期的雕版印刷品是《圣克利斯托菲尔》画像（1423 年），中国的活字印刷术大约 15 世纪传到欧洲，德国人受中国活字印刷术的影响，创制了欧洲拼音文字的活字，用来印刷书籍。

印刷术传到欧洲后，改变了原来只有僧侣才能读书和接受较高教育的状况，为欧洲的科学从中世纪漫长黑夜之后突飞猛进发展以及文艺复兴运动的出现提供了一个重要的物质条件。

（三）火药

中国古代发明的火药，是人们长期炼丹、制药实践的结果。炼丹术起源很早，《战国策》中已有方士向荆王献不死之药的记载。炼丹术中很重要的一种方法就是"火法炼丹"。唐代的炼丹者已经掌握了一个很重要的经验，就是硫黄、硝石、木炭三种物质可以构成一种极易燃烧的药，这种药被称为"着火的药"，即火药。火药不能解决长生不老的问题，又容易着火，炼丹家对它并不感兴趣。火药的配方由炼丹家转到军事家手里，就成为中国古代四大发明之一的火药。《西法神机》中记载了火药制作技艺，中国在唐朝时期就已发明火药，并最早用于军事。宋朝时火器普遍用于战争。蒙古人从与宋、金作战中学会了制造火药、火器的方法，阿拉伯人从与蒙古人作战中学会了制造火器。欧洲人大约于 13 世纪后期从阿拉伯人的书籍中获得了火药知识；到 14 世纪前期，又从对伊斯兰教国家的战争中学到了制造火药、使用火器的方法。火器在欧洲城市市民反对君主专制中发挥了巨大作用。

恩格斯指出："火器一开始就是城市和以城市为依靠的新兴君主政体反对封建贵族的武器。以前一直攻不破的贵族城堡的石墙抵不住市民的大炮；市民的弹射穿了骑士的盔甲，贵族的统治跟身披铠甲的贵族骑兵队同归于尽了。"①

（四）指南针

指南针又称指北针，主要组成部分是一根装在轴上的磁针，磁针在天然磁场的作用下可以自由转动并保持在磁子午线的切线方向上，磁针的北极指向地理的北极，利用这一性能可以辨别方向。我们的古人最早发现磁石及其吸铁性，进而发现了磁石的指极性，于是把天然磁铁加工成勺形，叫作"司南"。这大约出现于两千多年前的战国时期，最早记载见于《韩非子·有度》。在应用"司南"的基础上，人们发现用磁石沿一个方向多次摩擦过的钢针等物也有指南特性，于是发明了指南针。宋初还出现过"指南鱼"，是浮在水面上的一种指南器具。

早在战国时代，中国就已经根据磁石指示南北的特性制成了"司南"，这是世界上最早的指南仪器。北宋时期，人们发明了用人工磁化铁针的方法，制成指南针，并开始应用于航海。南宋时，指南针普遍应用于航海，同时传到了阿拉伯。

13世纪初指南针传入欧洲。指南针在航海上的应用，使得以后哥伦布发现美洲新大陆的航行和麦哲伦的环球航行成为可能。这大大加速了世界经济发展的进程，为资本主义的发展提供了必不可少的前提。指南针的影响是多方面的，例如指南针用于地形的测量，使地图的绘制变得简单，完整详细的地图得以面世。

三、中医中药

中医药学是中华文明的优秀代表。在数千年的医药活动中，中医药学形成了道法自然的生命观、形神兼备的健康观、整体平衡的思维观、辨证施治的诊疗观和大医精诚的道德观等核心价值观念。长期以来，历代中医药人遵循着共同的经典和理论，信守着相同的规则和思想，在医学实践的推动下，形成了中医药学一脉相承的思维方式和价值观，构建了以人为本、整体观念和辨证施治的中医药框架体系。

这种价值体系体现了中医药文化最具特色的内涵。正是由于这种源于中国传统文化的价值观，中医药学才具有强大的生命力，为中华民族的繁荣昌盛做出了贡献。数千年来中医药学薪火相传，历久不息，并不断发展，逐渐向海外传播。传统医学的治疗理念正逐渐为世界接受，传统医药受到国际社会越来越多的关注，世界范围内对中药学的需要日益增长，这为中药学的发展提供了广阔的空间。

（一）整体平衡

中医学认为，人体是一个有机整体，反对头疼医头，脚疼医脚，而是要根据全身的情况进行综合考察，针对不同的情况来辨证施治。中医还认为，组成人体的所有脏腑经络形体组织，既是有机联系的，又都可以根据其所在部位和功能特点划分为相互对立的阴阳两部分。故《黄帝内经·素问》说："人生有形，不离阴阳。"人体的正常生命活动，是阴阳两个方面保持着对立统一的协调关系，处于动态平衡的结果。疾病的发生标志着这种协调

---

① 本句选自恩格斯的著作《反杜林论》，该著作总结了马克思主义诞生后无产阶级革命的经验和自然科学发展的成就，第一次全面系统地阐述了马克思主义的三个组成部分，是一部马克思主义的百科全书。

平衡的破坏，故阴阳失调是疾病的基本病理之一。阴阳失调的主要表现形式是阴阳的偏盛和偏衰。由于疾病发生、发展、变化的内在原因在于阴阳失调，故而中医学从"天人相应"的观点出发，认为人是自然界整体中的一部分，疾病与人自身的精神状态、生活状态、外部环境以及气候变化有密切关系，必须从环境、动静、饮食和心理四个方面来做好体内阴阳气血的平衡。

1. 环境平衡

《黄帝内经》曰："处天地之和，从八风之理。"这就是说人类要安然平和地生活在大自然天地之间，必须要顺应自然界季节、气候、风雨、云雾等变化规律来安排自己的生活起居、饮食休息，以及劳作锻炼等方方面面的活动，这就如同"寒加衣服饿进食"一样，是不可忽视的生活规律，必须遵守照办。

2. 动静平衡

《黄帝内经》曰："形劳而不倦。"这就是说，人要参加劳动和运动，但需要根据每个人的个体情况掌握好一个"度"。这是一个科学的因人而异的辩证的论点，因为参加劳动或运动既可以运动筋骨、强身健体，但过分而无限制的劳动和超量的运动，都会导致透支体力、形成病痛、有损健康、得不偿失。所以要做到劳逸结合，也就是中医所说的"动静平衡"，才有益健康。

3. 饮食平衡

《黄帝内经》曰："是故谨和五味，骨正筋柔，气血以流，腠理以密，如是则骨气以精。谨道如法，长有天命。"就是说：饮食要有规律，要"因人而宜""因时而宜""因病而宜"地根据不同人、不同时段、不同情况适当调节进食而且要做到五味调和、不可偏食，使人气血流畅、营卫固守、健康快乐地过好每一天。若能一直遵守这些饮食营养的保健养生法，就有望益寿延年。

4. 心理平衡

《黄帝内经》曰："虚邪贼风，避之有时，恬淡虚无，真气从之，精神内守，病从安来。"这就是说：当出现违反时令季节规律的反常气候时，必须及时回避。而在思想、情绪上，要保持恬淡虚无、不妄想、不贪欲、不攀比、不羡慕。这就提示人们，除了预防外因致病之外，也应预防内因致病。维护好心理健康，也是重要的养生法则。

（二）经络和针灸

经络是经脉和络脉的总称。经，有路径的含义，经脉深层贯通上下，沟通内外，是经络系统纵行的主干；络，有网络的含义，络脉是经脉别出的分支，细小而纵横交错，遍及全身。它是运行全身气血、联络脏腑肢体、沟通内外上下、调整人体各部功能的通路。《黄帝内经》说："经脉者，所以能决死生、处百病、调虚实，不得不通。"如果把我们的身体比作一座城市，经络就是城市中相互贯通的交通干道，主干道是经，次干道是络。畅通无阻的城市需要这些主次干道各自分工又密切合作，一旦有哪条干道堵塞不通，整座城市就会陷入交通瘫痪。同样，人体的经络不通了，气血就不能顺利地运送到相关脏腑和四肢，人体就病了。经络的主要内容有：十二经脉、十二经别、奇经八脉、十五络脉、十二筋、十二皮部等。其中属于经脉方面的，以十二经脉为主，属于络脉方面的，以十五络脉为主。它们纵横交贯，遍布全身，将人体内外、脏腑、肢节联成一个有机的整体。

针灸是一种中国特有的治疗疾病的手段，它是一种"内病外治"的医术。针灸是针刺和艾灸两种疗法的合称，起源于原始社会和石器时代。针刺是用金属制成的针刺入人体一定的穴位，运用手法，以调整营卫气血；灸法是用艾绒搓成艾条或艾炷，点燃以温灼穴位的皮肤表面，达到温通经脉、调和气血的目的。

经络学说是针灸处方的基础，熟悉经络循行和交接规律，对辨经络、选穴定方非常重要。病人让针灸医生治病，经常听到这样一句话：针灸疗法最基本的治疗原理是"行气血，通经络"。正常生理情况下，经络有运行气血、感应传导的作用，而在发生病变的情况下，经络就成为传递病邪和反映病变的途径。每一条经络都有自己固定的循环路线，又和五脏六腑有着直接或间接的联系，在病理状态下经络又可以反映与之相联系的脏腑的病症。所以在临床上，针灸医生就能根据疾病症状出现的部位，结合经络循行的部位及所联系的脏腑，做出疾病诊断。在治疗上，是在体表有关穴位进行针刺或艾灸，起到激发经气、疏通经络、调节气血、扶正祛邪、调整阴阳平衡之作用，从而恢复人体脏腑和组织器官的正常功能，使疾病得以祛除，健康得以恢复。

针灸是在中国历代特定的自然与社会环境中生长起来的科学文化知识，蕴含着中华民族特有的精神、思维和文化精华，涵纳着大量的实践观察、知识体系和技术技艺，凝聚着中华民族强大的生命力与创造力，是中华民族智慧的结晶，也是全人类文明的瑰宝，应该得到更好的保护与利用。

（三）《神农本草经》与《本草纲目》

中国现存最早的中草药学著作《神农本草经》，于东汉时期集结整理成书。全书载植物药 252 种、动物药 67 种、矿物药 46 种，文字简练古朴，为中药理论精髓，后世本草著作莫不以此为宗。在中国古代，大部分药物是植物药，所以"本草"成了它们的代名词，这部书也以"本草经"命名。

《神农本草经》依循《黄帝内经》提出的君、臣、佐、使的组方原则，也将药物以朝中的君臣地位为例，来表明其主次关系和配伍的法则。《神农本草经》对药物性味有详尽的描述，指出了药物的寒热温凉四气和酸、苦、甘、辛、咸五味等基本性情。可针对疾病的寒、热、湿、燥性质的不同选择用药，寒病选热药，热病选寒药，湿病选温燥之品、燥病选凉润之品。要求对药物的归经、走势、升降、浮沉都很了解，才能选药组方，配伍用药。

中国历史上另一部伟大的药学著作就是明代李时珍编写的《本草纲目》。李时珍是明朝伟大的医学家和药物学家。他一面行医，一面研究药物。在实践中，他发现旧有的药物书不但内容少，有的还记错了药性和药效，决心重新编写一部药物书——《本草纲目》。为了写好这部书，李时珍不但在治病的时候注意积累经验，还走遍了产药材的名山。白天，他爬青山，攀峻岭，采集草药，制作标本；晚上，他对标本进行分类，整理笔记。几年里，他走了上万里路，访问了千百个医生、老农、渔民和猎人，对好多药材他都亲口品尝，判断药性和药效。就这样，他历尽了千辛万苦，积累了大量的医药资料。

李时珍从 30 多岁动笔，到 54 岁才把《本草纲目》初稿写出来。以后又连续修改了三次，到了 61 岁，这部 190 多万字的大书才全部写完。

《本草纲目》全书 52 卷，收录了药物 1 892 种，分为 16 部、60 类，其中有 374 种是过去没有记载的新药物。该书对每一种药物的名称、性能、用途和制作方法都做了详细说明。书中还附有 1 100 余剂药方，1 160 幅药物形态图。

《本草纲目》于17世纪初传入日本和朝鲜以后又陆续被翻译成拉丁文、法文、俄文、德文、英文等多种文字,流传到世界各地,成为全世界人民的宝贵财富。直到现在,《本草纲目》仍是世界医学的一部重要文献,也是我国人民对世界医学发展做出的伟大贡献。

延伸拓展

请扫描二维码了解中药店为何称"堂"。

知识测试

一、填空题

1. 中国古代最有代表意义的科学技术成就就是_____。
2. _____是世界上最早发明纸的国家。
3. _____之际,我国发明了雕版印刷术。
4. 11世纪中叶,北宋平民_____发明了胶泥活字印刷术。
5. 火药最早由我国古代_____炼丹家炼制丹药时发明。
6. 乘法口诀是_____时期发明的。
7. 世界上最早的指南仪器是我国战国时期发明的_____。
8. 指南针是_____时传到欧洲的,对欧洲航海家探索新航路提供了重要条件。
9. 明朝李时珍的_____,是对16世纪以前中药学的系统总结,被称为"东方药典"。
10. 唐朝的孙思邈集前代医学之成,写成_____,人民尊称他为"药王"。

二、选择题

1. 中国古代技术著名文献《九章算术》的编纂者认为:"掌握数学知识的人应该满足于能够解答生活实践中提出的应用问题,数学的理论虽属可知,但很难全部搞清楚,学者应该有适可而止的态度。"这说明中国古代技术的主要特点是(　　)。

　　A. 注重实验　　B. 理论探究　　C. 适可而止　　D. 注重实用

2. (多选)英国著名学者培根曾经指出,中国发明的三种东西改变了整个世界事物面貌和状态:第一种在文化方面,第二种在战争上,第三种在航海上。这里所说发明的三种东西是指(　　)。

　　A. 造纸术　　B. 指南针　　C. 黑火药　　D. 印刷术

3. 马克思说:"火药、罗盘针、印刷术——这是预兆资产阶级社会到来的三项伟大发明。"这句话反映出（　　）。
   A. 中国古代文明孕育了西方文明
   B. 西方资产阶级将利用这些发明进行侵略扩张
   C. 在特定条件下科技发明对历史发展产生重大影响
   D. 三项发明蕴含资本主义发展因素

4. 下列四大发明有一项属于汉代的是（　　）。
   A. 印刷术　　　　B. 造纸术　　　　C. 指南针　　　　D. 火药

5. 在中国古代四大发明向西方传播的过程中，做出贡献最大的是（　　）。
   A. 日本"遣唐使"　B. 意大利的传教士　C. 阿拉伯人　　D. 中国的航海家

6. 中国古代四大发明中，影响最为久远，对文明发展和社会进步的积极作用最为显著的是（　　）。
   A. 印刷术　　　　B. 造纸术　　　　C. 指南针　　　　D. 火药

7. 下列有关指南针发明的顺序正确的是（　　）。
   A. 司南→指南鱼→指南针　　　　B. 指南鱼→司南→指南针
   C. 指南针→司南→指南鱼　　　　D. 司南→指南针→指南鱼

8. 迄今所知世界上最早的有明确刊印日期的印刷品是（　　）。
   A.《金刚经》　B.《旌德县志》　C.《古今图书集成》D.《武经总要》

9. 受中国活字印刷术影响，最早制成金属活字并用于印刷书籍的欧洲国家是（　　）。
   A. 英国　　　　B. 法国　　　　C. 意大利　　　　D. 德国

三、判断题

1. 中国古代只有技术发明，没有科学存在。（　　）
2. "天行有常，不为尧存，不为桀亡。应之以治则吉，应之以乱则凶"这句话的意思是人可以征服自然，人定胜天。（　　）
3. 活字技术出台的先后顺序是泥活字、木活字、铜活字。（　　）
4. 发明了"蔡侯纸"的蔡侯是蔡伦。（　　）
5. 在《抱朴子》中已经提到"火药"名称。（　　）

课程实践

材料一　其守城之具有火炮名"震天雷"者，铁罐盛药，以火点之，炮起火发，其声如雷，闻百里外，所围半亩之上，火点著甲铁皆透。

——《金史》

材料二　海商之舰，大小不等，大者五千料，可载五六百人；中等二千料至一千料，亦可载二三百人；余者谓之"钻风"，大小八橹或六橹，每舰可载百余人，风雨晦冥时，惟凭针盘而行。

——南宋《梦粱录》卷十二《江海船舰》

请回答：

（1）材料一反映了什么史实？

（2）材料二反映了什么史实？

（3）据材料一、二回答这一时期我国的另一项重大发明是什么？

（4）材料一、二中的发明对欧洲产生了哪些影响？

课后提升

中央电视台纪录片频道联合大英博物馆和V&A博物馆，共同制作了纪录片《china·瓷》。本片从一次展览出发，讲述中国外销瓷，特别是明清之际与整个世界接触与相互影响的故事。探讨瓷器在世界历史中扮演的角色，西方世界如何将中国瓷纳入自身的社会生活、艺术、宗教、政治和经济之中。本片共分上、下两集。特别是上集，通过深入挖掘景德镇产青花瓷所蕴含的历史文化信息，以国际化视角，展示了瓷器对于东西方文化交融与经济往来所起到的重要作用。

下编 应用文写作

第八章 应用文写作绪论

第一节 应用文概述

任务目标

【知识目标】
　　了解应用文的性质、特点、作用与种类等基础知识。
【能力目标】
　　能区别应用文写作与文学创作的区别，掌握应用文写作的基本学习方法，培养学生扎实的文书写作能力。
【素质目标】
　　培养学生文书写作的规范意识，加强自身的思想修养和能力修养，提高学习应用文写作的自觉性。

任务设计

　　国务院发通知公布2020年节假日放假调休安排。假如由你代笔撰写，应该如何写这份文书？

应用导航

一、应用文的概念

　　写作可分为文学写作和实用写作两大类。文学写作是指语言艺术中的诗歌、散文、小说、剧本等文学作品的创作。实用写作，又称为应用写作，是指机关、团体和个人在处理公务和日常生活、交往中产生的社会性认识和书写实践活动。文学写作的对象叫文学作品，而实用写作的对象称为应用文。应用文是与文学作品相对而言的。应用文是指国家机关、企事业单位、社会团体、人民群众在日常生活、学习、工作中处理公私事务所使用的具有直接应用价值和惯用格式的文章，包括公务文书与私务文书两类。公务文书即公文，是指党政机关、企事业单位以及群众团体在公务活动中使用形成的具有特定格式的文字材料。私务文书泛指公务文书以外的一切私务文书的总称。不论是在学校还是步入社会后，人们在工作交往中，随时随地都会用到应用文。因此，学习掌握应用文的写作方法与技巧，就成为一种极其重要的不可或缺的基本技能。

二、应用文的特点

与文学写作相比，应用文具有以下特点：

1）实用性。应用文体与文学写作的最大区别，就在于它有明确的实用性。文学写作能给读者以审美享受，有认识生活、陶冶情操的功能，但很难立即解决现实生活中的实际问题。应用写作目的重在应用，为了解决实际问题，具有很明确的实用性。

2）真实性。文学写作可以虚构，可以进行艺术加工，所写的人与事，不可能与生活中的原型一模一样，而是更富典型性、更具概括力，这样才能反映生活的本质。但应用文则不同，应用文中所涉及的人与事必须真实，包括情节、数字、细节，绝不允许有虚构和夸张，否则，就不能达到解决现实生活中实际问题的目的，还会给工作造成很大损失。

3）规范性。文学作品讲究独创性，力图摆脱模式的束缚，以适应不同读者的审美需要。而应用文为了达到实用目的，则要求按照一定的规范去写作，这样，作者写起来简便快捷，读者看起来一目了然，便于迅速做出判断和反应。可见，规范性是实用性在形式上的体现。

4）简明性。文学作品视题材和表达主题的需要进行裁剪，其语言表达可用大量的修辞和华丽的词藻，文章尽量优美、抒情，生动形象反映所要表达的主题思想。而应用文重实用、讲实效，不浮夸、不冗长，不用大量词语修饰，不论叙述、说明还是议论，都要求朴实无华、干脆利落，不拖泥带水。应用文写作语言尽量简洁、明确。

5）时效性。文学作品除了有特定需要，否则一般不特别强调时效性。而应用文是针对现实生活中的具体事务工作，为了解决实际问题而写的。因此，应用文写作就十分讲究时效，要在一定的时间内完成，不能拖拉，否则会贻误时机，影响事务的处理，给工作造成重大的损失。

三、应用文的功能

1）指挥管理作用。应用文是国家机关、企事业单位、社会团体用来实施管理或处理事务、规范和指导人们行为的重要工具之一。应用文是上下级联系的纽带，党政机关、企事业团体通过上下级之间的上情下达、下情上报对具体工作实施有效的领导管理。

2）联系协调作用。应用文是加强上下左右联系的纽带，也是与各部门往来联系的有效工具。应用文既有信息的告知作用，又有信息的交流作用。

3）宣传教育作用。应用文是进行对外宣传与思想教育的工具。如公文的发布可以使下级机关及时了解党和国家的方针政策，了解上级机关新的奋斗目标和新的工作举措，可以宣传机关单位工作中的新典型、新经验，以供有关方面学习、借鉴，最终达到统一思想、提高认识、掌握政策、协调行动的宣传教育效果。

4）凭证依据作用。在社会生活中，应用文也是处理工作，解决问题的依据和凭证。上级发布的文件是下级机关开展工作的依据，下级上报的文件是上级决策的依据，平级或不相隶属单位、部门相互往来的文件是他们之间商洽工作、交流情况的依据，契约凭证是日常生活、社会活动中财务借还、享受权利、履行义务的凭证依据。

四、应用文的种类

应用文书的种类繁多。由于标准不同，它的分类也不尽相同。据功能性质不同，可分为公务文书和私务文书两大类。公务文书是指行政机关、企事业单位用来处理公务的文书，主要包括党政公文、事务文书等一切私人文书以外的文书，狭义的公文仅指党政公文。私务文书主要是指个人或集体用来处理私事的文书，如自传、大事记、日记、书信等用于满足私人化交流需要的文书。根据使用范围和内容性质的不同，可分为政治文书（包括党政公文、事务文书和司法文书）、经济文书（包括财经文书和商贸文书）和文化文书（包括科技文书、传播文书和礼仪文书）三大类。

五、应用文的学习方法

写好应用文并不容易，拥有基本的应用写作能力，应从以下几方面努力：

1）要加强思想理论修养。应用文写作涉及国家政治理论、政策法规，同时离不开行政管理学、秘书学、社会学、心理学、语言学等学科知识，因此，学好应用文必须具备一定的政策理论水平，熟悉党和国家的方针政策，同时要不断提升法律、经济、管理等经济社会中的专门性知识修养，才能满足社会常用应用文写作的知识要求。

2）要提高逻辑思维能力。应用文的社会功能是表达思想、传递信息、交流感情，这些功能的实现往往需要通过概念、判断、推理等逻辑思维来实现。因此，学好应用文还必须要强化逻辑思维能力，学会对现实生活进行归纳、演绎、分析、综合，学会判断事物的性质，善于把握事物的规律。

3）要加强范文学习阅读。应用文写作的学习需要经历模仿、熟悉、自如三个阶段。阅读例文、模仿范文写作是第一步；熟悉应用文的格式，领悟各类文种的写作思路是第二步；反复练习，最终达到写作自如是第三步。对范文的分析和模仿是学习应用文写作的重要途径，多看多研究应用文范例可以使人们从中领悟具体的写作规律，可以帮助人们拓展思路、掌握技法。

4）要加强实践训练。"百闻不如一见，百见不如一练"。学好应用文不能靠单纯的"听课"和"阅读"，"听课""阅读"只是解决了理论认识的问题，要将应用文写作知识转化为写作能力，主要还是靠有目的、有计划的写作训练。因此，结合社会实际锻炼应用写作能力至关重要。

范文博览

国务院办公厅关于2020年部分节假日安排的通知

国办发明电〔2019〕16号

各省、自治区、直辖市人民政府，国务院各部委、各直属机构：

经国务院批准，现将2020年元旦、春节、清明节、劳动节、端午节、国庆节和中秋节放假调休日期的具体安排通知如下：

一、元旦：2020年1月1日放假，共1天。

二、春节：1月24日至30日放假调休，共7天。1月19日（星期日）、2月1日（星期六）上班。

三、清明节：4月4日至6日放假调休，共3天。

四、劳动节：5月1日至5日放假调休，共5天。4月26日（星期日）、5月9日（星期六）上班。

五、端午节：6月25日至27日放假调休，共3天。6月28日（星期日）上班。

六、国庆节、中秋节：10月1日至8日放假调休，共8天。9月27日（星期日）、10月10日（星期六）上班。

节假日期间，各地区、各部门要妥善安排好值班和安全、保卫等工作，遇有重大突发事件，要按规定及时报告并妥善处置，确保人民群众祥和平安度过节日假期。

国务院办公厅
2019年11月21日

评析：这是一份公布全国节假日的事项性通知，是电报公文。主送机关由主到次排列，开头部分用简明的文字说明发文缘由和目的，按节日顺序列明事项。结尾提出要求事项，简洁明了。

第二节　应用文基本要素

任务目标

【知识目标】

了解应用文写作有关主旨、材料、结构与语言等的性质特点与写作要求。

【能力目标】

学会安排与运用应用文的主旨、材料、结构与语言，能用正确的材料表达主旨，掌握应用文的结构，做到语言表达得体。

【素质目标】

培养良好的积累素材和逻辑思维的习惯，增强对应用文体的语感。

任务设计

××，待业青年，××××年高中毕业后一直在家自学无线电维修知识，曾自费到夜校就读无线电修理技术并以优异成绩结业，掌握了修理国产和进口电视机、收录机、录音机多门技术。现拟申请开办个体户无线电维修部，请您代笔为其向工商局管理部门写一份开业申请书。

应用导航

一、应用文的主旨

（一）主旨的含义

主旨，亦称主题、题旨、立意等。具体地说，主旨就是贯穿于一篇应用文中的核心思想或主要意图，是通过材料所表现出来的基本思想或主要观点。不同的文体对主题有不同称法。在记叙类文章中称为主题、中心思想或主题思想，在议论文中称为中心论点或基本观点，而在应用文中则叫作主旨，它往往是对某项工作提出的原则或实施的方案，是解决实际问题的务实性决策。

（二）主旨的作用

王夫之说："意犹帅也，无帅之兵，谓之乌合。"主旨是文章的灵魂、统帅，是全文之纲。任何文章都不能没有主旨，缺少主旨，文章就丧失了灵魂，变成一盘散沙。主旨决定着应用文质量的高低、价值的大小、作用的强弱和影响的好坏。

（三）主旨的要求

应用文写作之前要做到"意在笔先"，即动笔之前根据实际需要不断酝酿形成主旨，做到正确、鲜明、深刻与集中。

1. 正确

应用文的政治性与政策性很强，其主旨必须符合党和国家的方针政策和法规，必须符合客观事物的实际，必须符合领导意图和广大人民群众的意愿，能够针对实际工作中迫切需要解决的问题，提出科学、合理的指导意见和具体措施。因此，我们在撰写应用文的时候，应从客观实际出发，全面把握材料，用辩证唯物主义的观点和方法进行分析、综合，从材料中提炼出正确的观点。

2. 鲜明

应用文中所反映出来的基本思想、基本态度须明确，赞成什么、反对什么，肯定什么、否定什么，哪些应该表扬、哪些应该批评，都要表述得清清楚楚，毫不含糊。所以，撰写应用文的时候，必须保持清醒的头脑，对事物要有明确的认识，同时还要注意表述的技巧，力求在把话说清楚的前提下突出主旨。

3. 深刻

应用文要求揭示事物的本质及其内部规律，提出有益的见解。因此，写作时要善于从事实出发分析问题、挖掘思想、提炼观点，做到有的放矢、击中要害，透彻揭示事物的本质，形成思想深刻、见解精辟、针对性强的应用文。

4. 集中

所谓集中，是指应用文的主旨要简明单一，即一篇文章要"一意摄之，贯穿始终"，不宜同时存在两个以上的中心。篇幅短的文章，要一文一事一意；篇幅长的文章，也要围绕

一个中心展开生发，而不能面面俱到。

二、应用文的材料

（一）材料的含义

材料是指作者为了写作目的从工作或生活中搜集、积累及写入文章中的事实或观点。它包含两个层面：一是指作者写作前收集和积累的原始材料；二是指经过筛选写到文章中的内容。材料有事实材料和理论（观念）材料之分。人事、情况、问题、数字等是事实材料，科学原理、上级指示、名言、俗谚等，是理论（观念）材料。

（二）材料的作用

"立言之要在于有物。"材料是确立主旨、形成观点的基础，同时又是表现主题、论证观点的支柱。任何文章的主题不是靠冥思苦想得来的，而是靠作者对大量的材料分析、提炼、概括形成的；主题一旦确立、观点一旦形成，就需要用各种材料来表现，否则就只有干巴巴的光杆儿、空架子，没血没肉，读之无味。因此，写作之前我们要千方百计搜集、积累好材料。

（三）材料的要求

搜集材料，要多多益善，"以十当一"；选择材料，要严格、精鉴，"以一当十"。应用文选材要"去粗取精，去伪存真，由此及彼，由表及里"，注重精确性、系统性和完整性，做到切题、真实、典型和新颖。

1. 切题

写入应用文的材料必须要有针对性，能紧扣主题，充分表现或说明观点，做到材料与观点对应、统一。因此，写作时能够表现和突出主旨的材料，就选择、保留；与主旨无关或关系不大的，就剔除、舍去。

2. 真实

应用文的材料必须真实确凿。所谓"真实确凿"，不仅意味材料符合事实本身，"确有其事"，而且围绕事实或问题的事例、人物、情节、时间、地点、数据等必须确凿无误，出之有处。

3. 典型

典型材料，是指有代表性和说服力的、能够反映事物的共性和特征，揭示事物本质和规律的材料。典型材料蕴含丰富的内涵，更具代表性、说服力，选择典型材料表现主题，既能以一当十揭示普遍规律，把应用文的主题表现得更为深刻与酣畅，又容易为人接受，给人留下深刻印象，带来"立竿见影"的效果。

4. 新颖

新颖材料，就是能反映时代精神的、给人新鲜感的材料，或别人很少使用的材料甚至没有使用过的材料。新材料往往反映新近发生的新事物、新情况、新问题和新观念，更富有现实感和时代感，对揭示主题带来直接帮助，更容易为读者接受。

三、应用文的结构

（一）结构的含义

结构就是文章内部的组合构造，是对观点材料、内容与形式进行组织安排的具体形式。结构，通常称谋篇布局，是作者思路的体现，是写作的蓝图，也是文章阅读的向导。"结构"一词本来指构造房屋的连接构架，借用到文章写作中，其核心是指如何妥帖、恰当地安排材料。

（二）结构的作用

"结构是文章的骨骼"，只有将应用文各要素有机地组合，才能形成一篇中心突出、结构严谨、层次分明、条理清楚的应用文。如果不能按照清晰的思路把材料有条理地组织起来，材料就只能是散沙碎石。

（三）结构的要求

应用文的结构，跟一般文章的结构相比有自己独特的要求。

1. 要符合客观规律和人们认识事物的规律

客观事物自有其发展、变化规律，人们对客观事物的认识也有一定的规律。所以，应用文的结构必须遵循以上规律，反映客观事物本身内在本质的联系。

2. 要符合主旨的需要

主旨是文章的灵魂，结构要为表现主旨服务。离开了主旨，结构安排就没有了依据和准绳。因此，应从表现主旨出发，既要注意文章整体上的篇章结构，也要注意正文的逻辑结构。

3. 要体现文体的特点

应用文的种类不同，结构各异。应用文的正文一般都具有开头、主体、结尾等部分，但在具体安排结构时，还要根据不同的文体特点安排不同的结构层次的形式。例如，行政公文与诉讼文书、规章文书的结构就具有明显的不同。

4. 要体现完整性、连贯性、严密性和匀称性

完整性。应用文的正文一般分为开头、主体和结尾三部分，要求布局合理，完整和谐，详略得当。

连贯性。是指根据主旨的需要，安排好层次段落，清楚明白地显示作者的思路，做到言之有序。由开头到结尾，由原因到结果，由正面到反面，由主体到从属，要有条不紊，脉络清楚。

严谨性。是指结构严丝合缝、细致紧凑，没有多余的字句段，没有顾此失彼或颠三倒四的情形。观点与材料相统一，各部分之间联系紧密。

匀称性。是指繁简适宜，详略得当，各部分和谐统一，浑然一体。既不要面面俱到，也不要比例失调或头重脚轻，要做到古人所说的"凤头、猪肚、豹尾"。

（四）结构的要素

应用文结构包括段落和层次、过渡和照应、开头和结尾等要素。

1. 段落和层次

段落指自然段，是组成文章最基本的单位，它具有明显的换行标志，在形式上是文章最基本的组织单位。层次指的是文章表达客观事物的意义单位和表现次序，层次反映了作者的思维过程。在应用文中，可用小标题、序数词、表顺序的词或词组等表示层次。序数词的表示一般如下：第一层用"一、二、三、……"，第二层用"（一）（二）（三）……"、第三层用"1.2.3.……"、第四层用"（1）（2）（3）……"。如果还有层次，可采用"1）、2）、3）……""①②③……""甲乙丙丁……""ABC……""abc……"或"第一、第二、第三……"等表示。表顺序的词或词组，如"首先""其次""最后"，"会议认为""会议指出""会议决定"，等等。

应用文段落、层次安排方式有：

1）并列式（横式）。这种方式的特点是说明主旨的各个段落（或层次）的内容是一种平等的、并列的关系。

2）递进式（纵式）。这种方式的特点是各个段落（或层次）的内容或按事情发展的先后顺序或按事理逐层深入的关系来安排。

3）纵横式（合式）。这是一种较为复杂的结构模式。即全文总体布局为一种结构形式（横式或纵式），但其中某一段落（或层次）内部或若干段落（或层次）之间采用另一种结构形式，从而使结构呈现出两级重叠的层次关系。

2. 过渡和照应

（1）过渡

过渡是指上下文之间的衔接和转换，具有承上启下的作用，能将上下段落、前后层次连接起来构成一体。

应用文常用关联词语、词组、句子或段落过渡、衔接。常用的关联词语有："综上所述""……如下""总之""为此""特此"等。

应用文常见的过渡有：

1）内容开合处。文章内容由总到分或由分到总时需要过渡。

2）意思转换处。文章的内容由一层意思转入另一层意思，这两个相邻层次段落之间需要过渡。

3）表达变动处。由叙述转入议论或由议论转入叙述，需要过渡。

（2）照应

照应是指文章的前后相互关照、呼应。照应一般有以下几种方式：

1）首尾照应。即开头与结尾相呼应。应用文常通过一些前后搭配的习惯用语来照应。

2）内容前后照应。即文章前后的内容相互照应。应用文在行文中要围绕主旨，各层次之间的内容要相互呼应，保持一致。

3）文题照应。即在行文中照应标题，对主旨加以揭示。

3. 开头和结尾

开头。应用文的开头多为开门见山，直截了当。一般有如下几种：

1）目的、根据式。这样的开头一般都是用"根据……""为了……"的形式，如规章制度、计划等。

2）概述式。交代主要内容、基本情况或主要问题。简报、报告、纪要、调查报告、总结等一般常用这种方式开头。

3）提问式。先提问题，然后引起下文。即先提出问题，接着再做回答。

4）结论式。把观点主张先说出来，然后具体阐述。这种方式多用于学术论文中。

结尾。应用文的结尾有如下几种常见的形式：

1）总结式。归纳全文，篇末点题。总结、经济预测报告等篇幅较长的文章多用这种形式结尾。

2）号召式。归纳全文，提出希望，发出号召。嘉奖令、表彰性决定、通报、总结和讲话稿多用此法。

3）期请式。即在结尾提出批复、批转、批准、帮助等请求或期望，请示、函等公文常用此方式结尾。

4）说明式。即把需要补充说明的内容写在文章末尾。

四、应用文的语言

语言是人类最重要的交际工具，是文章思想内容的直接体现，是构成文章的第一要素，应用文的主旨、材料、结构都要通过语言来实现。应用文的语言称为事务语体或应用语体。这种语体只要求对客观情况做如实的说明，表明作者的意图，不追求表达的艺术化，排斥想象和夸张，无须激发人们的感情，力求平实、质朴无华、言止意尽，它的特点是准确、简练、朴实、庄重。

1. 准确

即能恰如其分地说明情况、阐述做法、表达思想。准确是应用文语言最基本的要求，只有用准确的语言来表达客观事物，才能有效地解决实际问题。应用文语言的准确性应做到：

1）用词当。即措词要准确。

一是要选用最恰当的词语，确切地表达概念的含义，符合表达对象的实际，避免误用，慎防歧义。

二是要精心辨别同义词，从感情色彩、范围、程度等方面注意词义差异，根据表达需要选用适当的词语，防止混淆、失当。

2）合语法。即句子合乎语法规范，合乎逻辑，句子成分齐全，主谓宾搭配合理，意思前后不矛盾。应用文中语法不规范的例子很多。

3）标点准。即要正确使用标点，保证语义准确表达。应用文中标点使用不准确，同样会带来麻烦，甚至导致经济损失。

4）切语境。应用文语言要因情境变化而变化，做到切情切景，有的放矢，以增强语言表达效果。

5）书写明。即文字书写准确、清楚，不写错别字。写错别字不仅词不达意，易引起误会，还导致感情隔阂，甚至带来重大经济损失。

"准确"是相对的，根据场合的需要，有时巧用"模糊语言"更能准确表意，因"模糊"而更准确。

2. 简练

即简明精练，应用文语言力求用最精练的文字表达最丰富的内涵，正如古人所说的"文约而事丰"，"意则期多，字唯求少"。

1）注意使用习惯用语。应用文写作在长期实践中，逐渐形成了一些定型化、规范化的词语用法，并且约定俗成，成为习惯。尤其在公文写作中，这些习惯用语使用频率很高。

2）经常使用缩略语。缩略语是对专有名词及名词性词组进行概括、压缩而形成的稳定性词语。

3）删繁就简，力求简明扼要。不能说明观点，或与观点关系不大的字、词、句、段，都应删去；重复啰唆的语句，那些无谓的堆砌，过度的修饰及套话、大话也要毫不留情地从应用文中删去。

但"简练"必须以"达意""庄重"为前提，不得随意简缩、生造词语。

3. 朴实

即用平实、朴素的语言真实、自然地表达内容，实话实说，直陈其事，不浮华藻饰，正所谓"修辞立其诚"。因此，应用文写作应注意：一是根据不同文体需要，说话讲究分寸、适度；二是一般不使用语气词、感叹词、儿化词，不用富于描绘性、形象性的词语。

4. 庄重

庄重就是端庄、郑重。应用文"庄重性"的语言要求，在公文中表现得最为明显、最为强烈。公文具有法定的权威性，要求与之相适应的语言应该体现庄重性。庄重的语言要做到：

1）严格使用规范的书面语言。公文的用语造句，要严格按照现代汉语的规范要求。用书面语言，不用口语，更不用土语方言。书面语言不但可以使语言简洁明快，而且还能增强语言的庄重色彩。

2）恰当使用专用语。在长期办理公务的实践中，由于行文关系和处理程序的需要，公文逐渐形成一套常用的专用语，叫作公文专用语。现代公文专用语规范、定型，它不仅能准确表达办理事务的意图，同时也增强了公文简明、庄重的语体风格。现将常用的公文专用语列举如下：

①开端用语。主要用作发语词，或用来表述引文的目的、依据、范围、时间。例如，根据、顷据、查、兹、为、关于、鉴于、据查、据反映、为了、由于、兹有、兹因、按照、依照、兹悉、兹定于、顷悉、据报等。

②称谓用语。用于对人或单位的称谓，没有等级色彩，上下级均可用。例如，第一人称：本（局）、我（司），第二人称：贵、你（公司），第三人称：该（公司、项、人）等。

③经办用语。用于说明工作处理过程，表明处理时间及前后情况。例如，经、业经、兹经、均经等。

④引叙用语。即引述来文的用语。例如，悉、收悉、谨悉、前接、近接、现悉、敬悉、惊悉等。

⑤递送用语。用于递送公文、规章制度等。例如，上报、呈报、发送、颁布、印发、发布等。

⑥表态用语。用于对问题明确表态。例如，照办、同意、不同意、可行、不可行、遵照执行、准予备案、研究办理、现予转发等。

⑦综述过渡用语。用于引据之末，连接下文分述或承叙，起到承前启后的连接作用。例如，为此、对此、为使、据此、鉴此、鉴于、以上各点、综合所述、总之等。

⑧期请用语。用于表达公文作者的期望、请求，写于文末。例如，即查照、希即遵照执行（参照、依照）、拟请、尚望、请希等。

⑨征询期复用语，用于文末表示意向、请求。例如，当否、是否可行、是否同意、可否、妥否、敬请、恳请、特请、分请、切盼、渴望、希予、希将、请批示、请回复、请批复、请核批、（如无不妥）请批转，或合并使用，例如，"以上意见，当否？请批示"等。

⑩结尾用语。用于公文结尾，起加强语气的作用。例如，是荷、为盼、为荷、特此报告、特予公布、此令为要、为宜、为妥、特此通知（通报、函复、函达）、贯彻执行、参照执行等。

⑪谦敬用语。用于向对方表示谦敬。例如，承、承蒙、惠赠、惠书、惠寄、鼎力支持等。

范文博览

开业申请书

××市工商局：

我是待业青年，××××年高中毕业后一直在家自学无线电维修知识。去年自费到夜校就读无线电修理技术，以优异成绩结业。现在，我已掌握了修理国产和进口电视机、收录机、录音机技术。为了减轻国家负担，给社会做点贡献，改变依靠父母养活的状况，我申请开办个体户无线电维修部。请考核我的技术，批准我的要求，发给营业执照。

开业后，我保证遵守国家的政策、法令，维护市场秩序；按章交纳税金，如实反映修理情况；服务热情周到，让顾客满意；保证价格公平合理，为客户提供优质服务。

此致

敬礼！

申请人：×××
××××年×月×日

评析：这份申请书始终围绕"申请开业"这一中心展开叙述，对自己具备开业的能力与资格做了详细说明，在此基础上提出开业申请后进而对今后营业做出保证，层层递进。文中不是简单罗列材料，而是按照"要求什么就写什么"来写，文字简洁，针对性和说服力强。

知识拓展

请扫描二维码了解应用文的历史源流。

实训平台

一、填空题

1. 应用文的特点有＿＿＿＿、＿＿＿＿、＿＿＿＿、＿＿＿＿和＿＿＿＿。
2. 根据功能性质的不同，应用文可为＿＿＿＿和＿＿＿＿两大类。
3. "一字入公文，九牛拽不出"，这句话充分体现了应用文＿＿＿＿作用的重要性。
4. 应用文主旨要做到＿＿＿＿、＿＿＿＿、＿＿＿＿和＿＿＿＿。
5. 材料是主旨形成的＿＿＿＿，是表现主旨的＿＿＿＿。
6. 应用文选材要做到＿＿＿＿、＿＿＿＿、＿＿＿＿、＿＿＿＿和＿＿＿＿。
7. 应用文结构要素包含＿＿＿＿、＿＿＿＿、＿＿＿＿、＿＿＿＿、＿＿＿＿和＿＿＿＿等内容。
8. 应用文用常用序数词表示层次，前四层分别用＿＿＿＿、＿＿＿＿、＿＿＿＿、＿＿＿＿标明。
9. 应用文的语言要做到＿＿＿＿、＿＿＿＿、＿＿＿＿和＿＿＿＿。
10. 应用文主要的表达方式有＿＿＿＿、＿＿＿＿、＿＿＿＿。

二、判断题

1. 应用文是国家机关、企事业单位、社会团体、人民群众在日常生活、学习、工作中处理公私事务所使用的文书。（　　）
2. 文学作品要求构思巧妙，形式新颖，应用文虽然有相对稳定的格式，但也要有所创新。（　　）
3. 应用文跟文学作品一样可用大量的修辞和华丽的词藻使文章尽可能生动形象。（　　）
4. 应用文的表达方式以叙述、说明为主，兼用议论，少用甚至不用描写和抒情。（　　）
5. 应用文写作中主旨越多越好，可以提高办事效率。（　　）
6. 搜集材料，要多多益善，"以一当十"；选择材料，要严格、精鉴，"以十当一"。（　　）
7. 应用文的过渡经常体现在文中内容开合处、意思转换处、表达变动处，常用关联词语、词组、句子或段落过渡、衔接。（　　）
8. 应用文写作中不能用文言词语。（　　）

三、简答题

1. 应用文的作用有哪些？
2. 应用文按不同标准可分成哪几类？
3. 结合自己学习和工作的实际，谈谈学习应用写作的重要性。
4. 什么是应用文的主旨、材料、结构和语言？它们在应用文中各有何作用？

5. 公文专用语分为哪几类？各起到什么作用？分别举例说明。

四、分析题

比较下列两则例文，说说它们在主题特性和表达上有什么不同。

【例文1】 ▶▶▶>>>

面朝大海　春暖花开

海子

从明天起，做一个幸福的人

喂马，劈柴，周游世界

从明天起，关心粮食和蔬菜

我有一所房子，面朝大海，春暖花开

从明天起，和每一个亲人通信

告诉他们我的幸福

那幸福的闪电告诉我的

我将告诉每一个人

给每一条河每一座山取一个温暖的名字

陌生人，我也为你祝福

愿你有一个灿烂的前程

愿你有情人终成眷属

愿你在尘世获得幸福

我只愿面朝大海，春暖花开

1989 年 1 月 13 日

【例文2】 ▶▶▶>>>

给灾区某中学同学们的慰问信

××县××中学全体同学：

　　你们好！听说你们那里遭受水灾，部分教室被洪水冲倒，教学设备受到很大损失，我们全体同学对你们表示深切的同情并致以亲切的慰问。

　　你们现在的生活和学习，一定会有一些困难，但我们相信，在党和政府有关部门的关怀下，生活一定能得到适当的安排，学习也能很快恢复。灾区人民在抗洪抢险的战斗中所表现出来的公而忘私、团结友爱的高尚质量，使我们深受感动。你们也一定会以父兄们为榜样，发扬战胜困难的精神，在教师们的带领下，尽快地恢复学校的面貌。

　　随信寄去图书三百册，人民币五千元。钱物虽然微薄，但这是我们一千二百名同学友爱的心意。愿我们携起手来，共同前进。

　　最后，祝你们在抗灾建校斗争中早日取得胜利！

××中学全体同学
××××年×月×日

第九章 公务文书

第一节 公务文书概述

任务目标

【知识目标】

了解公文的概念、性质、特点、种类与作用,掌握党政公文的文面格式规范、行文规则和办理程序等基础知识。

【能力目标】

能正确使用党政公文格式,做到办文程序规范、符合行文规则。

【素质目标】

熟悉《党政机关公文处理工作条例》,培养公文写作的规范意识。

任务设计

2012年各地深入实施《全民健身计划(2011—2015年)》,全国各地、各有关单位根据国家体育总局的统一部署和要求,以贯彻落实《全民健身计划》为契机,普及推广第九套广播体操。国家体育总局对各省、自治区、直辖市、新疆生产建设兵团体育局,各行业体协,有关单位进行通报表彰。请你代拟这份带红头文件的表彰性通报。

应用导航

一、公文的性质、特点

公文是一个国家实行行政管理的基础,是一个国家权力的象征,是实行各种行政行为最根本的凭证和依据,是治理社会、管理国家、办理公务的重要工具。作为一种特殊的应用文,它具有如下特点:

(一)内容的策令性

公文是传达贯彻党和国家的方针、政策,发布各种法律、法令、法规、规章,施行各种各样的管理措施、请示和答复问题,指导、布置和商洽工作,报告情况、交流经验的重要工具，是党政机关的喉舌和典型的"遵命文章"。公文的内容是党的路线、方针和政策，是各级机关组织开展工作的依据，颁布后要立即贯彻执行，具有法定的权威性和行政约束力。

（二）程式的规范性

公文在办理事务过程中形成了自身特有的办理程序和写作格式，具有规范的程式。中共中央办公厅和国务院办公厅对公文的种类、用途、文面、制发、管理等都做了统一的规定。

（三）作者、读者的专任性

公文的作者是法定的，读者是特定的，并非任何人都可以随意制作和随意阅读。公文的作者是指依据宪法、法律、章程等规定的具有法定职权和行文资格的机关单位、社会组织及其领导人；其读者是法定机关及其相关人员，其他人一般没有权利和资格阅读公文。

（四）行文的庄重性

行文的庄重性是公文的重要特性，主要体现在：一是要用庄重、严肃的态度对待、处理公文，维护公文的法定权威和庄严，保证公文效用得以实现。二是公文表达效果要庄重。

二、公文的类别

现代公文，从其性质、使用范围、内容、行文关系、文件体式等不同的角度，可进行诸多不同的分类。

（一）根据公文使用的范围，可分为通用公文和专用公文两类

通用公文是党和国家公文管理法规中规定的具有法定效力的公务文书，即法定公文，包括国家党政机关公文、中国人民解放军机关公文。

专用公文是指在一定的工作部门和业务范围内，根据特殊需要专门使用的文书，如外交部门使用的国书、照会、议定书、公约等，司法部门使用的起诉书、判决书、调解书等。

一般地，人们习惯认为公文即党政机关公文。根据中共中央办公厅、公务院办公厅2012年4月16日发布的《党政机关公文处理工作条例》（以下简称《条例》）的最新规定，党政公文包括15类，分别是：决议、决定、命令（令）、公报、公告、通告、意见、通知、通报、报告、请示、批复、议案、函、纪要。

（二）根据公文的性质和作用，可以将公文分为指令性公文、报请性公文、知照性公文、记录性公文4类

指令性公文是上级机关制发的对下级机关进行组织、指挥、协调和管理的公文。主要有命令（令）、决定、通知、批复等。

报请性公文是下级机关向上级机关汇报工作、反映情况、提出建议、请求指示或批准的公文。主要有报告、请示等。

知照性公文是向有关方面告知情况、知照事宜或机关之间联系工作、沟通信息的公文。主要有公报、公告、通告、通知、通报、函等。

记录性公文是用以记载公务活动，归纳会议精神、议定事项等情况的公文。主要有会

议纪要。

但这种划分不是绝对的，有的公文就兼有两种以上的性质和作用，如通知既有知照性又有指挥性。

（三）根据公文收发关系的不同，可以将公文分为收来公文、外发公文、内部公文3类

收来公文（收文）是指本机关收进外部机关制发的公文，包括上级机关、下级机关、同级机关和不相隶属机关的各种来文。外发公文（发文）是指本机关拟制向外部机关发送的公文。内部公文指本机关制发并在本机关内部使用的公文。

（四）按公文的秘密程度划分，可分为绝密文书、机密文书、秘密文书和普通文书

绝密文书是党和国家最高一级的核心机密，要按规定严格限制在一定范围和时间内谨慎处理，一旦泄露会给党和国家、人民的根本利益造成严重的损害。

机密文书是涉及党和国家的重要机密，对知情人和知情时间的限定仅次于绝密文件，也要按规定严格限制在一定范围和时间内谨慎处理，一旦泄露会给党和国家的利益造成较大的损害。

秘密文书是涉及党和国家的一般机密，对知情人和知情时间有一定限制的文书，一旦泄露会给党和国家的利益造成一定的损害。

普通文书指不涉及党和国家机密的、阅读范围没有限制的、只能在机关、团体、单位内传阅的文书。

（五）按公文的行文关系和行文方式划分，可分为上行文、下行文、平行文和泛行文四类

上行文，是下级机关向上级机关报送的文书，如请示、报告等。行政机关向同级的权力机关报批的方案等也属于上行文。

下行文，是上级机关向下级机关下发的文书，如命令、决定、决议、批复及带有指示性质的通知、通报等。

平行文，是平级机关或没有隶属关系的机关之间，为协商或通知有关事项而制发的文书，如函等。

泛行文，是指面向全社会，没有特定的主送机关、行文方向的行文，主要有公告、公报等。

（六）按公文办理的时间要求划分，常分为特急、紧急、常规文书3种

特急文书，是指事关重大而又十分紧急，要求以最快的速度制发和处理，不准许有半点拖延和懈怠的文书；紧急文书，也是涉及重要工作，需要从速制发和处理，但较之特急文书可以稍缓一些的文书；常规文书，是指可以按正常的速度、程序制发和处理的文书。

三、公文的格式

根据国家质量监督检验检疫总局、国家标准化管理委员会2012年6月29日批准发布的《党政机关公文格式》（GB 9704—2012）（以下简称"2012《国标》"），现将公文格式介绍如下：

（一）用纸格式

公文用纸采用国际标准A4型（210mm×297mm），张贴的公文用纸大小，根据实际

需要确定。公文用纸天头（上白边）为：37mm±1mm，公文用纸订口（左白边）为：28mm±1mm，版心尺寸为：156mm×225mm。

（二）印装格式

文字符号一律从左到右横写、横排。在少数民族自治地方，可以并用汉字和通用的少数民族文字。公文要双面印制，左侧装订。

（三）文面格式

2012《国标》将组成公文的各要素划分为版头、主体、版记3大部分，分为公文份号、秘密等级和保密期限、紧急程度、发文机关标识、发文字号、签发人、公文标题、主送机关、公文正文、附件说明、发文机关署名、成文日期、印章、附注、附件、抄送机关、印发机关和印发日期、页码等要素。

1. 版头

版头也称为文头部分，置于公文首页红色反线（宽度同版心，即156mm）以上的各要素统称为版头。版头主要包括：公文份号、秘密等级和保密期限、紧急程度、发文机关标志、发文字号和签发人。

（1）公文份号

公文份号指将同一文稿印制若干份时每份公文的顺序编号。密级公文必须标识公文份数序号，其他公文根据需要标识。标注方法为用阿拉伯数字顶格标识在版心左上角第1行，编码不得少于两位数，如：000001。

（2）秘密等级和保密期限

秘密等级简称密级，分为秘密、机密、绝密3级。密级不同，文件发放、传达、阅读的范围也就不同。除特殊规定外，保密期限根据《国家秘密保密期限的规定》，按"绝密级事项三十年，机密级事项二十年，秘密级事项十年认定"。秘密等级和保密期限，一般用3号黑体字，顶格标识在版心左上角第二行（即"公文份号"的下一行），两者之间用"★"隔开。标注方法如："秘密★10年"。

（3）紧急程度

紧急程度简称急度。紧急公文应该根据紧急程度分别标明"特急""急件"，一般用3号黑体字，顶格标识在版心左上角"秘密等级和保密期限"的下一行，两字之间空1字。紧急电报分别标明"特提""特急""加急""平急"。如果需同时标识秘密等级与紧急程度，份号顶格标识在版心左上角第 行，密级顶格标识在版心左上角第二行，紧急程度顶格标识在版心左上角第三行。

（4）发文机关标志

发文机关标志也称为"文件名"，由发文机关全称或规范化简称后面加"文件"组成，如"国务院办公厅文件""××省人民政府文件"。联合行文时，主办机关名称排列在前，协办机关排列在后，"文件"置于发文机关右侧，上下居中排布。发文机关标识上边缘至版心上边缘为35mm。发文机关标识使用小标宋体字，用红色标识。

（5）发文字号

发文字号简称文号，是发文机关公文编排顺序的代号，由发文机关代字、年份和序号组成，如"国发〔2012〕1号"。机关代字是机关名称最具特征、最精练的概括，年份、序号用阿拉伯数字标识，年份使用全称并用六角括号"〔〕"括入，序号不编虚位（即1不编为001），不加"第"字。几个机关联合行文，只标明主办机关发文字号。发文字号位于发文机关标识下空2行，一般用3号仿宋体字标识，居中排布，发文字号之下4mm处印一条与版心等宽的红色分隔线。上报公文的发文字号位置略有变化，在下面"签发人"中另做详细说明。

（6）签发人

签发人是批准发出公文的机关领导人。上报的公文需标识签发人姓名，平行排列于发文字号右侧，发文字号居左空1字，签发人姓名居右空1字，"签发人"3字用3号仿宋体标识，后标全角冒号，冒号后用3号楷体字标识签发人姓名。如有多个签发人，签发人姓名按照发文机关的排列顺序从左到右、自上而下依次均匀编排，一般每行排两个姓名，回行时与上一行第一个签发人姓名对齐。

2. 主体

主体是公文的实体部分，也称为主文部分，包括红色分隔线（不含）之下至主题词（不含）之上的各要素，即由公文标题、主送机关、正文、附件说明及附件、发文机关署名、成文日期、印章、附注等部分组成。

（1）公文标题

标题即公文的名称，标题要准确、简明概括公文的主要内容。公文标题由发文机关名称、事由、文种3部分组成。发文机关要用全称或规范化简称，发文事由用"关于……的"介词结构，表达公文的基本内容，并修饰和限制中心词文种。除法规、规章和规范性公文名称加书名号外，一般不加标点符号。公文标题位于红色分隔线下空2行，一般用2号小标宋体字标识，可分一行或多行居中排布。

（2）主送机关

主送机关即负责处理、执行公文的机关，要使用全称、规范化简称或同类型机关的统称，位于公文标题下空1行，左侧顶格用3号仿宋字标识，回行时仍顶格，多个主送机关之间用逗号或顿号隔开，最后一个主送机关后标全角冒号，如："各省、自治区、直辖市人民政府，国务院各部委、各直属机构："。如果主送机关过多而使公文首面不能显示正文时，应将主送机关名称移至版记中抄送之上，标识方法同抄送。上行文只有一个主送机关，下行文的多个主送机关按主次顺序排列，公开发布的普发性公文通常不写主送机关。

（3）正文

正文是公文的核心部分，位于主送机关下一行，每自然段开头均要左空2字书写，回行顶格，数字、年份不能回行。一般用3号仿宋体字，每行28字，每页22行。正文结构通常包括缘由、事项、结语3部分。缘由主要说明发文原因、依据和目的；事项是公文的主体部分，主要围绕行文的基本意向展开内容、叙述情况、分析问题、布置工作、说明做法、提出要求等；结语是正文结尾的收束语，有的公文也省略。正文可采用并列法（段落层次之间为平等、并列关系）、递进法（按事情发展过程的先后次序或按事理层次，逐层深入展开文章内容）、合式法（并列法、递进法相结合）安排结构。段落层次的序数，第一层为"一、"，第二层为"（二）"，第三层为"1."，第四层"（1）"。一般第一层用黑体字、第二层用楷体字、第三层和第四层用仿宋体字标注。

（4）附件说明及附件

附件是随公文发送的附属文件或材料。公文如有附件，在正文下空 1 行左空 2 字编排"附件"二字，后标全角冒号和附件名称。如有多个附件，使用阿拉伯数字标注附件顺序号（如"附件：1.××××××"；附件名称后不加标点符号。附件名称较长需回行时，应当与上一行）附件名称的首字对齐。附件应当另面编排，并在版记之前，与公文正文一起装订。"附件"二字及附件顺序号用 3 号黑体字顶格编排在版心左上角第一行。附件标题居中编排在版心第三行。附件顺序号和附件标题应当与附件说明的表述一致。附件格式要求同正文。如附件与正文不能一起装订，应当在附件左上角第一行顶格编排公文的发文字号并在其后标注"附件"二字及附件顺序号。

（5）发文机关署名

发文机关署名即在正文的右下角署明制发文件的组织机构名称，一般用 3 号仿宋体。署名时要署发文机关全称或者规范化简称。

（6）成文日期

成文日期是公文生效的法定时间。成文日期以发文机关的负责人签发的日期为准，联合行文以最后签发机关负责人签发日期为准，电报以发出日期为准。成文日期应用阿拉伯数字将年、月、日标全，如"2012 年 4 月 16 日"。成文日期的位置确定需考虑加盖印章的情况。

（7）印章

印章即公文最后生效标识。公文中有发文机关署名的，应当加盖发文机关印章，并与署名机关相符。有特定发文机关标志的普发性公文和电报可以不加盖印章。联合上报的公文，由主办机关加盖印章，联合下发的公文，发文机关都应加盖印章。

1）加盖印章的公文。

成文日期一般右空 4 字编排，印章用红色，不得出现空白印章。单一机关行文时，一般在成文日期之上、以成文日期为准居中编排发文机关署名，印章端正、居中下压发文机关署名和成文日期，使发文机关署名和成文日期居印章中心偏下位置，印章顶端应当上距正文（或附件说明）一行之内。

联合行文时，一般将各发文机关署名按照发文机关顺序整齐排列在相应位置，并将印章一一对应、端正、居中下压发文机关署名，最后一个印章端正、居中下压发文机关署名和成文日期，印章之间排列整齐、互不相交或相切，每排印章两端不得超出版心，首排印章顶端应当上距正文（或附件说明）一行之内。

2）不加盖印章的公文。

单一机关行文时，在正文（或附件说明）下空 1 行右空 2 字编排发文机关署名，在发文机关署名下一行编排成文日期，首字比发文机关署名首字右移 2 字，如成文日期长于发文机关署名，应当使成文日期右空 2 字编排，并相应增加发文机关署名右空字数。联合行文时，应当先编排主办机关署名，其余发文机关署名依次向下编排。党的机关有特定发文机关标志的普发性公文可以不加盖印章。

（8）附注

附注是需要说明的其他事项，如公文的发放范围、使用时注意的事项、联系人及联系方式等。公文如有附注，一般用 3 号仿宋体字，居左空 2 字加圆括号标识在成文日期下一行。

3. 版记

版记是体现公文管理的要素部分，也称为文尾部分。置于抄送机关以下的各要素统称为版记，包括抄送机关、印发机关和印发日期。

（1）版记中的分隔线

版记中的分隔线与版心等宽，首条分隔线和末条分隔线用粗线（推荐高度为 0.35mm），中间的分隔线用细线（推荐高度为 0.25mm）。首条分隔线位于版记中第一个要素之上，末条分隔线与公文最后一面的版心下边缘重合。

（2）抄送机关

抄送机关是主送机关外需要执行或知晓公文的其他机关。公文如有抄送，左右各空 1 字用 4 号仿宋体字标识，"抄送"两字后标全角冒号；抄送机关间用逗号隔开，回行时与冒号后的抄送机关对齐；在最后一个抄送机关后标句号，如："省委各部门，省人大常委会办公厅，省政协办公厅，省法院，省检察院，济南军区，省军区。"

（3）印发机关和印发日期

印发机关和印发日期设在公文末页最后一行，位于"抄送"之下的位置；用 4 号仿宋体字标识，印发机关左空 1 字，印发日期右空 1 字。印发日期以公文付印的日期为准，用阿拉伯数字标识。

此外，公文还要加上页码标识。用 4 号阿拉伯数字，置于版心下边缘之下一行，数字左右各放一条 4 号一字线，一字线距版心下边缘的 7 毫米处。单页码居右空 1 字，双页码居左空 1 字。"信函格式"首页和空白页不标识页码。

第二节　通知与通报

任务目标

【知识目标】

了解通知、通报的适用范围和特点，掌握通知、通报的结构与写法。

【能力目标】

能领会、读懂通知、通报的精神，会写常用的通知、通报。

【素质目标】

熟悉通知的收发程序和途径，通报的适用情况，养成按程序办文办事的习惯。

一、通　知

任务设计

中国职业教育学会举办 20××年全国高职院校教学秘书工作创新与职业能力发展及技

能提升高级培训班，请代主办方拟写一篇培训会议通知。

应用导航

一、通知概述

（一）概念

通知是适用于发布、传达要求下级机关执行和有关单位周知或者执行的事项，批转、转发公文的公文。

（二）特点

1. 使用范围广

通知是机关使用最频繁的公文文种，适用范围非常广泛，任何级别的党政机关、企事业单位都可使用，上至全国性重大事项和发布重要法规、规章，小至单位内部告知一般事项，都可用通知行文。

2. 告知及时性

通知传达信息、告知事项，或要求办理、遵照执行事项，要求在规定时间内执行，不容拖延。

3. 指导性强

无论告知事项、布置工作还是发布文件，通知都得明确阐明处理问题的原则、要求及具体措施、方法，让收文机关明确做什么、怎么做、达到什么要求，以便贯彻执行。

4. 行文方向不确定

通知一般作为下行文使用，具有指挥、指导作用，但也可作为平行文，用在平级单位之间和不相隶属单位之间，主要起知照作用。

（三）种类

1. 发布性通知

主要用于发布行政领导机关制定的行政法规和规章，具有很强的政策性。

2. 批转（转发）性通知

主要包括批转性通知和转发性通知两类。批转性通知主要用于上级机关批转下级机关的公文给所属有关人员周知或执行。转发性通知主要用于各下级机关或部门转发上级机关或不相隶属机关的公文给所属机关人员周知或执行。

3. 事项性通知

主要用于传达要求下级机关办理和需要有关部门周知或执行的事项，如布置工作、安排活动、告知机构设立或变动、印章启用或废除、单位更名事项等。

4. 会议通知

主要用于组织召开会议，向参加会议的机关单位或有关人员告知会议内容、时间、地点及注意事项等。会议通知可以归为事项性通知一类，但因其使用十分广泛普遍，故将其从事项性通知中独立出来，单独列为一类。

5. 任免通知

主要用于任免、聘用干部。按干部管理权限，由上级机关决定任免人员，再把任免决定用通知行文在指定范围公布。

二、通知的结构

通知的结构一般由标题、主送机关、正文、落款 4 部分组成。

（一）标题

1. 全称式标题

一般由发文机关名称、事由、文种构成。发布性通知、批转（转发）性通知的标题由"发文机关+发布（批转或转发）+被发布（批转或转发）文件名称+通知"构成，如果被发布（批转或转发）的文件是法规或规章，一般要加上书名号。多层转发的通知，要省略一切过渡机关直至始发机关，将一切过渡的"关于""通知"删去，保留最后一个"关于"和最后一个"通知"。

2. 省略式标题

为了使标题显得简洁、清晰，一般过长的标题可省略发文机关，如《转发国务院关于贯彻实施〈中华人民共和国行政许可法〉的通知》，省略了"××省人民政府"。但如果两个单位以上联合发文，一般不省略发文机关，如《××省国土资源厅、××省国家保密局转发国家测绘局、国家保密局〈关于开展全国测绘成果保密检查工作〉的通知》。

（二）主送机关

主送机关也称为受文对象，根据实际情况，可以是一个或几个甚至所有的相关单位。普发性通知可省去主送单位。主送机关须用全称或规范化简称。

（三）正文

通知正文通常由缘由、事项和结尾 3 部分组成。通知类型多，不同种类的通知，其正文结构、写法也不尽相同。

1. 发布性通知

这类通知正文较简单，一般先写明发布文件的名称和发布意义，后表明对这一文件的态度并提出实施要求。

2. 批转（转发）性通知

这类通知正文类似于发布性通知，先写明被批转（转发）的文件，后提出实施意见和执行要求，常用"现将……批转（转发）给你们，请参照（遵照）执行"惯用语。

3. 事项性通知

这类通知的写法比较复杂，一般由缘由、事项和要求三部分构成。缘由部分主要交代发文的依据、目的和意义等，须简明扼要；事项部分是主体内容，要把布置工作、周知事项的目的、要求、措施及办法等内容阐述清楚，事项内容多的常分条列项，由主到次排列。结尾常用"特此通知""请遵照执行"等结语，也可省略。

4. 会议通知

作为事项性通知的一种，其正文也包括缘由、事项和结语 3 部分。缘由部分一般说明召开会议的目的和意义；事项部分一般包括会议名称、时间、地点、内容、参加人员、报到时间和地点、费用、准备材料和其他注意事项等，这部分必须写得具体明白、准确无误，常用分条列项式写法。

5. 任免通知

这类通知写法较简单，一般先写明任免依据，后写明任免人员的姓名和职务，有的还写上任期和待遇等。

（四）落款

署上发文单位（加盖印章）和发文日期。

三、写作注意事项

（一）明确目的，分清种类

通知种类较多，行文各有区别。行文前要先弄清通知目的，后选用正确的种类，才能写出合意的通知。

（二）事项明确，切实可行

通知无论发布文件、布置工作还是周知事项，旨在要求有关单位或人员执行、办理，其事项、要求、措施、办法等除切实可行之外，还要写得清楚、明白、有条理，以便领会精神、付诸行动。

（三）用语得体，讲究时效

通知主要是下行，但也可平行。下行时要突出权威性、指令性，平行时要体现协调性、尊重性。同时要注意行文迅速，以免延误工作。

范文博览

[范例一] 事项性通知

关于举办"20××年全国高职院校教学秘书工作创新与职业能力发展及技能提升高级培训班"的通知

职教培联字〔20××〕94号

各职业院校、各有关单位：

为深入学习贯彻全国职业教育工作会议精神，推进高职院校教务和教学管理工作创新及其规范化、科学化建设，提升教学管理人员的业务水平，促进教学秘书管理能力和责任意识的提升，在教学管理工作中更好地发挥助手与参谋、沟通与协调、桥梁与查考鉴证与咨询解答等关键作用，我部拟举办"20××年全国高职院校教学秘书工作创新与职业能力发展及技能提升高级培训班"。具体事宜通知如下：

一、培训内容

1. 新时期高校教学管理要点、难点、工作规范与理念创新。
2. 实践教学管理及实践教学体系研究。

3. 教学秘书如何提升沟通与交流能力。
4. 如何做好学院教学管理工作。
5. 高职院校教学秘书公文写作与撰写中常见问题分析。
6. 高职院校教学秘书的职业发展与规划。
……（以下略）

二、培训方式

邀请业内权威专家以专题讲座、理论研讨与实践教学相结合的方式，辅以交流研讨，并解答学员提出的有关难点和热点问题。

三、培训对象

各高等职业院校主管教学的院长，教务处、研究生院（处）、各相关院系教学主任（干事、秘书），教学质量监控等部门负责人及业务骨干，从事教学管理的骨干教师等。

四、时间地点

20××年7月9—12日，××市。

五、培训费用

培训费1 380元/人，食宿统一安排，费用自理。

六、培训证书

颁发培训证书，培训课时计入在职干部继续教育学时。

七、报名方法及注意事项

1. 本次培训由×××管理咨询（北京）有限公司承办，培训班具体安排见《报到通知》。

报名电话：010-57208234　报名传真：010-80726884

报名邮箱：285977842@qq.com

联系人：×××　手机：1381053××××

2. 中国职教学会培训交流部联系人：王××，董××，吴××

咨询电话：010-84630224

中国职业技术教育学会文件下载网址：www.chinazy.org

附件：报名回执表

中国职业技术教育学会培训交流部
20××年5月

评析：这是一份培训会议通知，也属于事项性通知，采用省略式标题，缘由部分写明发布通知的目的、意义或依据，事项部分具体写明应当遵守或周知的事项，内容较多的一般分条款来写，落款日期用阿拉伯数字。

[范例二] 转发性通知

转发市发展改革委关于20××年广州市深化体制改革工作意见的通知

各区、县级市人民政府，市政府各部门、各直属机构：

市发展改革委《关于20××年广州市深化体制改革工作的意见》业经市人民政府同

意，现转发给你们，请认真贯彻执行。

广州市人民政府办公厅（印章）
20××年3月20日

（《关于20××年广州市深化体制改革工作的意见》略）

评析：这是一则转发性通知，转发性非法规性文件，转发内容不加书名号，文件由市政府认可并转发给下属机关执行，提出执行要求，语言简洁。

[范例三] 任免通知

××市人民政府关于×××等同志职务任免的通知

各区县（自治县）人民政府，市政府各部门：

经20××年×月×日市人民政府第××次常务会议决定：

任命

×××为重庆市发展和改革委员会副主任；

×××为重庆市交通委员会副主任；

×××为重庆市监察局派驻重庆市交通委员会监察专员；

……

免去

×××的重庆市发展和改革委员会副主任职务；

×××的重庆市监察局派驻重庆市民政局监察专员职务；

……

重庆市人民政府（印章）
20××年×月×日

评析：这是任免性通知，说明任免依据和任免事项，重点突出，语言简洁，具有很强的执行力。

二、通 报

××省人民政府办公厅表彰全省20××年度大气和水污染防治攻坚工作优秀单位等先进典型，请代笔拟写该份表彰通报。

一、通报概述

（一）概念

通报是适用于表彰先进、批评错误、传达重要精神和告知重要情况的公文，是一种有较强教育作用和指导作用的周知性下行文。

（二）特点

1. 典型性

无论表彰先进、批评错误，还是传达重要精神或情况，都要求是典型人物、事件或情况，且具有典型意义，而非一般性的人、事、情况。

2. 教育性

通报通过表彰先进典型，弘扬正气，鼓励人们学习先进；通过反面事例批评错误，让人们认识错误、吸取教训、引以为戒，并改正错误；通过传达带有倾向性的情况和信息，让人们了解好的苗头和不良的倾向，以教育人们引起重视。

3. 真实性

通报中所表扬、批评和传达的情况，要求准确无误，不允许有任何虚假成分，否则将失去正面教育意义，从而达不到教育目的。

4. 时效性

通报具有极强的时间性，写作时须抓住有利时机，及时制作，及时通报，才能达到教育、宣传的目的，取得良好的教育效果。

（三）种类

1. 表彰性通报

这类通报主要用于表扬和宣传先进集体、先进个人典型事迹，从中总结出成功经验，号召人们向先进学习。

2. 批评性通报

主要用于批评处理重大事故、事件、违法违纪案件等，告诫人们吸取教训，防止类似错误再次发生。

3. 情况性通报

主要用于上级领导机关向所属下级机关传达有关重要情况、发布重要信息，以便上情下达，统一认识，协调并推动工作。

（四）通报与通知的区别

通报与通知相比，具有以下几点不同：

1. 内容范围不同

通报与通知都有告知的作用，但通知告知的主要是工作的情况，以及共同遵守执行的事项；通报则是告知正反面典型，或有关重要情况。通知主要用于发布行政法规和规章，批转和转发公文，告知需办理和周知的事项；通报主要用于表扬先进，批评错误，传达交流重要情况和信息。

2. 目的要求不同

通知的目的是告知事项，布置工作，部署行动，要求受文机关遵照执行。而通报的目的不是贯彻执行，而是通过正反面的典型去教育人们，宣传先进的思想和事迹，提高人们的认识，引起人们的重视。

3. 表现方法不同

通知的表达方式以叙述为主，语言具体明白；而通报的表达方式常常兼用叙述、说明和议论，陈述事实，说明问题，分析评价，具有较强的感情色彩，以达到宣传教育的目的。

二、通报的结构

通报一般由标题、主送机关、正文、落款几部分构成。

（一）标题

通报标题一般由发文机关、事由和文种构成。根据实际需要，有的也可省略发文机关，只由事由和文种构成，如下文的范例二。

（二）主送机关

通报的主送机关是发文机关的下属单位。

（三）正文

不同类型的通报，其正文结构和写法有所不同。

1. 表彰性通报和批评性通报

这两类通报正文结构基本一致，一般由事由、分析评价、决定事项和希望要求四部分构成。"事由"主要概述事项的时间、地点、人物、原因等；"分析评价"主要是分析事项的积极或消极意义以及所带来的正面或负面影响，表明发文单位肯定或否定的态度；"决定事项"主要是宣布对有关人员或团体进行奖励或处分的决定；"希望要求"一般是号召人们向表彰的人物和事迹学习或要求大家从错误事实中吸取教训，引以为戒。

2. 情况性通报

正文结构一般由3部分内容组成：第一部分先概述情况，用具体的事实、翔实的数据等说明；第二部分主要总结经验教训，说明处理结果，指出存在的问题；第三部分是提出改进工作的希望和要求（有的也省略这部分内容）。

（四）落款

署上发文机关名称（加盖印章）和发文日期。如果标题已注明发文机关，且成文时间在标题下注明，则可不再落款。

此外，普发性通报可不写主送机关。非普发性通报得写主送机关，相应发文机关和成文时间则在落款处写。

三、写作注意事项

（一）情况要真实

通报事项要真实可靠，叙述评价要实事求是、客观中肯，不能随意夸大或缩小，更不能凭空捏造，以免发文后给主办机关造成被动、失信的局面。

（二）事例要典型

写作通报要站在全局高度，着眼于正确导向，选取有代表性、针对性和普遍教育意义的典型事例，让人们受到教育和启示。

（三）行文要及时

通报贵在及时，编发者要善于抓住具有倾向性、苗头性的事例及时编发，过时的通报不可能取得良好的宣传教育效果。

范文博览

[范例一] 表彰性通报

××省人民政府办公厅关于表扬全省20××年度大气和水污染防治攻坚工作优秀单位的通报

各省辖市、省直管县（市）人民政府，省人民政府各部门：

20××年，全省各级、各有关部门以习近平新时代中国特色社会主义思想和生态文明建设理论为指导，认真贯彻落实党中央、国务院决策部署，按照省委、省政府和环境保护部的目标要求，坚持依法治污、科学治污、全民治污、标本兼治，勇于担当、甘于奉献、勠力同心、攻坚克难，强力推进环境污染防治攻坚战，全省PM10（可吸入颗粒物）、PM2.5（细颗粒物）浓度分别降至106微克/立方米、62微克/立方米，优良天数显著增多，大气环境质量大幅改善，水环境质量明显好转，全面完成了国家"大气十条"五年大考目标和"水十条"20××年度目标。大气和水污染防治攻坚工作中涌现出了一批成绩优秀单位，为全省环境质量持续提升做出了突出贡献。

为鼓励先进、树立典型、促进工作，进一步调动和激发各方面打好环境污染防治攻坚战的积极性、主动性和创造性，推动形成真抓实干、齐抓共管、攻坚治污的良好局面，经省政府同意，对大气污染防治工作成绩优秀的××市政府、××市政府、×××市政府、××市政府、××市政府、××市政府、××县政府、××县政府、××市政府、××市政府、×县政府、××市政府、省发展改革委、监察厅、环保厅、工商局、农业厅、科技厅、电力公司，水污染防治工作成绩优秀的××市政府、××市政府、××市政府、××市政府、××市政府、××市政府、××市政府、××县政府、××市政府、××县政府、××市政府、省发展改革委、监察厅、环保厅、住房城乡建设厅、水利厅、畜牧局予以通报表扬。

希望受表扬的单位珍惜荣誉，发扬成绩，再接再厉，在今后环境污染防治工作中再立新功，再创佳绩。希望各地、各部门以先进单位为榜样，进一步解放思想，开拓创新，强化措施，扎实工作，大力推进环境污染防治工作，持续改善生态环境，为打赢环境污染防治攻坚战、建设天蓝地绿水净的美丽××做出新的更大贡献。

××省人民政府办公厅（印章）

20××年2月6日

评析：这是一篇表彰性通报。这篇表彰性通报较有特色，先用总括的手法，概括了所取得的成效，并以此为据引出下面表现突出的单位和个人，并在此基础上做出表彰决定，提出希望和要求。全文结构层次清晰，环环相扣，结构严密。

[范例二] 批评性通报

关于公布严重违反劳动保障法律法规
用人单位的通报

各有关单位：

自《中华人民共和国劳动合同法》实施以来，我市广大用人单位绝大多数都能自觉遵守劳动合同法、劳动法等法律法规，维护了员工的合法权益和社会稳定。但也有少数用人单位法律法规观念淡薄，恶意克扣、无故拖欠劳动者工资，有的法定代表人和负责人甚至欠薪逃匿，由此引发了讨薪、集体上访等群体事件，严重扰乱了我市的社会公共秩序。这些事件虽然得到了各级政府和有关部门及时、妥善的处理，但仍然造成了恶劣的影响。现根据国家《劳动保障监察条例》第二十二条和《广东省用人单位重大劳动保障违法行为社会公布暂行规定》（粤劳社〔2005〕111号）的有关规定，对下列11家存在恶意欠薪等严重违法行为的用人单位予以公布：

（单位略）

××市人力资源和社会保障局（印章）
20××年3月3日

评析：这是一份批评性通报。正文包括事由、分析评价、决定事项三部分，事由部分和分析评价部分融合一起写，精练概括。在此基础上，依据法规做出通报决定，说服力强。

第三节 报告与请示

任务目标

【知识目标】

了解报告、请示的概念、特点、种类、适用范围及结构与写法。

【能力目标】

明白请示与报告的区别，会熟悉常用的请示、报告。

【素质目标】

熟悉请示与报告的用途，养成事前请示、事后报告的习惯。

一、报 告

任务设计

××市体育局抓好政务诚信建设，从"加强领导""抓好落实""强化教育"3方面抓好工作,并向××市政府汇报。请查阅相关资料,展开合理想象,草拟这份报告。

应用导航

一、报告概述

(一) 概念

报告是向上级机关汇报工作、反映情况、回复上级机关询问的公文。报告属于陈述性上行文,行文的目的是为领导机关了解情况、制定政策和指导工作提供依据。

(二) 特点

1. 汇报性

报告是下级机关向上级汇报工作、反映情况、答复问题的重要途径,是下情上达的主要工具,报告的目的是让上级机关掌握基本情况并及时对本单位的工作进行指导。

2. 陈述性

报告在汇报工作、反映情况、答复询问时均以陈述事实为主,大都采用叙述说明的表达方式,把事情的来龙去脉(时间、地点、人物、经过、原因、结果等情况)交代清楚,使上级机关能迅速、全面、准确地掌握有关情况。

3. 客观性

报告反映的情况、提供的信息,必须是实事求是的真实信息,既报喜又报忧,不允许任何弄虚作假。

(三) 种类

按照性质、内容,报告可分为下面4种类型。

1. 工作报告

工作报告是指向上级机关汇报工作情况的报告,包括综合性工作报告和专题性工作报告。前者是综合汇报某阶段的工作,对某阶段内各方面的工作做一个总的回顾,总结经验教训,提出今后的设想等。专题性报告是就某一项工作向上级机关进行汇报。

2. 情况报告

情况报告是向上级机关汇报出现的新情况、新问题,特别是突发事件、特殊情况、意外事故及处理情况的报告。

3. 答复报告

答复报告就是答复上级机关询问事项的报告。这种报告是被动行文,必须有针对性地实事求是地回答,不可避而不答或答非所问,也不要旁及无关的问题,答复前要做深入的调查。

4. 报送报告

报送报告是向上级报送文件、物件时使用的报告,正文通常非常简略,只需写明"现将××××报上,请指正(请查收)即可"。真正有意义的内容都在报送的文件、物件里。

二、报告的结构

报告的结构包括标题、主送机关、正文、落款4部分。

（一）标题

报告的标题一般由发文机关、事由和文种构成，也可根据需要省略发文机关，但不可省略事由和文种。

（二）主送机关

主送机关只能有一个，需其他上级机关了解时，以抄送的方式处理。

（三）正文

报告的正文由缘由、主体和结束语组成。

缘由部分通常是写明报告的目的、根据或原因，概述报告的基本内容或基本情况。

主体部分主要是报告具体情况、存在的问题和今后的意见。内容较多的报告，可分条列项，由主到次排列，有的分成不同部分。不同类型的报告，其主体部分有简有繁，写法不尽相同。

结束语用简明的文字概括全文，或使用惯用语结束全文，常用的有："特此报告""专此报告""请审阅""请核查备案"等。报告不要求上级答复，所以它的结束语不宜写"以上报告，请指示（批示）"等语句。

（四）落款

落款由发文机关（加盖印章）和成文时间组成。

 ## 三、写作注意事项

（一）主题要新颖

撰写报告要善于发现新的有价值的材料，并以新的视角分析取舍材料，提炼反映本质性和规律性的新观点、新主题。

（二）内容要真实

报告的内容必须真实，任何未经实践和调查的内容均不能写进报告，同时汇报务必实事求是，既不夸大成绩，也不掩盖存在的缺点和问题。

（三）重点要突出

撰写报告必须抓住重点，突出中心，安排结构要分清主次、详略得当，材料处理也要注意点面结合，做到概括材料和典型材料相统一，以增强说服力。

（四）报告不要夹带请示事项

《党政机关公文处理工作条例》明确规定报告"不得夹带请示事项"。上级机关一般不对"报告"做答复，夹带请示事项的报告，给上级机关带来办理的不便，容易贻误工作。

范文导读

[范例一] 工作报告

××市体育局关于政务诚信建设情况报告

××市人民政府：

加强政务诚信建设，是树立政府公开、公正、诚信、清廉的良好形象，优化我市经济社会发展环境的重要保障。市体育局高度重视，紧紧围绕市委市政府"1+454"体系，深入贯彻落实省、市加强政务诚信建设有关精神，以建设体育强市为目标，以建设廉洁勤政诚信政府部门为抓手，强化措施，扎实推进；局系统政务诚信建设有序健康发展并取得积极成效。

一、强化领导，扎实推进

为确保我局政府诚信建设工作取得实效，我局成立了政务诚信建设领导小组，明确由局主要领导任组长、分管局长任副组长、局系统所属事业单位和机关各处室主要负责同志为成员的领导小组，办公室设在局办公室，负责政务诚信建设相关推进工作。目前，所属事业单位也按市体育局统一部署要求，分别成立了本单位相应的组织机构，初步形成了领导重视、共同参与、齐抓共管的工作格局。

二、坚持突出重点，强化落实

（一）深入推进依法行政。（略）

（二）坚持做好政府信息公开。一是坚持权力公开。（略）二是坚持政务工作动态公开。（略）三是抓好政协提案办理。（略）

（三）坚持夯实政务诚信基础。（略）

三、强化教育，增强诚信观念。（略）

2018年是贯彻党的十九大精神的开局之年，是省运年，是我市"打造四个中心建设现代××"的攻坚之年。我们将深入学习贯彻党的十九大精神，以习近平新时代中国特色社会主义思想为指导，深入贯彻市委、市政府及社会信用体系建设工作领导小组的各项工作安排和部署，立足体育行业实际，突出依法治体、诚信建体，不断开创××体育事业发展新局面，为"打造四个中心、建设现代泉城"做出新的贡献！

（印章）
2018年4月16日

评析：这是一份总结性专题工作报告。开头阐明报告依据，然后从四个方面进行情况说明。作为总结性的汇报材料，涵盖的内容多，本文思路清晰，有条有理，容易给人留下深刻印象。

[范例二] 情况报告

××县劳动和社会保障局关于争创省级优质服务窗口情况报告

××省人民政府：

按照省、市、县优化办关于开展争创省级优质服务窗口的活动要求，一年来，县劳动保障局在创建活动中，始终把群众呼声作为第一信号，把科学发展作为第一要务，把群众满意作为第一追求，把高效、优质、清廉、公平作为第一准则，把和谐稳定作为第一责任，用"三满意"作为检验创建的尺子，真情解民忧，真功求实效，深入开展争创"优质服务窗口"活动，取得了良好的效果，现将一年来活动开展情况汇报如下：

一、加强领导，周密部署

为保障争创"省级优质服务窗口"活动取得实效，局党组及时成立了以局长为组长，主管局长为副组长，行政服务科为成员的领导小组，明确分工，具体负责，制定简便易行的实施方案，为争创活动有序开展提供制度保障。

二、突出重点，确保实效

（一）严格依法行政。……

（二）优质高效服务。……

（三）办事公开透明。……

（四）工作作风优良。……

（五）监督机制完善。……

三、成效显著，各项工作得到推进

在争创"省级优质服务窗口"活动中，紧密结合工作实际，发扬求真务实精神，采取各项有力措施，充分调动窗口人员的工作争创积极性，窗口的服务意识明显增强，工作方法明显改进，工作效率明显提高，服务质量明显改善，得到了各服务单位和个人的一致好评，服务对象对我们的服务满意率达98%以上，树立了良好的劳动保障服务窗口形象。全年共受理退休、退职审核，工伤认定，劳动合同鉴定，职业资格证书核发等事项2 222项，年度办结事项2 222项，办结率达100%。

××县劳动和社会保障局（印章）
20××年1月9日

评析：这是一篇情况报告，采用全称式标题，可见报告的重要性及发文机关对报告的重视程度。开头阐明工作依据以及工作原则与成果，然后从3个方面分别进行情况汇报，报告采用纵式结构，逐层递进，既有"面"上的材料概述，又有"点"的具体事实说明，点面结合，有的放矢，令人信服。

二、请示

任务设计

××镇的建设和发展情况拟将××路东侧、××西路南侧、镇政府北侧一宗土地向

××市人民政府请示由商业用地改为住宅用地，请代××镇政府拟写该请示。

应用导航

一、请示概述

（一）概念

请示是向上级机关请求指示、批准的公文，属于呈请性的上行文。

（二）特点

与报告相比，请示具有如下几个特点：

1. 呈请性

请示是向上级机关请求指示和批准的公文，行文内容具有请求性。而报告是向上级机关汇报工作、反映情况、答复上级机关询问或者要求的公文，具有陈述性质。

2. 求复性

请示的行文目的是请求上级批准，解决具体问题，要求做出明确的答复，因此请示具有求复性。而报告的目的是告知，使上级掌握某方面或阶段的情况，不要求上级一定答复。

3. 超前性

请示行文时间具有超前性，必须在事前行文，等上级机关做出答复后才能付诸实施，没有上级的答复，就不能自作主张行事，不能"先斩后奏"。而报告则可在事后行文，也可在工作进行中行文，一般不在事前行文。

4. 单一性

请示事项具有单一性，要求一文一事。而报告可以一文一事，也可一文数事。

（三）种类

1. 政策性的请示

这类请示主要用于下级机关对某一法规、政策不太理解，或对重大原则问题无法自行处理，请求上级机关答复、指导事项，如后文的范例一。

2. 事项性的请示

这类请示主要用于本机关无权决定（或无力解决）的，需要上级批准、支持或帮助的事项，如人员编制、机构设置、外事活动、换届选举、重要决定、重大决策、大型项目以及人力、物力、财力求助等方面的事项，如后文的范例二。

二、请示的结构

（一）标题

标题一般由发文机关名称、事由、文种构成，也有的只写事由和文种，但不可只写文种。

（二）主送机关

请示的主送机关只有一个，即直接的上级主管机关，不能多头请示。

(三) 正文

一般由缘由、事项、结语3部分构成。

1. 缘由

这是正文的开头，主要说明请示的原因，要突出请示的必要性和迫切性。缘由是请示的重点，要写得充分，有理有据。写明缘由后，常用"现将……问题请示如下""特请示如下"等惯用语过渡到下文。

2. 事项

这是请示的主体，主要说明请求上级机关批准或指示的具体事项。这部分说明的事项须明确，条理要清楚，若请示内容多，可采用条款式安排结构。

3. 结语

这是请示的结尾，具体明确地提出批复请求，常用"以上请示，请批复（审批）""以上请示如无不妥，请批复"等惯用语。

(四) 落款

落款署上发文机关（加盖印章）和成文时间。

三、写作注意事项

(一) 行文严格遵守"六不"

一是不多头请示，即要单头请示，只能有一个主送机关；二是不事后请示，即必须事前行文，绝不能"先斩后奏"；三是不越级请示，即要逐级请示，因特殊情况须越级行文时，一般应抄送直接上级机关；四是不要一文多事，即不得将不同性质的问题、事项写在同一份请示中，而要一文一事、专文专请；五是不直接送领导个人，除领导直接交办事项外，一般不得直接送领导个人；六是不得抄送下级机关，请示在上级机关答复之前，不得抄送给下级机关。

(二) 缘由充分，要求合理

请示理由充分，才有说服力，才能充分体现请示事项的必要性，方便上级机关批复，促使问题及时解决。

(三) 语言简明，语气得体

请示语言应简明扼要，以便突出重点引起重视；语气谦恭、委婉，措词恰当而有分寸，才容易为上级接受并得到及时批复。

范文导读

[范例一] 政策性请示

关于提请审查××村庄建设规划的请示

××县人民政府：

我乡聘请××省信达规划设计院对××村庄规划进行编制，现已完成，并于20××年

9月30日经村民代表大会讨论通过。现将规划呈上，请审查批复。

附件：××村庄建设规划

××村政府（印章）
20××年10月9日

评析：这是一篇政策性请示。简明扼要说明请求事项，虽然篇幅短小，但结构完整，事项明确。

[范例二] 事项性请示

关于调整规划用地的请示

××市人民政府：

我镇属××市区的南大门，近两年来，按照上级要求进一步推进集镇建设速度，镇区范围不断扩大。以××路为中心的金三角装饰、地板、油漆涂料、有色金属、废钢回收等市场已形成规模。以××路为中心的行政区域已建成，以××路为中心的东区小学、新的农贸市场，安置房、商住房、高级住宅、紫金广场等初具规模。

现根据我镇的建设和发展情况，拟将××路东侧、××西路南侧、镇政府北侧一宗土地推向市场进行住宅建设，面积约400亩，计划分批次进入土地交易市场。根据××市总体规划，该地块为工业用地，因我镇已另有工业集中区，为此特请示将该地调整为住宅用地。

以上请示当否，请批示。

附件：款项分配表

××镇人民政府（印章）
20××年4月11日

评析：这是一份事项性请示，目的是将工业用地调整为住宅用地。正文第一段先交代说明在推进城镇化过程中，镇区范围不断扩大，各种专业市场、中心行政区及其他配套建设已初具规模，为下一段的调整规划用地打下基础；然后第二段又简明扼要地交代调整用地的缘由和具体建设规划，最后明确提出请示要求。最后提出请求，上级予以批准乃水到渠成。

第四节 函与纪要

任务目标

【知识目标】

了解函、纪要的概念、特点、种类、适用范围以及结构与写法。

【能力目标】

能写常用的函、纪要。

【素质目标】

养成用函件进行工作沟通、多做会议记录和会后纪要的职业习惯。

函

××省公安厅拟录用32名应届大学毕业生并向省人社厅申请审批，××省公安厅应该如何向省人社厅行文？

应用导航

一、函的概述

（一）概念

函适用于不相隶属单位之间商洽工作、询问或答复问题，是向有关主管部门请求批准和答复审批事项时使用的公文。

（二）特点

1. 适用范围广

函既可用于相互商洽工作，询问答复问题，又可以用于向主管部门请示批准事项，任何级别的机关、企事业单位都可用，使用频率高。

2. 灵活简便

函篇幅往往很短小，内容单一，语言简洁，而且制作程序简易，被称为公文的"轻骑兵"。

3. 行文多向性

函属于平行文，但也适用于上下级单位、部门之间相互行文，兼有上行、下行方向。

（三）种类

1. 按性质、格式，可分为公函和便函

公函。属于正式公文，用于处理郑重的事项或问题，从标题、发文字号到成文时间都应严格按公文的格式制发。

便函。用于处理一般事务，没有完整的公文格式，可不加标题，不编发文字号，也可不盖章。

2. 按行文方向，可分为发函和复函

发函。发函也称去函，是发文机关主动制发的函。

复函。复函也称回函，是答复对方有关事项的函。

3. 按行文目的、内容，可分为商洽函、问答函、请批函和告知函

商洽函用于机关单位之间相互商洽事项、联系工作。

问答函用于机关单位之间相互询问问题、征求意见和答复询问事项。

请批函，也称为申请函，用于向有关主管部门请求批准事项。

告知函用于告知不相隶属机关有关事项。

（四）区别

1. 函与书信的区别

函也叫"信"，书信也叫"函"，即所谓"信函"，两者均属于信件类函。在公文使用中，"函"与"信"则不是一码事。函是行政公文，也称为公函，由党政机关、人民团体、企事业单位间处理公务时使用，而书信是普通应用文，由普通群众处理个人事务时使用。两者具体有如下几点不同：

1）适用范围不同。函（包括公函或便函）是机关之间处理公务的信件。书信是个人与组织之间、个人与个人之间、组织与组织之间，交流思想感情或互通情报的一种应用文体。

2）格式不同。函属于公文信件，较庄重，格式较严格。书信较自由，虽有特定的格式，但不那么严格，更为灵活。

3）篇幅长短和表达形式不同。书信可长可短，重视思想感情的交流。函其措词特别讲究得体，不须表达个人情感。

2. 请批函与请示的区别

请批函和请示都是具有请求批准功用的公文。请批函是向不相隶属的机关或有关主管部门请求批准事项。请示则是用于有隶属关系的上下级之间，下级向上级请求批准事项。

二、结构与写法

公函的结构由标题、主送机关、正文、落款等部分组成。

（一）标题

一般由发文机关、事由、文种构成，有的省略发文机关。复函的标题中要标明"复函"。

（二）主送机关

即收函机关，一般只有一个。复函的主送机关就是来函的发文机关。

（三）正文

1. 缘由

函的开头简要写明发文原因和目的。复函则用一句话引述来函的标题（或主要内容）、发文字号（或日期），并说明函已收悉。

2. 主体

要具体写明所商洽、询问、告知或请求批准的事项，内容较多的可以分条款写。复函要针对来函事项给予明确的答复。

3. 结尾

常用惯用语作结。去函常用"特此函达""即请复函""敬请回复""务希见复""请研究后函复"等，复函常用"特此函复""特此函告""此复"等。有的只提要求，没有结语。

（四）落款

署上成文时间加盖发文机关印章。

三、写作注意事项

（一）内容单一，事项明确

函要坚持"一事一函"的原则，不将无关或不同类事情写入同一份函。无论询问、请批、商洽、告知或答复什么，都要明确具体、一目了然，切忌含糊不清。

（二）行文简洁，语言得体

函叙事要直接，简洁明了，不转弯抹角、兜圈子，切忌空话、套话和空发议论。语言表达须做到平和尊重、有礼得体，切忌口气生硬。

范文博览

[范例一] 商洽函

关于请求协助验收档案整理工作的函

××档案局：

  为做好原××市外贸公司积存的历史文件档案材料整理工作，我局委托××省××科技有限公司开展该项工作。目前，该项工作已经完成，为确保工作达到国家要求的档案整理的有关规范和要求，特请求贵局派业务人员协助验收该项工作。

  专此致函，敬请予以大力支持为盼。

××商务局（印章）
20××年12月6日

  评析：这是一份商洽函件，正文开头叙写发文缘由和目的，接着写明商洽事项，简明扼要，结语礼貌得体。

[范例二] 商洽函（复函）

关于给泰都超市商场租用地的复函

泰都超市：

  贵超市《关于商租鑫金商厦一楼场地的函》（鑫超函〔20××〕23号）收悉，经研究，现答复如下：

  贵超市拟租我商厦一楼闲置场地开设超市，此举方便顾客的购买需求，有利于盘活我商厦的闲置资源和扩大我商厦的经营规模与商品种类，因此本商厦同意贵超市来我商厦一楼开设超市。具体事宜请贵超市来人面洽。

  特此函复

鑫金商厦（印章）
20××年4月1日

评析：这是一份回答对方商洽事项的答复函。正方开头引述对方来函标题及发文字号，以作复函缘由，继而用承启语过渡到主体部分。主体部分先概括对方来函商洽事项及意义，既对来函回应，又表达了自己的认真态度，紧承此句，作出"同意"的合作表态，并提出进一步面谈的意向。

[范例三] 请批函

××省公安厅关于拟录用××××届大学生的请批函

省人社厅：

根据中共××省委组织部、××省人事厅《关于××××年省级机关录用应届高等学校、中专学校优秀毕业生的通知》规定，我们对拟录用到我厅机关工作的大学生按规定程序进行了统一考试、面试、体检和政审。经××省公安厅党组研究，拟录用32名应届大学毕业生。

现将有关录用审批材料报上，请审批。

附件：录用审批材料32份

××省公安厅（印章）
××××年2月21日

评析：这是一份请批函。正文先写发函的背景、依据，继而写出具体请批事项、做法，然后表明请求态度。本函语态得体、文字简洁、要素齐全、结构完整。

纪　要

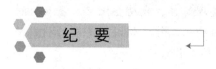

副省长、省政府安委会主任刘×主持召开专题会议，传达贯彻省委、省政府主要领导关于防汛减灾工作有关指示批示精神，进一步研究部署汛期安全生产工作。省政府副秘书长、参事室主任、安委会副主任蔡×，省安全监管局（××煤监局）、省经济和信息化委、交通运输厅、省国资委、省国防科工办、省核工业地质局、省通信管理局、省电力公司等单位负责同志参加会议，会议对抓好汛期安全生产和综合防灾减灾工作进行了专门研究。根据以上材料，展开合理想象，拟出该纪要的草稿。

一、纪要的概述

（一）概念

纪要是记载会议情况和议定事项的公文。纪要向上汇报，让上级了解情况，同时要向下传达，以便下级机关遵照执行，因此它的行文方向较为灵活，可上行、下行和平行。

（二）特点

1. 纪实性

纪要要全面、真实地反映会议内容、议定事项，如实传达会议精神，不能随意更改和增删。

2. 概括性

纪要将会议主要内容和会议主体精神进行归纳整理，并综合概括写出来。它不涉及会议的全过程，不是把会议的全部情况一一反映出来，而是有条理地陈述事实，反映精神。

3. 约束性

纪要将会议主体精神和主要问题反映出来，一经下发，对有关单位和人员有行政约束力和指导作用，这些单位和人员必须遵守和执行。

4. 依附性

纪要不能独立行文，上报需用"报告"形式呈递，下发需用"通知"印发。

（三）种类

根据会议的性质划分，纪要可分为：

1. 办公会议纪要

这是机关或企业、事业单位召开的定期或不定期的工作会议形成的纪要，是反映机关、单位领导活动、主要决策和处理日常工作的内部文件，包括例行办公会议纪要（定期）和现场办公会议纪要（不定期）。用于传达会议所研究的工作、议定的事项和布置的任务，要求有关单位遵照执行。

2. 专题会议会纪要

这是为研究专项问题而召开的会议所形成的纪要，包括研讨会议纪要和各类座谈会纪要。主要用于协调关系、传递信息、指导工作以及反映会议对问题的研究情况和处理结果。

二、纪要的结构

（一）标题

纪要的标题一般由会议名称和文种构成。也有的是由正、副标题组成，如《抓住机遇，扩大开放——沿长江五市对外开放研讨会议纪要》。

（二）正义

1. 前言

即纪要的开头部分，用来概括介绍会议的基本概况。如召开会议的依据、目的、时间、地点、主持人、参加会议的单位或人员情况，会议的主要议题，以及对会议成果的总评价等。

2. 主体

这是纪要的核心部分，主要介绍会议讨论的主要情况、主要精神和议定的事项。写法上形式多样，主要有：

分项式。即把会议的主要内容和议定事项分成不同几个问题，然后加上小标号或小标题，分项写出。

综述式。也叫概述式，就是将会议内容用概括叙述的方法，进行整体的阐述和说明，一般分段（层）逐一写出。

摘要式。即把与会者的发言摘录其要点，按会议发言顺序或内容性质将其写出，除写出发言者的真实姓名外，还需说明他们的职务、职称。

3. 结尾

正文的收束，一般提出希望、号召，要求与会者或有关单位认真贯彻会议精神。有的也省去此部分。

（三）落款

纪要的成文时间一般写在标题正下方，并加圆括号；也可在正文右下角署上成文时间，不需要加盖印章。

三、写作注意事项

（一）收集材料，真实反映

写纪要前要收集与会议有关的文件，做好会议记录，确切掌握会议的全面情况，真实反映会议内容和与会者观点，准确传达会议主题和主要精神。

（二）抓住重点，突出中心

"纪要"就是"综合要点"，应围绕会议中心，综合概括会议内容，抓住重点，突出主题，并非不分主次的"有闻必录"。

（三）条理清晰，言简意明

纪要应充分注意系统性和条理性，把握前后逻辑顺序，做到层次分明、脉络清晰；用语要简明扼要、客观准确，特别注意用好开头惯用语，如"会议认为""会议强调""会议要求""会议号召"等，突出会议主旨。

范文博览

研究汛期安全生产工作专题会议纪要

×府纪〔20××〕38号

7月11日上午，副省长、省政府安委会主任刘×主持召开专题会议，传达贯彻省委、省政府主要领导关于防汛减灾工作有关指示批示精神，进一步研究部署汛期安全生产工作。省政府副秘书长、参事室主任、安委会副主任蔡×，省安全监管局（××煤监局）、省经济和信息化委、交通运输厅、省国资委、省国防科工办、省核工业地质局、省通信管理局、省电力公司等单位负责同志参加会议。

会议强调，近期强降雨袭击我省盆地西部大部分地区，造成严重损失，根据气象预报，强降雨天气还将持续。汛期是各类生产安全事故的易发期，极易因自然灾害引发次生、衍生事故。各级各相关单位按照省委、省政府工作部署，把防汛期减灾作为"生命工程"来抓，把做好抢险救灾、确保群众安全作为重要政治任务，进一步落实领导责任和工作责任，建立和完善自然灾害引发生产安全事故预报、预警、预防机制，把防灾责任和防范措施落实到具体单位和操作层面，全力以赴抓好汛期安全生产和综合防灾减灾工作，确保人民群众生命财产安全。

会议议定以下事项：

一、切实加强矿山企业的防洪和防治水工作，重点加强对矿井采空区，塌陷区、积水区的巡检和排查，加强矿井涌水量观测。（略）

二、强化道路交通运输领域汛期安全监管。（略）

三、狠抓危险化学品和烟花爆竹等安全管理。（略）

四、严密防范突发性暴雨、山洪暴发引起的山体滑坡、崩塌和泥石流引发生产安全事故。（略）

五、深入开展隐患大排查大整治。（略）

六、切实加强应急值守和保障工作。（略）

出席人员：省安全监督局（××煤监局）孙××，省经济和信息化委李××，交通运输厅黄××，省国资委王××，省通信管理局王×，省国防科信工委办罗××，省核工业地质局任胜，国家电网××公司李华，省政府应急办骆××等。

××省人民政府
20××年7月15日

评析：这份专题性会议纪要的标题由"会议名称＋文种"组成。导言概述会议基本情况，包括会议召开的时间、会议的主办单位、会议召开的目的、与会单位和参加会议的领导人等。接着概述了近期的防汛形势和上级部署。然后用文种承启语"会议议定以下事项"，引出"切实加强矿山企业的防洪和防治水工作"等6大问题构成的主体。文章概括准确、行文有序，结构清晰、有条不紊。

知识拓展

请扫描二维码了解"公文"称法历史变更。

实训平台

一、填空题

1. 最新修订的《党政机关公文处理工作条例》是_____（时间）发布的，规定从_____（时间）起施行。

2. 《党政机关公文处理工作条例》规定，标准公文用纸的大小规格是_____。

3. 按行文方向，公文可分为_____、_____、_____和_____，函属_____。

4. 公文版头部分由文件名称、_____、_____、_____、_____、_____等项目组成。

5. 秘密公文应当分别标明_____、_____、_____，机密公文应当标明_____。

6. 发文字号由_____、_____、_____3部分组成。广东省人民政府办公厅2012年10号函，文号应写为_____。

7. 请示是_____向_____请求指示和批准的公文文种。

8. 报告是一种_____性文件，不能带_____事项，不要求领导机关_____。

9. 函适用于不相隶属单位之间_____、_____，向有关主管部门_____和答复审批事项时使用的公文。

10. 纪要正文可采用_____、_____和_____3种写法。

二、判断题

1. 各级党政机关一般不得越级请示。因特殊情况必须越级请示时，可不抄送被越过的机关。（　　）

2. 党政各部门在本部门职权范围内，可互相行文。（　　）

3. 受上级机关双重领导的下级机关行文，必要时应抄送其另一上级机关。（　　）

4. 同级政府各部门与下级政府可联合行文。（　　）

5. 政府及其部门不得与同级党委、军队机关及其部门联合行文。（　　）

6. 报告和请示同为上行文，都是接受和实现上级正确领导的重要手段，因此可以互相替代使用。（　　）

7. 请示应上送多个部门或领导人，这样会引起上级重视，问题可能解决得快一点。（　　）

8. 既然函的撰写和印刷相对来说不像其他公文那样严格，那么其范围大小不必拘泥于"一文一事"。（　　）

9. 省教育厅拟撰文请省人社厅同意该厅×××等5人为工作人员，应该用函这一文种。（　　）

10. 每一份会议纪要应写明会议的时间、地点、主持人、参加人、召开会议的目的、原因、依据、会议议程等内容。（　　）

三、问答题

1. 公文具有哪些特点、作用？应如何分类？
2. 讲究公文格式规范化有何意义？包括哪些具体内容？
3. 公文行文规则包括哪些具体内容？
4. 公文的办理收文、发文各包括哪些具体环节？

四、修改题（分析下列病文并修改为正确文书）

1. 修改下面的"通知"。

关于举办教师节游园活动的通知

为了庆祝第十三个教师节，进一步促进师生之间的友谊，我校拟定于×月×日在××

×举办游园活动，现将有关事项通知如下：

一、凡我校教职员工均可参加。
二、参加活动必须排队，不准在队列中故意拥挤。
三、爱护一切活动器械，严禁私自挪动。
四、参加活动要听从工作人员的安排，不得无理取闹。

以上有关事项，请大家自觉遵守。

×××学校教师节游园活动筹备组
二〇〇六年九月九日

2. 修改下面的"通报"。

表彰通报

市第三化工厂，采取有力措施，切实贯彻《安全生产条例》，建立安全生产岗位责任制，实现全年生产无事故。成为市第一个安全生产岗位责任制，实现全年生产无事故。成为市第一个安全生产年企业，为此，政府决定对市第三化工厂通报表彰。

红江市政府
2006年1月20日

3. 修改下面的"请示"。

请 示

×× 省委书记、省人民政府：

因工作需要，请求省人民政府急拨春季抗旱救灾款 5 000 万元。

此致

敬礼！

八、撰写训练

1. 拟写一份关于报销外出差旅费的请示。（200 字左右）

2. 某公司从一月份开展了"争当优秀驾驶员"活动，几个月来，取得了较好的效果。一是调动了广大驾驶员遵章守纪的积极性，那种目无法纪、开英雄车的现象大为减少；二是改善了驾驶员之间的关系。相互发生纠纷的问题基本上制止了；三是进一步严格了车辆管理，完善了制度，制定了标准，开展了评比，涌现了大批先进集体和个人。请根据上述情况，以某公司办公室的名义，撰写一份"开展优秀驾驶员活动情况的报告"，呈送公司总部。（1 000 字左右）

第十章 事务文书

第一节 计 划

任务目标

【知识目标】

通过学习掌握计划的概念、种类和特点,通过案例分析掌握计划的结构、格式和写作要求。

【能力目标】

能够读懂计划的内容,会写常用的计划。

【素质目标】

熟悉计划的用途,明白什么情况下用哪种类型的计划,养成"先计划后行动"的习惯。

任务设计

××汽车股份有限公司将"自主创新"作为公司发展战略的核心。从创立之初,公司就坚持自主创新,努力成为一个技术型企业。××××年×月×日,以"新高度,新征程"为主题的××汽车股份有限公司第 200 万辆汽车下线仪式暨××新品上市新闻发布会在××市隆重举行。

举行新闻发布会的目的是庆祝公司第 200 万辆汽车下线,并庆祝××新品上市,向公司全体成员传达××汽车股份有限公司的发展信心和决心。与此同时,回顾公司的成长历程,让公司全体成员享受收获的喜悦,促进公司团队的沟通交流,让同事关系更融洽。

本次活动的主题是集中体现"自主创新",是公司发展战略的核心,也是公司实现超常发展的动力之源,打造"国际品牌"是公司的战略发展目标。本次活动还要充分体现公司开始"新高度,新征程"的理念,表现公司开拓创新、锐意进取的企业文化。

请你代××汽车股份有限公司拟写一份新品上市新闻发布会策划方案。

应用导航

一、计划概述

（一）概念

计划是单位、部门或个人对在预定时间内所要完成的工作、学习任务提出预想目标，制定相应方法和措施而写作的一种事务文书。

计划是一个统称，常见的方案、安排、打算、规划、设想、要点等，都属于计划类文书。

方案——是从工作方法到工作步骤，做出全面细致的部署与安排。如《××大学中华经典诗词诵读大赛实施方案》。

安排——是对短期内的工作进行具体布置。

打算——是短期内工作的要点式计划。如《本学期学生会开展各项活动的打算》。

规划——是具有全局性的、较长时期的长远设想。如《××市2015—2020年城市发展规划》和《个人职业生涯规划》。

设想——是初步的草案性的较长期的工作框架。如《××公司关于发展对外贸易及设立驻外分公司的设想》。

要点——是列出工作主要目标的计划。如《××职业技术学院2020年下半年工作要点》。

在拟写计划时，应根据具体情况选择恰当的名称。

（二）种类

1. 按内容分

有学习计划、工作计划、生产计划、销售计划、教学计划、科研计划等。

2. 按范围分

可分为个人计划、班组计划、部门计划、单位计划、地区计划、国家计划等。

3. 按时限分

可分为长期计划（计划期一般在5年以上）、中期计划（计划期一般在3年以上、5年以下）、短期计划（计划期一般为1年以内）。

4. 按性质分

可分为综合性计划、专题计划。

5. 按形式分

可分为条文式计划、表格式计划、条文表格结合式计划。

（三）特点

1. 目的性

计划是针对未来工作的顺利完成而制订的，计划的制订必须以目标为中心进行安排和部署，因此具有很强的目的性。

2. 预见性

凡是计划都是建立在预测的基础上，是对未来工作进程及其结果的预想和策划。因此，只有高瞻远瞩，对未来工作中可能发生的情况和遇到的问题有充分的估计，提出切实可行的方案，才能保证计划的顺利实施。

3. 可行性

计划的制订总是在总结历史经验教训、进行综合分析的基础上，提出具有积极意义，又是切实可行、经过努力能够达到的新目标和相应措施。

4. 指导性

计划一旦制订，就要对完成任务的实际活动起到指导和约束作用。工作的开展、时间的安排等，都必须按计划严格执行。

二、计划的结构与写法

计划一般由标题、正文和落款 3 部分组成。

（一）标题

计划标题的写法，常见的有以下 3 种：

1. 完整式标题

由计划单位名称、时限、内容和文种 4 要素构成，如《××大学20××年教学工作计划》。

2. 省略式标题

这类标题省略单位名称或时限，但不能省略内容和文种。

（1）由计划时限、内容和文种构成，如《20××年信贷计划》。

（2）由单位名称、内容和文种构成，如《××集团公司党员轮训工作安排》。

（3）由计划内容和文种构成，如《业务考核计划》。

如果是个人计划，姓名不必写在标题内。如果计划尚不成熟或仅供讨论，则要在标题后面或下一行用圆括号注明"草案""初稿"或"讨论稿""征求意见稿"等字样。

（二）正文

一般由前言、主体、结尾 3 部分组成。

1. 前言

这是计划的开头部分。通常用简明扼要的文字概述制订计划的指导思想、依据、目的、意义及有关背景情况等，即说明"为什么制订计划"和"为什么要这样制订"。常用"为此，制订如下计划"之类的过渡句引出主体内容。

2. 主体

一般包括目标和任务、步骤和措施两项内容。

目标和任务即"做什么"，要求提出明确的目标、主要的任务、重要的指标，也就是先写出一定时间内要完成的工作总体目标和基本任务，然后具体写出任务的数量、质量指标。

步骤和措施即"怎么做"，要求具体说明开展工作的步骤，如工作程序、时间安排、相关要求等，以及确保目标的实现拟采取的措施和办法，这是实现目标和完成任务的具体手段，是计划是否具有可操作性的关键所在。

3. 结尾

结尾要简短有力。可以表示决心，或提出希望和发出号召，也可以展望计划实施的前景，还可以补充说明一些注意事项。有的计划主体内容表述完毕就结束全文，因此，写不写结尾，要根据内容表述的需要确定。

（三）落款

包括署名和时间两个项目。署名写上制订计划的单位名称、个人姓名。标题中已标明单位名称的，这里可以不写，时间写计划通过或批准的年、月、日。有附件的计划，附件名称应注于正文之后，署名的左上方。

三、计划的写作要求

（一）要服从大局，统筹兼顾

制订计划要下级服从上级，局部服从全局，把自己的小计划融合到大计划里，还要处理好当前与长远、局部与整体的关系。

（二）要实事求是，从实际出发

制订计划一定要从本单位、本部门的实际出发，既要尽力而为，又要量力而行，既不应盲目，也不应保守，任务指标不能订得过高或过低。

（三）要突出重点，主次分明

一段时间内所要完成的事情很多，先做什么，后做什么，主要做什么，次要做什么，必须有重有轻，有先有后，有条不紊，这样才有利于工作的全面展开，达到事半功倍的效果。

（四）要目标明确，步骤具体

计划是要执行的，写得越具体明确，可操作性就越强。一定要把任务、要求、措施、办法、步骤写得清清楚楚，以便落实和监督检查。

范文博览

常营公园健走方案

常营公园位于朝阳区常营地区西北部绿化隔离地区的千亩银杏林中，占地约1 114亩，以秋景林为特色，是满足市民观赏、休闲、健身等活动内容的郊野公园。北京慢点生活科技有限公司打造的"动动计步器"是全球领先的移动互联网科技应用，采用基于数据挖掘的推荐引擎，为全球用户提供个性化的生活健康服务。健走是介于散步和竞走之间的一种运动方式，主张通过大步向前，快速行走，提高肢体的平衡性能，它不受年龄、性别、体力等方面的限制，属于低投入、高产出的有氧健身运动。健走不仅是一种运动，更代表一种生活态度，它正逐渐成为新的时尚健身潮流。为丰富假日生活，强身健体，以走会友，放飞心情,夏老师健走群与北京慢点生活科技有限公司在2018年新年伊始联合组织常营公园健走活动。

【参加人员】喜爱健走的朋友们。

【活动时间】2018年1月6日(周六)10:00—14:00。

【集合时间】2018年1月6日(周六)10:00。

【集合地点】常营公园南大门口。

【活动费用】免费。

【活动级别】初等,适合所有人群。

【健走路线和距离】在常营公园内健走步道走圈儿,步行距离6~8公里。根据体力情况,个人选择距离,可长可短。

【活动内容及时间安排】

1. 10:00—10:10集合,在文化小广场,热身活动,拍合影,喊口号:"走出健康,走出快乐,走出幸福,走出友谊",登记动动计步器已有步数。

2. 10:10—11:30健走,观景,聊天,拍照。

3. 11:30—12:30在文化小广场,登记动动计步器已走步数,唱歌,跳舞。

4. 12:30—14:00根据动动计步器显示的步数,按照标准公布获奖名单,领取奖品("动动计步器"提供),在巴依老爷新疆美食(常营店)午餐。

(说明:以上只是大概时间,具体时间以现场情况为准。)

【注意事项】(略)

【领取礼包标准】

1. 领取大礼包(时尚运动手提包+跳绳+毛巾+腰包),5名,"动动计步器"显示活动步数的前5名。

2. 领取中礼包(腰包+毛巾),10名,"动动计步器"显示活动步数的第6到15名。

3. 领取小礼包(跳绳+新春红包),"动动计步器"显示活动步数的第16名以后的走友。

说明:领取礼包标准的解释权在赞助方代表。

【往返交通】自行解决。

【交通提示】(略)

【活动报名】

微信:@夏老师健走群@夏老师健走分群,没有在健走群的朋友也可以直接向领队和赞助方代表报名。

【负责人】

领队:夏京春 手机与微信:13671026685

赞助方代表:李沅原 手机 13305130822

夏老师健走群
北京慢点生活科技有限公司
2018年1月1日

评析:每个计划都要有标题,这份计划的标题由"计划事项+文种"组成,这是一般方案标题的写法。该方案的正文先由导言说明计划事项的背景,然后写计划事项。计划事项用主题词标出，层次清楚，条理分明，便于理解与执行。该方案内容具体，考虑周全，可操作性强。

第二节 总 结

任务目标

【知识目标】

通过学习掌握总结的概念、种类和特点，通过案例分析掌握总结的结构、格式和写作要求。

【能力目标】

能够读懂总结的内容，能够熟练地写出格式规范的常用总结。

【素质目标】

熟悉计划的用途，提高分析问题、解决问题的能力，养成经常反思的习惯。

任务设计

2019年3月，××公司与××大学合作，对××公司的中层管理领导进行培训。本次培训的课程内容以提高管理能力为核心，结合MBA工商管理基本知识，融入行业的专业课程，并加入专题研讨。培训采用集中—分散—集中、面授与实践相结合的培训模式，并结合实战型营销专家、跨国公司老总、成功企业家的经验分享式讲座。专业培训顾问课程更是采用提高学员参与性的互动式、案例研习式的授课模式，真正使学员愿意学、学得到和会应用。培训工作结束后，公司人力资源管理部对本次培训活动进行总结。

请你代公司人力资源部拟写一份工作总结。

应用导航

一、总结概述

（一）概念

总结是对前一段的实践活动进行回顾检查、分析评价，从中找出经验教训和规律性认识，以便指导今后的工作而形成的一种书面材料。总结是总结类文书常用的名称，它有时还称为"小结""回顾""体会""经验"等。

（二）种类

1. 按内容分

可分为生产总结、工作总结、科研总结、学习总结、思想总结等。

2. 按范围分

可分个人总结、班组总结、部门总结、单位总结、地区总结等。

3. 按时间分

可分年度总结、季度总结、阶段总结、月份总结等。

4. 按性质分

可分综合性总结、专题性总结。

(三) 特点

1. 内容的自述性

总结是自身实践活动的产物，以第一人称行文，作者是本人或本单位。

2. 回顾的理论性

总结不是对自身工作实践活动的简单的"复述"，不只是对已做的工作过程和情况的表面反映，它是对工作实践活动的本质概括，要在回顾工作实践全过程的基础上，进行研究分析，找出规律性的东西，感性认识上升到理性认识，这正是总结的价值所在。

3. 实践的指导性

总结是推动工作前进的重要环节，通过总结得出的经验教训和规律性认识对今后的工作实践活动具有积极的指导意义。

二、结构和写法

总结的结构一般由标题、正文和落款 3 部分构成。

(一) 标题

1. 公文式标题

一般由单位名称、时限、内容、文种构成，如《×××局 2020 年拥军优属工作总结》。

2. 文章式标题

以单行标题概括主要内容或揭示主题，不出现"总结"字样，如《我们是怎样吸引客户的》《以改革为中心 严格管理提高经济效益》等。

3. 双行式标题

即分正标题和副标题。正标题概括主要内容或主旨，副标题补充说明单位、时限、内容和总结种类，如《知名教授上讲台 教书育人放异彩——××大学 2018 年德育工作总结》。

(二) 正文

总结的正文因内容种类不同，写法也不尽相同。从结构上看，一般由前言、主体、结尾 3 部分组成。

1. 前言

又称引言，通常简明扼要地概述基本情况，交代工作、生产、学习等活动的目的、依据、时间、背景、内容、经过等，主要回答"做了什么"的问题。常用"现将有关工作具体总结如下"；"一年来，我们主要开展了以下几方面的工作"等语句过渡到下文。

2. 主体

这是总结的核心部分，其内容包括：

1）成绩和经验（即做法或体会）。这部分的写法一般有两种：一是先概述所做的各项工作及其所取得的成绩，然后分析取得成绩的原因，提出主要经验；二是在写工作及成绩的同时，写出经验，寓经验于各项工作及成绩之中。有的总结的小标题本身就是经验或体会的概括。

在这一部分，应详细地、分门别类地介绍那些独特的、与众不同的、有借鉴意义的做法，以引起别人的注意，回答"怎样做的"的问题。

2）问题和教训。在总结成绩、经验的基础上，还应对存在的问题和不足做认真的分析，找出原因，以期达到吸取教训、改进工作的目的。这部分内容的安排要根据写作总结的需要而定，如果是综合性总结，这部分一般要写得较为简单，不必详细展开；如果是着重反映问题的总结，就要把这部分作为重点来写。开头可用一句话引入，如"一年来，我们虽然取得了一些成绩，积累了一些经验，但还存在一些不容忽视的问题"，最后总结存在的问题和教训。

3）今后的打算。经过总结经验教训，明确了任务和方向，提出今后的打算。这部分内容应写得比较简略，因为制订解决问题的具体方案是计划的任务。

总结的主体部分有下列3种结构形式：

1）纵式结构。即按时间顺序、工作进程或事物发展的逻辑顺序来安排内容。采用这种结构方式，可以使全文条理清晰，便于掌握工作的进程和每一工作阶段的任务完成情况，此结构适用于阶段性较强的工作总结。

2）横式结构。即按内容性质的不同把工作分成若干方面，分别介绍各方面的工作情况，归纳出几个并列的观点，以小标题的形式点明，经验性总结多用此结构。采用横式结构应注意并列的各部分内容不要互相交叉或有重要遗漏。

3）纵横复合式结构。即把工作过程按时间顺序分成几个阶段，每个阶段又分成并列的几个部分叙述，每个阶段总结出几条经验，纵横交织，全面总结，内容复杂的综合性工作总结常用这种结构。

3. 结尾

结尾应简短有力，常见的有以下几种写法：

1）自然式。即正文主体内容结束后，意尽言止，不另写结尾。

2）总括式。结尾对总结内容进行概括，或做出结论。

3）谦虚式。结尾表示谦虚的态度，如："虽然我们的工作取得了一定的成绩和经验，但还存在不少缺点和不足，跟先进单位相比，还有不少差距，今后要谦虚谨慎，戒骄戒躁，百尺竿头更进一步。"经验总结常用这种结尾。

4）展望式。结尾表示决心，展望未来，满怀信心，团结一致，争取更大的成绩。大会总结常用这种结尾。

（三）落款

包括署名和时间两项内容。在正文右下方写明总结的单位名称（或个人姓名）和具体日期。如标题中已注明单位名称，此处可以省略。也可以在标题下面署名。

三、写作要求

（一）充分占有材料，实事求是地反映情况

为保证总结的观点正确、内容充实，充分占有资料、全面掌握情况，是写总结的首要前提。实事求是是总结写作时应有的态度。写总结是为了使人了解工作的真实情况，总结的内容必须真实准确，做到反映成绩不夸大其词，总结经验不随意拔高，指出问题不敷衍了事，申明教训不浮于表面。

（二）善于分析材料，找出规律性的东西

撰写总结，需要充分占有材料，全面掌握情况，但仅仅占有材料还是远远不够的。在占有材料的基础上，还必须深入分析，探求规律，这是写好总结的关键。如记流水账一样罗列材料，或一味地就事论事，写出的总结就不可能对今后的工作有太大的指导意义。

（三）合理取舍内容，贵在突出重点

撰写总结，要根据具体的写作目的和工作状况的特点取舍内容，确定重点，各方面的内容不能平均使用笔墨，而要有所侧重，要做到重点工作重点总结，避免采用面面俱到、泛泛而谈的写作方式。

（四）叙议得当，坚持平实文风

总结的表述应以叙述为主，叙议结合，叙议得当。一般在交代工作的过程、列举典型事例时，以叙述为主；在分析经验教训、指明努力方向时则多用议论。议论不宜过多，主要是靠事实说话。但要注意，只叙不议，会变成罗列现象，而只议不叙，则会变成空谈。总结的语言讲究朴实简明，用平实的语言，概括地把"做了什么""怎样做的"简述出来，以供分析即可。

范文博览

海天学校团委××××年工作总结

回顾这一学期以来的工作，我校团委紧紧围绕学校中心工作，坚持以育人为中心，以学生为主体，加强了共青团自身的组织建设，努力提高团员的政治思想素质，积极发挥团员的先锋模范作用，圆满完成了学期初制订的各项工作计划。现将这一学期工作总结如下：

一、加强团建工作，提高团组织的凝聚力

1. 通过每月一次的团干会议，有针对性地组织团干学习团的有关知识，……
2. 根据学校各阶段的工作计划，通过每月一次的学生会工作例会，……
3. 进一步规范入团程序，校团委严把新团员入口关，对于想入团的学生，需经个人自荐、班级团支部、班主任层层推荐，经团委审核后进入团校学习共青团知识，进行综合考核，合格者确定为预备团员，接受全体师生的监督，合格者填写入团志愿书光荣地正式加

入共青团。

4. 指导学生会顺利地完成了换届工作,通过竞聘建立起一支高素质的学生干部队伍,……

二、适时开展各类组织活动,提高团员思想水平

1. 组织学雷锋活动,在校园内掀起学习雷锋新风尚。……

2. 积极响应县团委号召,组织学生开展团日活动,增强学生服务社会、乐意助人、无私奉献和热爱生态的良好道德情操;……

3. 本学期认真开展了各项表彰工作,表彰了××××—××××学年年度"优秀学生干部""优秀干事"以鼓励广大学生干部继续努力工作,提高学生干部工作的积极性。

4. 由我校党委组织、团委承办的篮球赛,在全校教师中展开了激烈的角逐,各位老师以饱满的热情参加了本次篮球赛,充分体现了教师风采。

5. 认真做好团籍复审、团费收缴、团员档案管理等工作,制作团员个人信息表,工作做细,做到有的放矢。

三、做好各项常规工作,积极协助学校各部门完成学校交给的各项任务

1. 配合政教处做好检查工作。……

2. 加强对学生会的指导和管理,发挥学生组织的"自我服务、自我管理、自我教育"作用。让学生主动发展,为学校搞好教育教学工作奠定了基础。

3. 组织选拔学生会、团委学生干部,精心安排工作,布置任务,参加学校的管理工作,服从学校领导的安排,为学校教学服务。……

4. 积极协助学校办公室利用广播做好政治宣传和紧急事务的通知,带领学生会成员协助各部门做好标语的制作以及负责做好各种形式的会议会场的布置工作。

经过努力工作,我校团委工作在各方面都有了长足的进步,但是,团工作是一项复杂而又细致的工作,我们要做的还有很多,要努力做好的还有很多。我们在新的一年里要认真总结经验,继续学习,齐心协力,同心同德。我们相信在上级团委的指导下,在学校领导的关心帮助下,在广大团员的努力和精诚团结下,我们的工作肯定会更上一层楼!

××××年1月23日

评析:总结的标题有两种,一种是文章式标题,直接揭示观点,表明经验,如"经营思想要新 经营手段要活""技术改造是振兴企业之路"等;另一种是公文式标题,一般由单位名称、时限、内容和文种名称4部分组成。这份总结用的是公文式标题,例行的年度工作总结通常都采用这种写法。从结构上看,该文采用了导语、主体和结语3大部分的写法。导语从宏观的角度,概括了一年来的工作,并用过渡句"现将这一学期的工作总结如下"引出主体部分。总结是对过去工作的回顾,做了哪些工作、怎么做的、取得了哪些成绩,这些都是总结的基础材料。该文从团建工作、组织各类活动和常规工作3个方面进行了总结,成绩写得具体、实在、一目了然。结语,即最后一段,主要是对新一年的展望。该文的不足之处是没有指出工作中存在的问题。写总结应该实事求是,一分为二,既肯定成绩,也要指出问题,目的是更好地开展工作。

第三节 调查报告

任务目标

【知识目标】

通过学习掌握调查报告的概念、种类和特点，通过案例分析掌握调查报告的结构、格式和写作要求。

【能力目标】

会设计调查问卷，能够熟练地写出格式规范的常用调查报告。

【素质目标】

熟悉调查报告的用途，养成"先调查后发言"的习惯。

任务设计

某市建筑安装工程公司成立于 1998 年 7 月，经过 20 多年的运作，企业规模不断扩大，人员素质、社会信誉、经济效益都得到了显著的提高。公司现有职工 318 人，各类专业技术人员 100 多人。但最近几个月，公司的专业技术人员频频流失，这让公司付出了很大的代价。这些核心人才掌握着企业发展至关重要的核心技术及机密，这些技术和机密的外泄，会造成企业发展停滞，甚至陷入困境。为此，公司要求人力资源管理部门进行调查，了解专业技术人员流失的原因，并提出留住人才的对策。

要求学生分组作业、查阅资料，代该公司人力资源管理部撰写一篇调查报告。

应用导航

一、调查报告概述

（一）概念

调查报告是针对某一情况、事件、经验或问题，经过深入细致的调查研究而写成的能反映客观事实的书面报告。调查报告的别称有"考察报告""调研报告""调查记""调查"等，是我们常用的应用文种之一。有时它以公文形式出现，有时又作为新闻报道在报刊上发布。

（二）种类

调查报告根据其所反映内容的不同，可以分为以下 3 种类型：

1. 情况调查报告

通过对现实情况的调查，及时反映现实社会中出现的新情况，提供客观资料和事实依据，为读者提供必要的信息，为上级机关了解情况、研究问题、制定政策提供依据。如

《财务会计工作中微电脑运用情况调查》。

2. 经验调查报告

反映先进地区、先进单位的典型经验，将其介绍、推广到更大的范围。这类调查报告要求写明开展工作的具体做法和实际效果。如《小城镇风帆正举——安徽省百镇调查报告》。

3. 问题调查报告

揭示问题的调查报告分为两种：一种是研究问题的调查报告，一种是揭露问题的调查报告。研究问题的调查报告，是对某一值得研究和探索的问题进行调查研究，找出出现问题的原因，提出切实可行的建议。如《战士对业余文化生活有哪些要求》。揭露问题的调查报告主要是就某一典型的反面事例或社会现实的消极因素展开调查，如《福建沿海地区偷渡犯罪的调查报告》。

（三）特点

1. 针对性

调查报告总是针对需要弄清和解决的某个问题先做调查研究，然后将事实和结论写成报告，回答和解决群众最关心、上级领导最希望解决的焦点和热点问题。调查报告的针对性越强，它的指导性就越大。

2. 真实性

真实是调查报告的生命，失去了真实性，调查报告就失去了存在的价值。在形成调查报告的过程中，从调查到研究，再到整理成文，必须一切从实际出发，实事求是，做到材料真实、数据准确，阐述问题公正客观，不掺杂个人情感。

3. 典型性

只有用典型的事实和材料说话，才能使调查报告产生一种"事实胜于雄辩"的强大说服力。无论什么类型的调查报告都必须运用典型的事例和典型的材料去反映事物的本质和根本属性，总结出新的经验、新的观点，用以指导工作，起到以点带面的作用。

二、结构与写法

（一）标题

调查报告的标题分为公文式标题和新闻式标题两种类型。

要用高度概括，简明扼要的语言表现出报告的主题。标题的类型，主要有以下几种：

1. 公文式标题

即"事由+文种"式的标题，直接标明调查的对象、内容范围。如《关于当代青年消费问题的调查报告》《关于大学生就业的社会调查报告》。有时也可不用"关于"二字，如《湖南农民运动考察报告》《××县乡镇企业发展情况的调查报告》《重庆农民工生存现状调查》等等。

2. 新闻式标题

又可分为单标题和双标题两种形式。

1）单标题。一般概括文章的内容，揭示文章的主题，如《××厂××产品一级品率为什么逐月降低》《为什么大学毕业生择业倾向沿海和京津地区》《浦东农村加快城市步伐，农民生活方式发生新变化》。

2）双标题。即分正题和副题，正题揭示文章主旨，副题交代调查范围、内容及文种，如《靠高质量低成本开拓市场——春兰集团公司业务情况调查》《莫把温饱当小康——来自黑龙江农村的调查报告》《百花吐芳，清香四溢——越剧发展现状调查》等。

（二）前言

也称导语、引语、序言。这部分以简洁的语言对整篇调查报告的内容做一提示，交代调查的目的、时间、背景，采用的调查方法，调查的范围，概括调查内容，说明调查研究的结果。

（三）主体

主体部分是调查报告的核心，是结论的依据。基本内容是使用典型的事例和确凿的数据具体介绍被调查事物的实际情况，并对所调查的内容进行认真的分析研究，反映事物的本质，揭示事物发展的规律。

由于调查报告的种类不同，主体的内容也不相同。

反映情况的调查报告，主体一般由"情况、分析、建议"组成。

总结经验的调查报告，主体一般由"成果、做法、经验"或"做法、经验、成果"组成。

揭露问题的调查报告，主体一般由"问题、原因、意见或建议"组成。

（四）结尾

其写作的基本要求是简洁明快，意尽言止。或概括地说明全篇调查报告的主要观点，进一步深化主题，增强调查报告的说服力和感染力；或对调查的情况和问题，提出解决的办法、措施、意见和建议；也有的调查报告全部内容在前文已表述完毕，则无须再加结束语。

三、写作要求

（一）做好调查前的准备工作

1）确定调查目的。
2）了解调查的具体任务和调查对象的基本情况。
3）掌握有关的方针、政策。
4）制订调查计划，包括调查的组织、时间、地点、方法、步骤等。
5）拟定调查纲目或调查表格。

（二）采用恰当的调查方法

一般有开座谈会、个别访谈、观察采访、抽样调查、问卷调查、查阅档案和历史资料、数据统计等调查方法。

（三）深入调查，详尽占有第一手材料

调查报告的写作需要列举大量的相关事例、统计数字和各方意见，在此基础上提出作

者自己的意见。通过深入调查，详尽、系统、全面地占有材料，特别是写好调查报告最基本也是最重要的环节。收集材料时，现实的和历史的、典型的和一般的、正面的和反面的、概括的和具体的资料都应在收集之列。

（四）认真分析，找出规律

调查报告不能停留在一般的工作过程、具体事实和经验的叙述上，必须对通过调查掌握的大量材料，进行细致的研究、认真的分析和综合，从中提炼出调查报告的中心主旨，总结出具有规律性的东西。

范文博览

本科教育怎么样？

已快速进入大众化阶段的中国本科教育质量如何？从反映大学教育过程质量的大学生学习性投入表现来看，以"985"院校为代表的中国研究型大学与美国同类大学相比，既存在差距，也各有所长。中国研究型大学重科研投入、轻人才培养付出的问题需要引起关注。不同区域和类型院校的学情状况显示，院校资源条件优势并不等同于学生的高学习性投入和高教育收获，不同区域和类型院校在人才培养上各具优势；大学的"教育性"因素比学生的"先赋性"因素对其教育收获和就学满意度的影响更大；大学教育对社会弱势群体学生的学业和价值观增值尤其明显。

大学院系层面的教育教学改革是提高学生学习性投入和教育收获的重要途径。

最近二三十年，中国通过世界上最大规模的社会经济改革开放和教育发展实践，不仅创造了经济增长奇迹，也打破了高等教育数量扩张纪录。2010年，中国高校在校生人数已达3 105万，高等教育毛入学率为26.5%。

为全面了解中国社会及教育转型期大学教育教学情况及人才培养质量，清华大学教育研究院于2007年启动"中国大学生学习性投入调查"项目，将教育质量评估重点从高教资源投入转向学生的学习过程和收获。项目至今扩展为"中国大学生学习与发展追踪研究"，由清华大学教育研究院与"中国经济社会数据中心"的跨学科团队共同进行，目标是形成以学习者为中心，涵盖大学生成长背景、学习过程、就业和发展一体化的数据采集和评价系统。近三年全国已有近百所院校、超过10万名大学生参加了这一调查。

本研究是"2011年中国大学生学习与发展追踪研究报告"之一。以"中国大学生学习性投入调查"问卷为工具。基本思路是通过测量学生的学习性投入来预测其学习结果，用改进学校教育过程来提高学生的教育收获。结构性问题包括国际可比的5项教育过程指标（学业挑战度、主动合作学习、生师互动、教育经验丰富度、校园环境支持度）；具有诊断功能的教育环节指标（课程教育认知目标、课程要求严格程度、学生课程学习行为、课程外拓展性学习行为等）；反映学生学习态度的"厌学/向学"指标；表现教育结果的"教育收获"（知识、能力和价值观收获3个维度）及"在校满意度"指标。

2011年，清华大学课题组通过院校分层抽样、学生分年级完全随机抽样方式，在全国36所代表性样本院校（包括"985""211"和地方本科院校3类）获得43 621名本科生调查样本，本报告的分析主要基于这些数据。本报告将用5个专题研究来呈现和分析我国大学本科教育的状况及问题。

一、中国本科教育距离世界一流大学有多远？

研究发现：从反映教育过程的学生学习性投入表现来看，我国"985"院校本科教育与美国研究型大学相比，既存在差距，也各有所长。

"985"院校是我国重点建设的研究型大学，本研究以美国"卡内基高等教育分类"中的研究型大学（RU/H）为参照系，对比分析我国"985"院校学生在反映教育过程质量的"学习性投入"5大可比指标上的表现。

对两类大学学生得分进行差异显著性检验及效果量分析发现：在校园环境支持度指标上，中美研究型大学无实质性差异；在教育经验丰富度指标上，两国高年级学生无实质性差异，低年级学生有较小差异，"985"院校学生表现好于美国研究型大学；在主动合作学习水平上，两国院校低年级学生无实质性差异，而高年级学生，美国研究型大学略好于"985"院校；在生师互动水平和学业挑战度上，无论高、低年级，"985"院校学生得分均低于美国研究型大学，且存在中度及以上差异。

对生师互动水平的小题项进行分析发现："985"院校学生"和老师一起做研究"得分高于美国研究型大学；但"学习表现得到任课老师及时反馈""与任课老师讨论自己的职业计划"两项却大大低于美国同类大学。调查数据显示，28%的"985"院校学生反映其学习表现从未得到老师的及时反馈（美国同类院校约8%）；55%的"985"院校学生从未与任课老师讨论过自己的职业计划（美国同类院校约25%）。这两项指标代表了生师"学术性互动"和"社会性互动"行为。已有研究证明，两类生师互动可以对学生的学业成绩排名及学生个体社会性能力发展产生正向作用。

"985"院校"和教师一起做研究"的本科生比例显著高于美国研究型大学，而"学习表现得到任课老师及时反馈""与任课老师讨论自己的职业计划"存在明显不足的现象，一定程度上反映出我国研究型大学目前存在的问题：重科研、轻教学，重研究投入、轻人才培养付出。本科生参与老师科研课题，固然也是生师互动的重要方式，但不能替代老师对学生学业和人生规划的指导。大学生是"形成中的成人"学习者，而且即将从学校进入职场，教师及时反馈其学业表现并指导其职业规划，是大学教师"教书育人"职业特性的集中体现。加强生师互动是为了学生的成才与成人。

本调查主要通过3方面问题考察学业挑战度：一是直接测量学生的学习行为，如"阅读及写作量""学习时间投入量"等；二是测量学生感知的课程质量，主要考察课程高阶认知目标（分析、综合、判断、应用）在课程中的强调程度；三是考察院校政策环境，如"院校是否强调学业投入"等。调查数据反映出中美研究型大学在这3方面各有优劣。差异显著性检验及效果量分析发现："985"院校学生在"长篇论文写作量"和"周均课外学习时间"方面得分显著高于美国同类院校；在院校"强调学业投入"的政策环境方面与美国研究型大学相比存在差异，但不显著；在指定书目的阅读量上，两类院校也无实质性差异。"985"院校与美国研究型大学差距最大的是高阶认知目标在课程中的强调程度：不仅总得分显著低，而且，4项高阶认知目标在高、低年级的变化趋势上，美国研究型大学所有高阶认知目标的强调都随年级增长而显著提高；但"985"院校，只有"运用"呈现这一趋势，其他高阶认知目标随学生年级增长并无明显变化，甚至出现反向变化。

加强课程体系的整体设计，提高课程学习对学生，特别是高年级学生的学业挑战度，提升课堂教学对学生认知目标，特别是具有创新特质的高阶认知目标的达成度，是现阶段研究型大学教育教学改革必须关注的问题。

二、资源配置格局等于教育质量格局吗？

……

三、大学教育的过程性因素与学生先赋性因素影响的关系如何？

研究发现：大学"教育性"因素比学生"先赋性"因素对其教育收获和在学满意度的影响更大。

社会科学的研究早已揭示出，人的发展及地位获得的同时受先赋性因素（生理遗传及社会出身）和获致性因素（学习、教育、职业等）的影响。教育作为获致性因素对人的发展产生作用主要通过教育教学过程来实现，提高教育质量的努力必须凝聚在人才培养的过程中。

本研究为概括学生的背景因素，我们通过主成分分析法，综合父母受教育程度、父母职业的社会地位以及家庭住房档次 5 个变量构建起"社会经济地位指标"（SES），和学生的性别、民族、来源地等一起作为学生先赋背景因素指标；用教育认知目标、课程要求严格程度、课程学习行为、课外拓展性学习和向学/厌学 5 项作为教育性指标；以两类指标为自变量，以学生自我报告的"教育收获"为因变量，考察多种因素对教育产出的预测作用大小。

首先，综合所有院校的回归模型显示：教育性因素和先赋性因素的所有自变量都与因变量之间存在显著线性关系，且回归系数均为正，即对"教育收获"均有正影响。其中影响力最大的两个因素为课程学习行为和向学/厌学，两者共同对"教育收获"的预测率为 33.8%。整个模型对"教育收获"的预测率为 40.4%（在 0.01 水平上显著）。可以说，在整体模型中，教育过程性指标对"教育收获"的预测率远远高于先赋性因素。

进而，我们将总体"教育收获"分为"知识收获""能力收获"和"价值观收获"3 大部分，区分不同院校类型（"985"院校、"211"院校、地方本科院校）分别构建回归分析模型。结果发现：3 个分模型中，学生的先赋性因素对"教育收获"的影响都比教育性因素低。具体而言，对学生总体教育收获、在校满意度影响最大的因素是校园环境支持度；对知识收获影响最大的是学业挑战度；对价值观收获贡献最大的是教育经验丰富度。

这一发现凸显了教育过程对学生发展的价值，对院校教育教学改进具有实践意义。它意味着院校可以通过努力，如改善学习环境氛围，帮助学生克服困难，创造人际互动和支持关系，激发学习兴趣和意义感等，实现教育对学生发展的增值，提高学生的在校满意度。

四、社会弱势群体学生在大学中的学习状况与收获如何？

……

五、院系层面的教育教学改革效果如何？

……

上述案例告诉我们：无论是国家要求，还是大学规划，只有具体转化为院系（专业）层面的改革举措、落实在课堂内外的教育教学改革实践，才能真正惠及学生。

"大学之本在于学"，让我们不仅信仰，而且践行！

（载于 2012 年 6 月 19 日《光明日报》15 版，课题主持人：史静寰
报告执笔人：史静寰、赵琳、王鹏、文雯、张羽）

评析：这是清华大学课题组"中国大学生学习与发展"系列调研报告之一。标题采用了提问式，以引人注意。开头部分先说明了这份报告的背景情况和基本思路，然后从5个方面来呈现并分析了我国大学生本科教育的状况及问题。调查深入细致，材料具体真实，观点准确鲜明，语言质朴平实。应该说，调查报告的写作，内容始终是第一位的，有了好的内容，写作形式问题也就不难解决。

第四节　述职报告

任务目标

【知识目标】

通过学习掌握述职报告的概念、种类和特点，通过案例分析掌握述职报告的结构、格式和写作要求。

【能力目标】

能够熟练地写出格式规范的述职报告。

【素质目标】

熟悉述职报告的用途，提高分析问题、概括问题的能力，养成经常反思的习惯。

任务设计

中国工商银行××市分行××分理处按照建设现代一流商业银行的总体思路，加速市场化、国际化接轨，紧紧围绕××分行提出的"跑赢大市、逐年增盈""强力出击、两翼齐飞"的经营策略，抓住"发展与控制"两大工作主题不放松，艰苦创业、锐意开拓、积极营销，短短10个月的时间就实现了储蓄存款净增××××万元，公司企业存款净增××××万元，全面完成了市分行下达的全年任务。一年一度的干部述职大会，要求全体干部在职工代表大会上述职，接受组织和群众的考核与监督。

各学习小组收集银行各管理机构的工作职责，模拟各部门主管在干部述职大会上进行述职。

应用导航

一、述职报告概述

（一）概念

述职报告是指党政机关、社会团体、企事业单位的工作人员，就自己一定时期内履行岗位职责情况进行自我陈述和评价，向上级领导和群众汇报的一种文体。

（二）种类

述职报告的分类，可以从几个不同的角度进行划分。

从内容上,可分为综合性述职报告、专题性述职报告、单项工作述职报告。

从表达形式上,可分为口头述职报告和书面述职报告。

从述职时间和范围上,可分为年度述职报告、任职述职报告、阶段述职报告。

(三) 特点

1. 自述性

述职报告对自身所负责的组织或者部门在某一阶段的工作进行全面的回顾,述职报告特别强调个人性,个人对工作负有责任,自己亲身经历或者督查的材料必须真实。这就要求在写作上更多地采用叙述的表达方式。

2. 自评性

述职报告的目的在于总结经验教训,使未来的工作能在前期工作的基础上有所进步、有所提高,因此,述职报告对以后的工作具有很强的借鉴作用。任何一项工作都不可能凭空而来,总是具有一定的继承性与创新性。而继承性,就是要继承以前工作中的一些好的做法,去掉不好的行为然后加以创新,如此工作才会有进步,完全抛离过去的工作创新是不可能的。因此自评性成为述职报告的一个重要特点。

3. 通俗性

述职是向上级领导和群众汇报工作。述职报告写作完成后是要登台演讲的,述职人要向领导和群众做报告,因此,述职报告最明显的一点即是语言的口语化。在述职过程中,只有以真诚的态度、谦和的语调来述说自己的德、勤、能、技、廉等方面的表现,才能拉近述职人和听众的心理距离。

二、结构和写法

述职报告一般由标题、主送机关或称谓、正文和落款几部分组成。

(一) 标题

1. 文种式

如《述职报告》或《我的述职报告》。

2. 公文式

一般为述职者+时间+文种。如《×××市旅游局局长2016—2020年任职期的述职报告》。

3. 复合式

采用正副标题,正标题概括述职报告的主要内容或主旨,副标题注明述职者及职务。如《思想工作要结合经济工作一起抓——江海集团公司党委书记×××的述职报告》。

(二) 主送机关或称谓

向上级呈送的书面述职报告,应写明主送机关,如"××人事处""××组织部";向领导或群众口述的,应视具体情况用"××领导""各位领导""各位同志"等称呼。

(三) 正文

1. 前言

述职报告的前言部分一般包括3方面内容:一是岗位职责,二是指导思想,三是概括评价。岗位职责包括自己从何时起担任何职，主要负责什么工作；指导思想是说明自己在什么样的思想原则、方针政策指引下进行工作的；概括评价是对自己工作的基本评价。

2. 主体

主体部分是述职报告的核心。这部分就述职人所负责和分管的工作进行陈述、评估，写明任职期间主要做了哪些工作，取得了哪些成绩（即效果）和自己的认识（即经验），以及工作中还存在的主要问题与不足，并简要分析出现问题和不足的原因。

3. 结尾

简写今后的打算、努力的方向和决心，最后多以模式化的结束语收束全文，常用的有"欢迎领导及同志们评议指正""谢谢大家""专此述职"等。

（四）落款

在文末右下方写明述职人的姓名和述职日期。如署名和日期已在标题下方注明，此处可以省略。

三、写作要求

1）实事求是。要客观公正地讲自己的实绩，也要提到存在的问题，一分为二，不能以偏盖全，更不能弄虚作假。

2）点面结合。既要做全面概括，又要抓住关键和基本点做重点叙述，应能体现述职者的职责与德才，防止写成"流水账"。

3）叙议结合。以叙为主，辅以议论，叙实绩，谈问题，议原因，表想法。

4）语言通俗，使用第一人称。

范文博览

我的述职报告

我于20××年7月担任××职高副校长，根据学校的工作分工，我主要分管学校的德育工作、安保工作和体卫工作，分包艺术部，承担二年级两个班的历史课教学工作。一年多来，我真诚地感谢上级领导对我的信任和帮助，感谢各位教师对我工作的理解与支持，也感谢班子成员的协作与指导。现将自己一年来的工作情况向大家述职如下：

一、德育工作

1. 加强德育管理人员的思想作风建设。……
2. 重点抓好班主任队伍建设。……
3. 加强自治组织建设。……
4. 开展丰富多彩的德育活动。……
（1）规范升旗制度。……
（2）坚持军训自训制度。……
（3）坚持主题班会制度。……
（4）力抓学生成长导师制度。……

（5）坚持激励晨会制度。……
　（6）坚持多元评价机制。……

　　在由《中国教育报》、中国教育学会、中共中央党校共同举办的"贯彻落实科学发展观，加强和改进学校德育工作"的第七届全国中小学思想道德建设优秀成果展评活动中，我校获得"先进单位"和"集体一等奖"。

　二、安全保卫工作

　　校园安全工作是学校各项工作的重中之重，我校牢固树立"隐患险于明火，防范胜于抢险，责任重于泰山"的思想，做到居安思危，警钟长鸣，常抓不懈。

　　1. 在师生的安全教育方面，我们坚持做到"三讲"，即例会讲、班会讲、离校讲。

　　2. 安全管理方面做到"四个落实"：严格落实门卫24小时值班制度，严格落实校园安全月排查制度，严格落实班级安全员周汇报制度，严格落实安全事故上报制度。

　　3. 为了确保安全工作有章可循，政教处及时修改完善了《××职高安全工作应急预案》，确保安全事故发生时能采取有效的应急措施。

　　此外，我们还加强楼梯口管理，安排教师在上操和下学时在楼梯口值班，避免人流高峰期发生踩踏事故；组织政教员星期五在校门口值班，护送学生离校，确保师生安全。全年学校无一起安全事故发生，为学校教育教学工作的正常进行提供了保证。

　三、体育卫生工作

　　1. 认真贯彻落实市县有关文件精神，重视学校的体育卫生工作。……

　　2. 积极组织政教处和各部开展"清洁校园"活动和传染病防治工作，通过宣传、教育、督导、评比、考核、通报等形式提高全体师生卫生意识和健康生活意识，引导师生树立健康卫生生活方式，促进师生身心健康。……

　四、艺术部的工作

　　根据学校工作需要，我分包艺术部的工作。在过去一年时间里，我紧密团结艺术部3位部长，紧紧依靠艺术部全体教师，做好了各项工作。

　　1. 率先垂范。……
　　2. 抓好考核。……
　　3. 深入指导。……

　五、历史课教学工作

　　我始终牢记自己是一位不能离开讲坛的教学一线的历史教师。本学年担任高二两个艺术班的历史教学任务。我要求自己一丝不苟，严谨治教，针对新教材新课程，我一方面不断学习、钻研求教，另一方面我也不断探索创新之路，充分利用教材中蕴含的德育因素，构建自己的教学策略，认真备好每一堂课，按照新的教学理念来组织教学，使学生的个性得到充分的张扬，使学生的学习方式发生根本的转变，圆满完成了各项教学目标和任务。

　六、当好配角，重视学校领导班子的团结

　　作为副校长，我努力做好校长的助手，做到互相尊重，互相配合，服从组织安排，不搞个人小动作；顾大局，识大体，有较强的民主意识，做事敢负责任，不互相推诿，不是自己分管的工作，只要领导指示，都能乐意接受，并认真做好；工作中不计报酬，不计名利，不计得失。

七、工作体会及努力方向

已经过去的岁月，留下了我勤奋的足迹，但也暴露了我诸多的失误和不足。一是对老师们特别是对班主任要求过高，对需要帮助的老师话说得重，不讲究策略，挫伤了他们的自尊心，不利于团结、理解和协调工作；二是对德育管理仍缺乏较为系统、有效又切合学校实际的整体思路，工作做得太细，不利于开阔思路，整体把握；三是对德育管理的问题和困难估计不足，耐心不够。它们都将成为我今后进一步努力的方向。在今后工作中，我将加强学习，不断提升自身素质和业务水平，把学习贯穿于自己教育教学生命的每一天，通过学习实现自己的追求和梦想。我将秉承求实、上进、谦虚的作风，广泛听取各方意见，使自己在今后的工作中更完善，更称职，让自己在教职工的监督、关心、帮助下，更好地发挥自己的一份力量，我坚信：有各位领导老师的帮助和支持，我一定会把工作做得更好。

评析：这份述职报告所述之职是"职高副校长"，分管学校的德育工作、安保工作和体卫工作，分包艺术部，承担二年级两个班的历史课教学工作，所述职的时间期限是20××年一年。这些情况在第一段中已经全部交代清楚。接着，把分管的几类工作分别表述。德育工作是主抓工作，所以选取的材料也是最多的，从4个方面写了德育工作取得的成绩。其他几项工作略说，这样有详有略地述职，既突出了重点，又比较全面。最后，谈了自己工作中的不足和今后的努力方向，态度诚恳，实事求是。

知识拓展

请扫描二维码了解调查报告与相近文种的比较。

实训平台

一、填空题

1. 计划的正文包括＿＿＿＿、＿＿＿＿、＿＿＿＿3个部分。
2. 总结的标题由＿＿＿＿、＿＿＿＿、＿＿＿＿组成。
3. 调查报告包括＿＿＿＿、＿＿＿＿、＿＿＿＿环节。
4. 述职报告具有＿＿＿＿、＿＿＿＿、＿＿＿＿特点。
5. 总结是计划执行的＿＿＿＿，做总结要以计划为＿＿＿＿，要对计划完成情况做鉴定。

二、判断题

1. 完整的计划标题一般包括单位名称、计划内容两项内容。（　　）
2. 找出规律性的东西是写好总结的关键。（　　）
3. 述职报告主要讲履行职责情况，不必突出个人特点。（　　）

4. 调查报告、述职报告具有真实性、时效性特征。（　　）
5. 撰写调查报告要注意实践调查研究。（　　）

三、选择题

1. 计划按性质可分为（　　）。
   A. 综合计划　专项计划　　　　　　B. 指令性计划　指导性计划
   C. 行政计划　业务计划　　　　　　D. 长远计划　近期计划
2. 对社会现象进行深入全面调查研究后，写成的书面报告是（　　）。
   A. 工作报告　　　B. 通报　　　　C. 总结　　　　D. 调查报告
3. 总结和计划都是（　　）。
   A. 以具体事例为论据进行全面分析总结
   B. 以典型人物为主要材料进行分析、研究，总结经验教训
   C. 以揭露问题为主要内容，反映当前社会现实
   D. 以实践为基础，以指导实际为最终目的

四、撰写训练

1. 根据个人的实际情况，以一学期为时限制订自己的学习计划。
2. 请回顾上大学以来的学习、生活实际，写一篇1 000字以上的总结。
3. 针对你班同学课外阅读情况展开调查（如书籍、杂志、报纸、网络占用时间，兴趣爱好等），写一份关于大学生课外阅读情况的调查报告。
4. 假定你是××系学生会主席，拟写一份年终述职报告。

第十一章　会务文书

第一节　会议记录

任务目标

【知识目标】

了解会议记录的概念、特点、类型和作用,熟悉会议记录的写作要求,掌握会议记录的写作要求。

【能力目标】

学会拟写结构完整、内容翔实、符合规范的会议记录。

【素质目标】

养成认真、细致的工作态度,形成勤学好问、不断探究的品质。

任务设计

本学期班级准备开展一次户外素质拓展活动,但是去哪里,以什么形式开展,很多问题需要确定。班长组织,以小组为单位开会讨论,提出初步方案,请各小组长写出上述讨论会的会议记录。

应用导航

会议记录是由会议组织者指定专人,如实、准确地记录会议的组织情况和会议内容的一种机关应用性文书。会议记录一般用于比较重要的会议或正式的会议,它要求真实、全面地反映会议的本来面貌。

一、会议记录的概念

会议记录是开会时当场把会议的组织情况和会上的主要内容记录下来的书面材料。

二、会议记录的作用

1. 依据作用

会议记录忠实地记录了会议的全貌,包括会议精神、会议形成的决定和决议、会议对重大问题做出的安排。如果在会议后期需要形成文件,要以会议记录为依据;如果不形成文件,与会者在会后传达贯彻会议精神和决定是否准确,也要以会议记录为依据进行检验。

2. 素材作用

会议进行过程中连续编发的会议简报,以及会议后期制作的会议纪要,都要以会议记录为重要素材。会议简报和会议纪要可以对会议记录进行一定的综合、提要,但不得对会议记录所确认的内容进行歪曲和篡改。可以说,会议记录是形成会议简报和会议纪要的基础。

3. 备忘作用

会议记录可以用作会议情况和会议内容的原始凭证。时过境迁,有关会议的内容和情况可能无法在记忆中复现了,甚至当时做出的重要决定可能也记不清了,这时就不妨查查会议记录。会议记录还可以成为一个部门和单位的历史资料,若干年后,通过大量会议记录可以了解这个单位的历史进程和发展状况。

三、会议记录的特点

1. 现场实录性

会议记录的一个显著特点是写作方式的现场实录性,这个特点是其他任何事务文书所不具备的。

2. 实际效用的多面性

会议记录是一种全面反映会议情况的现场实录,它不是专为某单一、具体的目的而行文,它可以从多方面来为社会管理工作服务,有多面的效用。

四、会议记录的结构、写法

会议记录一般由会议组织情况和会议内容情况两部分组成。

1. 会议组织情况

1)标题。有这样几种形式:一种是"某机关或机构(某年)某次(某某)会议记录"的格式,如《××公司2008年第×次办公会议记录》;一种是"某组织或单位某会议记录"的格式,如《××大学第×届教职工代表大会第×次会议记录》;一种是只陈述事由的"某某会议记录"的格式,如《发展乡镇工业座谈会记录》。

2)会议时间。要写得具体清楚,如"某年、月、日某时至某时"。

3)会议地点。

4)召集部门。召集会议的单位或机构的名称。

5)出席人。若是小型会议,要逐一写明出席者的姓名、职务。若是大中型会议,可以只写明出席人数和与会者的范围。

6）缺席人。若缺席人数少，要写明缺席者的姓名、原因。缺席人数多，则只写缺席人数。

7）列席人。即因工作需要而参加会议的非正式成员，要写出其单位、职务等。

8）主持人或会议主席。写清楚其姓名、单位、职务等。

9）记录人。

2. 会议内容情况

这是会议记录的主体部分，主要包括会议的议程、议题，会上的讲话、报告，会上有关文件、精神的传达，与会者的发言，会议讨论情况，会议的议决事项，主持人的总结发言等。通常的记录方法有二：一是详细记录，即把会上所有的讲话、发言都具体完整地记下来；二是摘要记录，即摘要记下会议的中心内容及每个人发言的要点。会议完了，在会议记录的末尾另起行写上"散会"二字。待记录整理后，主持人和记录人同时签字。

五、会议记录的写作要求

1）要有敏锐的听力和速记能力，要做到记得快，记得全，记得准，记得清楚。
2）记录后应及时整理，进行校对补正，使记录完整，无缺无误。

范文博览

××学院第×次办公室会议记录

地点：第×会议室

出席人：刘××（院长）、杨××（总务长）、孙××（教务处长）、张××（院长办公室主任）、吴××（院长办公室秘书）及各系部门主要负责人。

缺席人：王××、张××（外出开会）。

主持人：刘××（院长）。

记录：吴××（院长办公室秘书）。

一、报告

（一）杨××报告院基本建设进展情况。（略）

（二）主持人传达省人民政府《关于压缩行政经费的通知》（以下简称《通知》）。（略）

二、讨论

我院如何按照省人民政府的《通知》精神抓好行政经费的合理开支，切实做到既勤俭节约，又不影响正常教学、科研等活动的开展。

三、决议

（一）利用两个半天时间（具体时间由各系各单位自己安排，但必须安排在本周内）组织有关人员集中传达学习《通知》精神，提高认识，统一思想。

（二）各系各单位负责人在认真学习的基础上，利用下周政治学习时间向群众传达、宣讲。

（三）各系各单位责成有关人员根据《通知》的压缩指标，重新审查和修改本年度行政经费开支预算，并于两周内报院长办公室。

（四）各系各单位必须严格控制派出参加校外会议及外出学习的人数，财务部门更要严格把关。

（五）利用学习和贯彻《通知》精神的机会，对全院师生员工普遍开展一次勤俭节约、艰苦朴素的传统教育。

散会。

主持人：（签名）

评析：这则会议记录会议基本情况和内容的记录完备、忠实，记录格式正确，记录内容分报告、讨论、决议3个部分，清晰，明了，属摘要式会议记录。

第二节　会议议程

任务目标

【知识目标】

了解会议议程的概念、特点和类型，理解会议议程的适用范围和写作要求，掌握会议议程的结构形式和写作方法。

【能力目标】

能熟练掌握会议议程的写作技能，根据材料撰写格式规范、结构完整、内容完备、表述正确、安排合理的会议议程。

【素质目标】

养成认真、细致的工作态度，形成勤学好问、不断探究的品质。

任务设计

广州××房地产总公司定于2013年5月20日上午9：00在公司总部第一会议室召开总公司办公会议，目前决定上会的事项有：研究总经理助理的人选问题、讨论7月1日下午3：00在公司培训中心A厅举行"庆祝中国共产党诞辰92周年大会"的具体事宜、"七一"慰问公司老党员费用额度问题、生产部主管人员调整问题、讨论7月份开展"安全生产月"活动的事宜、如何开展第三季度商品促销活动、7月中旬组织青年员工参加野外拓展训练活动的实施问题等。总公司要求各分公司、各部门负责人参加。请你代行政部经理拟写总公司办公会议议程。

应用导航

会议议程是整个会议议题性活动顺序的总体安排，不包括会议期间仪式性、辅助性的活动。会议日程是将各项会议活动（包括仪式性、辅助性活动）落实到单位时间，凡会期满1天（即两个单位时间）的会议都应当拟定会议日程。

一、会议议程的概念

会议议程是指对会议已确定的议题或要解决和处理的问题进行先后次序安排的会务文书。会议议程也是主持人撰写主持词的依据。

二、会议议程的类型

1. 按规模划分

可分为大型、中型和小型会议议程3大类。

2. 按重要程度划分

可分为重要会议议程和一般会议议程两大类。

3. 按形式划分

可分为条文式和表格式会议议程两大类。

三、会议议程的特点

1. 结构形式简单

会议议程结构形式一般可采用条文式或表格式两种。

2. 安排事项科学

会议议程要遵循把握好轻重缓急和保密事项放在最后的原则。

3. 语言表达简洁

会议议程要求用准确的语言进行表达，力求简练。

四、会议议程的写作方法

（一）会议议程的结构形式

标题＋正文＋尾部

（二）会议议程的写法

1. 标题

由"会议名称＋议程"组成，如《广东××旅游总公司20××年年会议程》《××仓储物流管理公司办公会议议程》。

2. 正文

一般分两层来写，第一层：写会议的时间、地点和主持人；第二层：写会议具体事项，按轻重缓急的原则分条列款编排，重急在前，轻缓在后。若有保密性较强的议题，一般放在最后面。

3. 尾部

写主办单位的名称和举行会议的日期。

五、会议议程的写作要求

1）格式规范，结构完整，要素齐全，条理清楚。
2）会议事项按轻重缓急和保密的原则分条列款编排，重急在前，轻缓在后，保密事项放在最后。
3）语言简练，表述准确。

范文博览

<h4 style="text-align:center">××省写作学会2019年新春茶话会议程</h4>

会议时间：2019年2月25日上午9：50—12：00
会议地点：广东××职业技术学院东校区工业实训中心903室（会议室）
主持人：黄××
会议议程：
1. 介绍出席"新春茶话会"的领导和嘉宾（9：50）
2. 宣布"广东省写作学会2012年新春茶话会"正式开始（10：00）
3. 广东××职业技术学院副院长王××教授致欢迎词（5分钟）
4. 广东省写作学会会长陈××教授做广东省写作学会2011年工作报告（20分钟）
5. 第一轮抽奖（5分钟，抽三等奖20名）
6. 会员第一阶段学术交流（10：30—10：50）
7. 第二轮抽奖（3分钟，抽二等奖10名）
8. 会员第二阶段学术交流（10：53—11：13）
9. 第三轮抽奖（2分钟，抽一等奖2名，特等奖1名）
10. ××省写作学会副会长古××教授做大会总结（11：15—11：20）
11. 全体与会人员照相留念（11：20—11：30）
12. 分两批参观广东××职业技术学院校史馆（工业实训中心二楼）（11：30—12：00）
13. 午宴（12：30）（地点：广东××职业技术学院西校区茗苑餐厅）

××写作学会
2019年2月25日

评析：此篇会议议程格式规范，结构完整，要素齐全；会议事项能按轻重缓急原则进行安排，时间分配比较合理，条理清楚；语言表达简洁。

第三节　会议开幕词

任务目标

【知识目标】
　　了解开幕词的概念和作用，掌握开幕词的写作结构。

【能力目标】

学会写各种场合的开幕词。

【素质目标】

熟悉会议程序。

任务设计

为进一步促进与同类公司的合作，拓展海内外市场，答谢新老客户，回归社会，高叶实习所在的服装服饰公司将在 10 月底举行一个酒会，诚邀合作伙伴共话合作与发展。综合办公室和市场拓展部共同策划这项活动，高叶也参与了一些筹备工作。这天，她正准备下班的时候，看到同事叶霖一脸愁容，上前一问才知道是因为公司经理将酒会的开幕词交给他完成。叶霖是个理科生，根本不懂如何拟写开幕词。高叶觉得自己在这里实习，应该抓住每一个锻炼、提升的机会努力学习，她在校期间写过运动会开幕词，想着应该大同小异，所以她当即答应叶霖可以帮他完成，叶霖如释重负，感激不尽。

应用导航

一、开幕词的概念

开幕词是在重要会议或重大活动开始时，会议主持人或主要领导人讲话所用的文稿。开幕词的主要特点是宣告性和引导性。

二、开幕词的写作结构

开幕词一般由标题、署名、称谓、正文 4 部分构成。

（一）标题

开幕词的标题通常有以下 3 种写法：

1）由"会议全称（活动全称）+文种"构成。如"××公司第××届××次职代会开幕词"或"××市青年志愿者活动开幕词"。题下用括号注明致词的具体日期。

2）由"致词人+会议全称（活动全称）+文种"构成。如"×××同志在×××会议上的开幕词"。

3）只标上"开幕词"即可。

（二）署名

致词人的姓名一般置于标题之下，独占一行，居中排列，有时还需在姓名之前标明职称、职务。如在标题中已标出致词人的姓名，此处不再署名，以免重复。

（三）称谓

对与会或参加活动的人员做概括性的、有礼貌的称呼，如"同志们""各位代表""女士们先生们""诸位来宾"等，后面用冒号。称谓按照惯例，一般是由上到下、由外到内。

凡参加会议或活动的人都要点到，不可遗漏。

（四）正文

包括开头、主体和结尾。开头，以简洁的语言交代会议或活动的名称、届次，说明其目的和重要性等。主体，回顾以往，或概括形势，讲明意义，为开好会议和搞好活动奠定基础。结尾，提出希望和要求，表示祝愿。

三、开幕词的写作要求

（一）要素要齐全

首部（标题、时间、称谓）、正文、结束语是开幕词和闭幕词必不可少的构成要素。一般来说，开幕词必须表达两个意思：欢迎和预祝。闭幕词必须表达两个意思：评价和号召。

（二）篇幅要短小

要求快速切入正题，切忌长篇累牍，内容重复、啰唆。

（三）语言要热情

要求口语化。行文明流畅快，语气热情洋溢，语言坚定有力。

范文博览

××学院第×届学生代表大会开幕词

（20××年××月××日）

尊敬的各位领导、各位代表：

××学院第×届学生代表大会今天在这里隆重开幕了！

首先，请允许我代表与会的全体代表向今天出席本次大会的各位领导、各位代表热烈的欢迎和衷心的感谢！

本次大会的主要任务是：以习近平同志"中国梦"重要思想为指导，回顾总结我院第×届学生会工作取得的积极成果和基本经验，选举产生第×届学生会。

我们要以高度的主人翁责任感，充分发扬民主，努力把本次大会开成一个团结振奋、民主务实的大会，团结带领全院青年学生努力学习、积极进取，不辜负全院同学的期望。

在本次大会筹备过程中，我们得到了院党委、学生处的高度重视和亲切关怀，学生处、团委的各位老师和同学为大会的召开做了大量辛苦的准备工作。借此机会，我谨以××学院第×届学生代表大会的名义，向一贯关心、支持、帮助我们成长的各级领导和老师表示衷心感谢！

这次大会是在第×届学生会干部即将毕业，团委、学生会工作正常交接的形势下召开的。第×届学生会干部在工作中取得的成绩是有目共睹的，他们组织开展的青年志愿者活动以及丰富多彩的校园文化活动得到了全校学生的欢迎和积极参与，并取得了很大成绩，在他们中间也涌现出了一批优秀团员和优秀团干部。现在他们面临毕业，这份工作的重担将由新一届学生会来承担。我们相信，新一届学生会干部会在院团委的领导下，在全校学生的支持和帮助下，必将奋发向上，锐意进取，取得更大的成绩。

各位代表，让我们积极发扬青年学生的光荣传统，胸怀祖国、勤奋学习、勇于实践、发奋成才，为开创我院学生工作的新局面贡献我们的青春、智慧和汗水。

最后，预祝本次大会圆满成功！

评析：这是一篇格式比较规范的开幕词。开头先对来宾表示欢迎和感谢，主体部分交代这次代表大会的主要任务、会议的筹备、会议的重要意义，最后预祝大会圆满成功。

第四节 会议闭幕词

任务目标

【知识目标】

了解闭幕词的概念和作用，掌握闭幕词的写作结构，理解闭幕词的注意事项。

【能力目标】

学会写闭幕词。

【素质目标】

熟悉会议程序。

任务设计

××市科协第×次代表大会，在市委、市政府和省科协的亲切关怀下，在所有参会同志们的共同努力下，已经圆满地完成了预定的各项任务，这次大会是××市科技界具有历史意义的大会，是继往开来、团结奋进的大会，也是动员××特区广大科技工作者为我市率先基本实现社会主义现代化建功立业的大会。今天就要胜利闭幕了，请你代写闭幕词。

应用导航

一、闭幕词的概念

闭幕词是会议结束时由主要领导人向全体会议代表所做的总结性讲话。致闭幕词的领导人与致开幕词的领导人一般不是一人，通常与致开幕词者的身份相当或略低。

二、闭幕词的写作格式

（一）标题、时间、称谓

闭幕词的标题，跟开幕词的写法类似，常见的写法是"××××大会闭幕词"或"×××在××大会上的闭幕词"。偶尔也有主副标题的写法，将主要内容或主要观点概括成句话做标题，再用"××大会闭幕词"做副标题。时间在标题之下正中，加括号注明会议闭幕的年、月、日。称谓一般也跟开幕词相一致。

（二）正文

1. 开头

一般要用简洁的语言，说明大会经过全体代表的努力，已经胜利完成使命，今天就要闭幕了。

2. 主体

主要是对大会进行概括总结，并提出贯彻大会精神的要求和希望。其中概括总结的部分，要列举会议完成的任务和取得的成果，不能空泛笼统。提出要求和希望的部分，也要突出会议精神，体现会议宗旨。

3. 结尾

最常见的说法是："现在，我宣布，××××大会闭幕。"

三、闭幕词的写作要求

（一）要素要齐全

首部、正文、结束语是闭幕词的 3 个必不可少的构成要素。

（二）篇幅要短小

要求快速切入正题，切忌长篇累牍，内容重复、啰唆。

（三）语言要热情

要求口语化。行文明流畅快，语言热情洋溢。

范文博览

×市科学技术协会第×次代表大会闭幕词

（20××年×月×日）

各位代表、各位来宾，同志们：

×市科协第×次代表大会，在市委、市政府和省科协的亲切关怀下，在与会同志们的共同努力下，已经圆满地完成了预定的各项任务，今天就要胜利闭幕了。这是我市科技界具有历史意义的大会，是继往开来、团结奋进的大会，也是动员××特区广大科技工作者为我市率先基本实现社会主义现代化建功立业的大会！

这次代表大会得到了市领导和上级科协的重视和关怀，市五套班子领导在百忙中莅临大会，悉心指导。省委常委、市委书记×××，市委副书记×××代表市委、市政府在大会上做了重要讲话，市委常委、宣传部部长×××为全体代表做了一场生动的形势报告。

他们深刻论述了在市场经济条件下，科学技术是第一生产力的地位和作用，尤其是科技进步对我市经济发展的重要作用；同时，对××特区广大科技工作者在深化改革中的奋斗献身精神给予了高度评价。在这里，我们谨向他们表示崇高的敬意！我们也希望老前辈们能一如既往地关心科协事业的发展，指导和帮助我们的工作。

同志们，我们即将进入一个关键的历史发展时期，回顾过去，令人鼓舞；展望未来，令人振奋！我们的使命艰巨而光荣，我们任重而道远。×届科协，正处在我国进入全面建设小康社会，加快推进现代化建设的新的发展阶段，我们×届委员将积极响应习近平同志加快建设科技强国的号召，在市委、市政府的领导下，进一步弘扬"献身、创新、求实、协作"的精神，满腔热情地为我市的广大科技人员服务，加强××特区科技工作者的团结、协作，做好"三主一家"工作，在改革开放和社会主义现代化建设中奉献才智，再立新功，再创辉煌！

最后，我代表全体与会人员向为本次会议提供热情、周到服务的全体工作人员和有关单位的同志们表示衷心的感谢！

现在，我宣布，××市科学技术协会第×次代表大会胜利闭幕！

评析：开头点明这次会议即将闭幕和会议的意义；主体部分概括会议的主要内容和取得的成绩，对未来进行展望；最后向全体工作人员和有关单位的同志表示衷心的感谢并宣布大会胜利闭幕。

知识拓展

请扫描二维码了解速记与速录。

实训平台

一、填空题

1. 一篇完整的开幕词除了标题之外，一般还包含_____、_____、_____和_____。

2. 会议议程要遵循_____和_____的原则。

二、判断题

1. 开幕词具有简明性、口语化、宣告性、引导性及鼓动性的特点。（　　）
2. 开幕词集中体现了会议或活动的指导思想，对引导会议或活动朝着既定的方向顺利进行、保证会议或活动的圆满成功，有着重要的意义。（　　）
3. 在会议上致开幕词或闭幕词时，致辞人应念标题和落款。（　　）
4. 开幕词、闭幕词对重要的会议而言，既是仪式，也是会议形成的重要文件。（　　）
5. 开幕词、闭幕词是会议必不可少的程序。（　　）
6. 会议议程的制定只能按照时间顺序。（　　）
7. 会议记录越快越好，可以不考虑准确性。（　　）

三、修改题（分析下列病文并修改成正确的文书）

团代会开幕

（××××年×月×日）

尊敬的各位领导、各位代表、同志们：

在全区高举"习近平新时代中国特色社会主义思想理论体系"的伟大旗帜时，深入贯彻落实中国共产党第十九次全国代表大会会议精神，满怀豪情地投身到全面建设小康社会伟大实践的重要时刻，全区团员青年热切期盼的共青团××区第十九次代表大会，今天隆重开幕了！此次大会得到了区委、团市委高度重视和亲切关怀，政府领导以及有关方面的负责同志亲临大会，充分体现了党和政府及社会各界对青年一代的亲切关怀和对共青团工作的高度重视。在此，请允许我以大会的名义，向长期以来重视和关心我区共青团工作的各位领导，向关心和支持共青团工作的各界人士表示表心的感谢！向在全区各条战线奋勇拼搏、无私奉献的广大团员青年、各级团干部和青少年工作者表示亲切的问候！这次大会对于全区各级团组织全面贯彻中国共产党第十九次全国代表大会会议精神，与时俱进、求真务实、开拓进取，团结带领团员青年为全面建设小康社会、推动我区经济发展和构建"和谐××"的宏伟目标而努力奋斗，具有深远的历史意义。出席本次大会的代表共161名。他们来自全区各条战线，既有在经济社会发展中做出突出贡献的先进青年代表，也有在共青团岗位上辛勤工作、取得优异成绩的团干部和团员代表及青年知识分子和学生代表，等等。本次团代会代表都是在广泛征求团内外意见的基础上，经过严格的民主程序选举产生的，具有广泛的先进性和代表性。各位代表、同志们，全面建设小康社会、构建"和谐×××"的宏伟目标，为我们绘制出了新时期的宏伟蓝图，呼唤着全区各级共青团组织和广大团员青年勇于创新、不懈奋斗。我们要以这次大会为新的起点，在区委和团市委的正确领导下，与时俱进，求真务实，开拓创新，团结带领广大团员青年在我区改革开放和现代化建设的伟大实践中创造出辉煌的青春业绩。

四、撰写训练

1. ××公司将于5月2—3日召开企业发展战略研讨会，旨在分析新型冠状病毒肺炎疫情对公司内外部环境和公司发展产生的影响。研讨会将开展培训、交流等活动，并邀专家进行培训，请根据实际情况撰写会议议程。

2. ××学院第七届体育文化节闭幕，请你代写一份闭幕词。

第十二章 规章文书

第一节 条 例

任务目标

【知识目标】
通过学习掌握条例的概念、适用范围和特点,通过案例分析掌握条例的结构、格式和写作要求。

【能力目标】
能够根据情景,确定拟写条例的类型,能够熟悉与条例相关的法律条文。

【素质目标】
培养良好的法制观念和法律素质,养成主次分明、先主后次的行事风格。

任务设计

为了使劳动者享有平等就业和选择职业的权利、取得劳动报酬的权利、休息休假的权利、获得劳动安全卫生保护的权利等法律规定的劳动权利,更好贯彻实施《中华人民共和国劳动合同法》,国务院拟推出相关实施条例,请周密考虑有关事宜,代笔拟写该份文稿。

应用导航

一、条例概述

(一)概念
条例是国家权力机关或行政机关依照政策和法令而制定并发布的,针对政治、经济、文化等各个领域内的某些具体事项而做出的,比较全面系统、具有长期执行效力的法规性公文。

(二)特点
1. 强制性
条例是由高层次的国家和地方权力机关和行政机关依法制定的,是对某一政策、法律和法令的补充性说明或辅助性规定，一经颁布生效，即具有法律效力。

2. 稳定性

条例所涉及的都是国家政治、经济、文化、教育等领域比较重大和长期性的工作。条例也是国家行政机关为控制或调整国家生活中某一方面的关系而使用的立法手段，所以一经颁布就不能轻易修改、废止，具有较强的稳定性。

3. 特定性

条例是规章制度中的最高样式，无论是党的机关公文还是行政公文，都对其制发资格有严格的规定。只有党的中央组织机关、国家最高行政机关和地方立法机关，才有制发条例的资格。国务院的各个部门所制定的与自己职权有关的规章以"条例"命名时，必须经国务院批准并以国务院的名义发布，不能擅自制定发布。

（三）种类

按照发文机关及条例效力范围可分为：

1）国务院指定、发布的条例。
2）国务院所属各部委制定的，经国务院批准的条例。
3）各省、自治区、直辖市及有关城市制定的条例。
4）《中国共产党机关公文处理条例》中规定的条例。

二、结构和写法

条例一般由标题、题注、正文3部分构成。

（一）标题

条例的标题有两种写法：一是由发文机关、条例内容和文种构成，如《中国共产党机关公文处理条例》；二是由条例内容和文种构成，如《建设工程质量管理条例》。

（二）题注

独立发布的条例的题注一般在标题正下方，表明通过条例的会议名称及日期或发文机关及公布的日期。用命令、通知等文种予以发布的条例，条例本身不显示制发的时间，以命令或通知的发文时间为准。

（三）正文

条例的正文常分为总则、分则、附则3部分。

1. 总则

总则内容包括条例的依据、目的、意义、指导思想、基本原则、基本概念、适用范围等。

2. 分则

总则之后、附则之前的所有内容，都属于分则。分则分章节或条目分列条例的具体内容，是条例的核心。

3. 附则

附则是对分则的补充说明，内容一般比较简单。主要包括对概念或有关问题的解释，明确上述规定的解释权、修改权、实施时间、适用对象以及与相关法规政策的关系等。

条例正文的写法主要有两种形式：

第一种是分章式写法。内容丰富的条例一般采用分章式写法。这种写法是篇下分章、章下分节，节下分条，条下分款。条的顺序按全文统一编排，不按章单独排，即分章分节，章断条连。通常第一章是"总则"，以下各章是"分则"，最后一章是"附则"。

第二种是分条式写法。内容简单的条例可直接分条撰写，即整个条例不分章节按条款依次排列。这种写法虽然不设总则、分则和附则，但有关内容都已经包括在所设的条款之中。

三、写作注意事项

1）必须做到符合法律、政策，绝不能与上级制定的现行法律法规、政策相抵触，这样才能真正起到规范化的作用。

2）要安排有序，章和条的排列要有逻辑联系，撰写实施条款的层次安排要做到先原则后具体，先主后次，不能胡乱堆砌。

3）条款规定必须具体、明确、周密可行，使用的概念要准确，语言文字要规范、凝练，切忌抽象笼统，含糊不清。文风要庄重、平实，格式要规范。

范文博览

中华人民共和国劳动合同法实施条例

第一章　总　则

第一条　为了贯彻实施《中华人民共和国劳动合同法》（以下简称"劳动合同法"），制定本条例。

第二条　各级人民政府和县级以上人民政府劳动行政等有关部门以及工会等组织，应当采取措施，推动劳动合同法的贯彻实施，促进劳动关系的和谐。

第三条　依法成立的会计师事务所、律师事务所等合伙组织和基金会，属于劳动合同法规定的用人单位。

第二章　劳动合同的订立

第四条　劳动合同法规定的用人单位设立的分支机构，依法取得营业执照或者登记证书的，可以作为用人单位与劳动者订立劳动合同；未依法取得营业执照或者登记证书的，受用人单位委托可以与劳动者订立劳动合同。

第五条　自用工之日起一个月内，经用人单位书面通知后，劳动者不与用人单位订立书面劳动合同的，用人单位应当书面通知劳动者终止劳动关系，无须向劳动者支付经济补偿，但是应当依法向劳动者支付其实际工作时间的劳动报酬。

第六条　用人单位自用工之日起超过一个月不满一年未与劳动者订立书面劳动合同的，应当依照劳动合同法第八十二条的规定向劳动者每月支付两倍的工资，并与劳动者补订书面劳动合同；劳动者不与用人单位订立书面劳动合同的，用人单位应当书面通知劳动者终止劳动关系，并依照劳动合同法第四十七条的规定支付经济补偿。

前款规定的用人单位向劳动者每月支付两倍工资的起算时间为用工之日起满一个月的次日，截止时间为补订书面劳动合同的前一日。

第七条 用人单位自用工之日起满一年未与劳动者订立书面劳动合同的，自用工之日起满一个月的次日至满一年的前一日应当依照劳动合同法第八十二条的规定向劳动者每月支付两倍的工资，并视为自用工之日起满一年的当日已经与劳动者订立无固定期限劳动合同，应当立即与劳动者补订书面劳动合同。

第八条 劳动合同法第七条规定的职工名册，应当包括劳动者姓名、性别、公民身份证号码、户籍地址及现住址、联系方式、用工形式、用工起始时间、劳动合同期限等内容。

第九条 劳动合同法第十四条第二款规定的连续工作满10年的起始时间，应当自用人单位用工之日起计算，包括劳动合同法施行前的工作年限。

第十条 劳动者非因本人原因从原用人单位被安排到新用人单位工作的，劳动者在原用人单位的工作年限合并计算为新用人单位的工作年限。原用人单位已经向劳动者支付经济补偿的，新用人单位在依法解除、终止劳动合同计算支付经济补偿的工作年限时，不再计算劳动者在原用人单位的工作年限。

第十一条 除劳动者与用人单位协商一致的情形外，劳动者依照劳动合同法第十四条第二款的规定，提出订立无固定期限劳动合同的，用人单位应当与其订立无固定期限劳动合同。对劳动合同的内容，双方应当按照合法、公平、平等自愿、协商一致、诚实信用的原则协商确定；对协商不一致的内容，依照劳动合同法第十八条的规定执行。

第十二条至第三十五条 （略）

第六章 附 则

第三十六条 对违反劳动合同法和本条例的行为的投诉、举报，县级以上地方人民政府劳动行政部门依照《劳动保障监察条例》的规定处理。

第三十七条 劳动者与用人单位因订立、履行、变更、解除或者终止劳动合同发生争议的，依照《中华人民共和国劳动争议调解仲裁法》的规定处理。

第三十八条 本条例自公布之日起施行。

评析：《中华人民共和国劳动合同法实施条例》细化了《劳动合同法》难以直接操作的原则性规定，补充和完善了《劳动合同法》的漏洞，对实践中存在不同理解的法律条款，做出了统一解释。如第四条主要想解决的问题是：如某公司到一个地方设分公司，开始设筹备处，这个筹备处虽不是法人，也要招员工，如果它不具签合同的资格，员工的权益就难以保障。所以经授权，筹备处是可以签署劳动合同的。用人单位的分支机构，主要是指分公司、子公司。本条例共有六章三十八条，其颁布实施对于《劳动合同法》的实施和权威性、有效性、统一性，对于我国劳动合同法律制度的完善，具有十分重大的意义。

第二节　规　定

任务目标

【知识目标】

通过学习掌握规定的概念、适用范围、种类和特点，通过案例分析掌握规定的结构、格式和写作要求。

【能力目标】

能够根据情景，确定拟写规定的类型，会写内容细致、可行性强的补充性规定。

【素质目标】

培养认真负责、遵守规定的良好习惯，养成把握要点、语言明确的表达习惯。

任务设计

某市为了进一步对老人实行优待，特制定有关规定。内容包括：一是可享受各类公共资源的优待。老年人可享受各类场馆免票或半票优待；在县级以上医院就医挂号、就诊等方面的优待；在购买火车票、飞机票、长途汽车票等方面的优待；在公证处、律师事务所免费提供法律咨询，或者按有关规定，提供法律援助；免费使用收费公厕所等。二是老人可享受特殊生活补贴。三是各优待单位必须承担的责任义务。

根据以上内容，查找资料，请代笔拟写一份规定。

应用导航

规定是规范性公文中使用范围最广、使用频率最高的文种。它是领导机关或职能部门对特定范围内的工作和事务制定相应措施，要求所属部门和下级机关贯彻执行的法规性公文。规定是为了落实某一法律、法规，或加强某项管理工作而制定的，具有较强的约束力，而且内容细致，可操作性较强。

一、规定概述

（一）概念

规定是国家机关及其部门、团体、企事业单位对特定范围内的工作和事务制定具有约束力的行为规范。规定的使用范围较广，凡是需要规范人们行动、要求有关人员遵守和执行的事情，都可以用规定行文。同时，规定既可以是较长一个时期执行的规范性要求，又可以是临时性的措施。

(二)特点

1. 普遍性

规定是使用比较广泛的文种。国家机关、企事业单位、社会团体都可以用到。可以用于制定较长期的规范,也可以用于对阶段性工作做出限定;对重大事项可做出规定,也可以用于一般性的内容;可以在就某些事项做出全面的规定时使用,也可以在对某些事项的某一点做出规定时使用,还可以在对某些条文做解释、补充时使用。凡需要规范人们行动,要求有关人员统一协调的事情,都可以用规定。

2. 灵活性

条例等文体只能由立法机关和政府机关发布,往往用发布令的形式发布。而规定的发布比较灵便。有时,可用文件形式直接发布,也可以像其他法规性公文那样,作为附件,用通知形式发布。而且,由于它使用呈多样化,规范对象可大可小,时效、篇幅可长可短,使用者层级可高可低,因而受限制较少。

3. 限定性

规定的制约和依据作用,主要表现在它用限定行为规范,制定办理准则及规范界限,对活动开展、事项管理、问题处置做出规定,因而其限定性比较强。在法规性公文中,它属于限制性法规文件,即多为解决"应该如何"和"不应该如何"的界限问题,特别是一些禁止性、限制性"规定",其限定性特点尤为突出。

(三)种类

规定适应面广,各级各类的单位都可以使用,按其行文目的及规范内容分,主要有以下四种类型:

1. 政策性规定

这类规定主要用以规定一些政策规范,按照有关法律法规条文,制定有关的准则和政策,作为开展某项活动或某项工作的主要办事依据,其依据性与政策性较强。政策性规定着重于界限划分、明确范围、提出要求和惩处情况,解决"应当怎样"和"不应怎样"的问题。如《禁止使用童工规定》,其政策性和约束力都较强。

2. 管理性规定

这类规定是社会组织在各自的管理权限范围内就某方面工作制定的管理规则,在一定的范围内提出的管理要求、禁止事项,达到加强某些工作管理,规范活动和行为及限制某些不规范、不合理、不正常行为的目的。它侧重于规定管理原则、管理职责、质量标准、措施、办法、管理范围及要求。如《行政接待工作管理规定》,这类规定都有较强的管理性。

3. 实施性规定

规定也可以作为实施法规的文种而使用,其用法近似"实施办法"。其写法和实施办法、实施细则也大体类似。它侧重于对实施文件的有关事项做出规定,对原件条款做出解释,提出具体的实施意见。如《关于贯彻〈中华人民共和国药品管理法〉的有关暂行规定》。

4. 补充性规定

主要就原件中某些提法不够明确、不够具体的方面加以明确,加以补充或解释,以便实施，如《关于劳动教养的补充规定》是对《国务院关于劳动教养问题的决定》的补充。这类规定要加以控制，最好直接对原件进行修改。

二、结构和写法

规定的结构由标题、题注和正文构成。

（一）标题

规定的标题格式有两种：一是由发文机关、事由、文种构成，事由用介词结构"关于……的"来表述，如《××市关于小型企业租赁经营的规定》；二是由事由和文种构成，如《关于高级专家退休问题的补充规定》。如果规定是短期的、临时性的，在规定文种前应加上"暂行"，如《国营企业工资调节税暂行规定》。

（二）题注

独立发布的规定，在标题正下方中加括号标明通过规定的会议名称及日期、发文机关及公布日期或批准机关名称及日期等，如公安部发布的《特别重大事故调查处理的暂行规定》，题下标明"（××××年第九次部务会议通过）"。随命令、通知等文种发布的规定，以命令或通知的发布时间为准，规定自身不再标明制发时间。

（三）正文

规定的正文包括总则、分则、附则3部分。

1）总则，是规定的第一部分，用来交代制发的缘由、目的、意义、指导思想、基本原则、适用范围、主管单位等。总则一般自成一章，分为若干条。

2）分则，是规定的主体，规定的实质性内容和要求。分则分为若干章，每章有小标题，下列若干条款。

3）附则，是规定的结尾部分，补充说明实施要求、施行日期、解释权限等。

规定正文的写法主要有三种形式：

1）分章式写法。内容丰富的规定一般采用分章式写法。这种写法是篇下分章、章下分节，节下分条，条下分款。条的顺序按全文统一编排，不按章单独排，即分章分节，章断条连。通常第一章是"总则"，以下各章是"分则"，最后一章是"附则"。

2）分条式写法。内容简单的规定可直接分条撰写，即整个规定不分章节按条款依次排列。这种写法虽然不设总则或纲、分则和附则，但有关内容都已经包括在所设的条款之中。

3）引言加条款式写法。跟通篇分条式写法比较相似，只是前面有一段没有列入条款的引言，一般用来交代根据、目的、意义。

三、写作注意事项

1）内容针对性要强。制定的具体要求、措施和办法要切合实际，有可操作性，便于执行、检查和监督。制定的事项要以法律法规为依据、为准绳，不能与法律相抵触。

2）使用要正确。规定的使用比较广泛，但在具体使用中还是有一定的限制。对某一行政工作做比较全面、系统或具体详细的限定时，不宜用"规定"行文。制定一些单方面的规定性、政策性强的有关条款，可以用"规定"。

3）文字表述要明确。允许做什么，做到什么程度，不允许做什么，做了应承担什么责任，应明确具体。

范文博览

关于进一步对老人实行优待的规定

敬老、养老、助老是中华民族的传统美德，是建设社会主义精神文明的重要内容。为了贯彻落实《中共中央、国务院关于加强老龄工作的决定》（中发〔××××〕××号）精神，认真执行《中华人民共和国老人权益保障法》，适应我市人口老龄化的发展形势，根据《××××实施〈中华人民共和国老人权益保障法〉办法》，特制定本规定。

第一条　持有××××人民政府制发的《××××老人优待证》的老人，在我××××行政区域内享受下列优待服务：

（一）国有各类公园、风景名胜区、博物馆、图书馆、展览馆、纪念馆等场所，免购门票进入，但上述场所举办大型经营性活动期间除外；

（二）国有体育场（馆）、游泳池、影剧院周一到周五，购半票入场；

（三）在县级以上医院就医，优先半价挂号、优先就诊、优先取药、优先住院，同时享受医院实行的其他优待规定；

（四）优先购买火车票、飞机票、长途汽车票，优先上下火车、飞机，乘坐城市公共交通车辆按起步票价购票；

（五）公证处、律师事务所免费提供法律咨询，或者按有关规定，提供法律援助；

（六）免费使用收费公厕所；

（七）其他优惠政策和优待服务。

为老人提供优待服务的单位、场所在对外进行承包经营时，应明确规定对老人实行优待的相关条款，承包经营者不得以承包为由拒绝执行。

第二条　按照属地管理、分级负责的原则，对百岁及以上的老人，政府每人每年发放1 000元的特殊生活补贴；对95~99岁的老人，每人每年发放不低于500元的生活补贴；对90~94岁的老人，每人每年发放不低于300元的生活补贴。对89岁及其以下的城乡特别困难的老人，应优先给予资金和物资的救助。财政困难的地区，省财政在专项资金中给予适当补助。

第三条　农村70岁以上老人不承担村级兴办集体公益事业出资义务。60~69岁丧失劳动能力或者有特殊困难的老人，适当减免村级兴办集体公益事业出资义务。

……

第八条　国家机关、社会团体、企业事业单位、基层群众自治组织和公民，都应当按照本规定履行优待老人的责任和义务，不得以任何理由和借口取消老人应该享受的各项优待。对不按本规定履行优待老人义务的，由当地政府责令其改正，并进行批评教育；对不履行优待老人义务造成严重后果的，追究直接责任人、单位负责人的责任。

第九条　各地可根据本规定，结合当地实际，增加对老人优待的内容。

第十条　本规定由××老龄工作委员会办公室负责解释。

第十一条　本规定自××××年××月××日起执行。

评析：这是一篇补充性规定。针对原件中某些不够明确、不够具体的内容加以明确、补充和解释，以便实施。本文采用的是引言加条款式写法。例文分为两部分，即引言和规定条项。引言为制定目的和补充对象。规定条项对普通老年人、百岁及以上的老年人、农村70岁老年人、丧失劳动能力的农村老年人等享有的优待服务都分别做出了解释。本例文篇幅简短，要素完整，层次分明，语言简洁，表达清晰，使人一目了然。

第三节　办　法

任务目标

【知识目标】

通过学习掌握办法的概念、适用范围和特点，通过案例分析掌握办法的结构、格式和写作要求。

【能力目标】

能够根据情景，确定拟写办法的类型，能写内容具体、结构严谨的办法。

【素质目标】

形成善于思考、不畏困难的习惯，养成务实笃行的作风，提升解决问题的能力。

任务设计

×××学院为切实加强和规范学院舆情管理，提高学院舆情的监测、引导和处置能力，营造良好的舆论环境，根据教育部《关于进一步加强教育新闻发布工作的实施意见》《×××市人民政府新闻工作实施办法》《××市教育局教育舆情管理办法（试行）》等有关规定，结合工作实际，拟制订相关办法。请查找相关资料，代拟该份文稿。

应用导航

办法是对有关法令、条例、规章提出具体可行的实施措施，是对国家或某一地区政治、经济和社会发展的有关工作、有关事项的具体办理、实施提出切实可行的措施。办法重在可操作性。它的制发者是国务院各部委、各级人民政府及所属机构。

一、办法概述

（一）概念

办法是行政机关、企事业单位为贯彻某一法令或者做好某一项行政工作而制定的法规性文书。

（二）特点

办法作为常用的规章文种，和其他规章性的公文相比，主要有3个特点：

1. 普遍性

办法是行政机关、企事业单位对某方面的工作提出管理法规，对实施文件的办法、措施做出具体规定。办法对发文机关没有严格规定，应用范围广泛，使用率高，因此具有较强的普遍性。

2. 具体性

办法因其内容要求的具体化，写法上也要求侧重于对某项工作的做法、措施、步骤、程序、标准一一做出说明，要求条文清晰，表达明确具体。

3. 操作性

办法多用于对有关事项、任务的落实和执行制定标准、做法。因此带有很强的操作性特点。

（三）种类

1. 实施办法

有相当一部分办法是为贯彻落实某一法规而制定的，是法规的派生物。这种实施法规的办法通常叫"实施办法"。

2. 管理办法

这类办法是各类企事业单位，在各自的管理权限范围内对一些法律不可能具体涉及的局部性工作所做的安排。这种办法虽然也是以相关法律为依据制定的，但不是哪一部法律和条例的派生物，有一定的独立性。

二、结构和写法

办法一般由标题、题注、正文3部分构成。

（一）标题

办法的标题有两种写法：实施办法的标题一般由内容和文种构成，如《税收管理日常检查办法》。也有的由发文机关、办法内容和文种构成，如《大连市总工会直属企事业单位干部人事制度改革实施办法》。如果是试行或暂行，在标题中要写明"试行"或"暂行"字样，如《××学校模范共产党员评选试行办法》。

（二）题注

独立发布的办法的题注一般加括号标于标题之下正中，有多种写法：制发时间和通过的会议；通过的会议及通过的时间；发布机关和发布时间；发布机关和首次发布时间及修订时间。

随命令和通知发布的办法，自身不显示制发时间和依据，但以后单独使用时，应将原命令和通知的发布时间标注于标题之下。

（三）正文

办法的正文分为总则、分则、附则3部分。

1. 总则

总则内容包括办法的依据、目的、意义、指导思想、基本原则、基本概念、适用范围、实施部门等。

2. 分则

分则分章分条列出具体的方法、步骤、措施、要求等。

3. 附则

附则写出实施意见，以及解释权、说明权、施行日期等。

办法正文的写法主要有两种形式：

第一种是分章式写法。内容丰富的办法一般采用分章式写法。这种写法是篇下分章、章下分节，节下分条，条下分款。条的顺序按全文统一编排，不按章单独排，即分章分节，章断条连。通常第一章是"总则"，以下各章是"分则"，最后一章是"附则"。

第二种是分条式写法。内容简单的办法，直接分条即可。前若干条写目的、依据、宗旨等，中间较多的条款写方法、步骤、措施等，最后一两条写补充规定和实施要求。

三、写作注意事项

（一）明确两类办法的不同写法

实施办法依附性强，围绕实施原件来写作，着重对原件实施提出具体意见，多是诠释、说明有关条款，或结合实施范围的实际情况补充一些条款，要求写得比较具体，不求全面系统，只为指导实施。管理办法则是独立行文的，根据管理对象的内容来确定，一般比较全面，往往就管理的范围、原则、规范、责任和施行要求做出规定，要求写得比较系统周全，针对管理对象制定条款。

（二）提出的办法要具体，便于操作

不论是实施办法还是管理办法，其条款都要订得具体明确，要切合实际，有可操作性，便于执行、检查和监督。特别是涉及概念、范围、措施、方法、界限和要求的应做出具体的规定、表达。

（三）结构要严谨、清晰、合理

办法的写作，行文要严谨周密，条文要明确具体，用词要准确，章法要严密，条理要清晰，层次和章、条、款之间，应当有序地排列，要能较好地反映内容之间的联系，方便阅读、引述和检索。

范文博览

××××学院舆情管理办法

第一章 总 则

第一条 为切实加强和规范学院舆情管理,提高学院舆情的监测、引导和处置能力,营造良好的舆论环境。根据教育部《关于进一步加强教育新闻发布工作的实施意见》《×××市人民政府新闻工作实施办法》《××市教育局教育舆情管理办法(试行)》等有关规定,结合工作实际,制定本办法。

第二条 本办法所指的学院舆情,是指发生在学院范围内,在媒体或在互联网上形成、带有新闻传播性质的与学院教育工作、教师相关的特定事件及其意见的集合。包括三种类型的舆情:一是已经媒体传播引起较大影响的负面舆情;二是突发事件,虽未经媒体传播,但可能引起社会广泛关注的舆情;三是社会公众或媒体广泛关注的教育热点舆情,其他高职院校发生的重大教育舆情。

第三条 学院舆情管理是指对涉及学院舆情的监测与发现、研判与报告、应对与处置、反馈与总结的工作过程。

第二章 原 则

第四条 学院舆情管理工作按照"预防为主、及时应对、分级处置、业务归口"原则。

(一)预防为主。各部门(二级学院)要提高舆情防患未然的意识,在有关教育热点、政策信息、敏感点工作和活动情况对外发布前,准备好应对材料,并与学院办公室密切沟通情况,及早做好舆情的预判工作,引导学生正确认识、理解教育政策和相关措施,最大限度降低负面舆情出现的可能性。

(二)及时应对。各部门(二级学院)发现学院舆情,要按照本办法规定的管理、处置时间要求及时开展舆情研判和应对工作,及时准确回应,尽可能避免或减少公众的猜测和媒体的不准确报道。

(三)分级处置。

1. 学院舆情按照舆情刊载平台、上级领导批示、舆情影响程度等因素分为:一般(Ⅰ级舆情),较大(Ⅱ级舆情),重大(Ⅲ级舆情)三个等级进行管理。

Ⅰ级舆情:一般舆情。是指在一般媒体刊登,未经上级舆情刊物转载,经初步研判,不一定会引起社会广泛关注的舆情。

Ⅱ级舆情:较大舆情。包括两种情况:一是指同一内容于同一时间段在多家媒体平台刊登,二是指经上级舆情刊物刊载但未经上级领导批示,以上两种舆情经初步研判,涉舆情部门应引起关注。

Ⅲ级舆情:重大舆情。包括3种情况:一是同一内容在多家媒体不同时段多次进行追踪报道;二是经上级舆情刊物刊载并经上级领导批示,经研判可能引起社会广泛关注或恐慌的;三是突发事件虽未经媒体刊登或领导批示,但可能会引起重大情况的。

2. 学院各部门根据舆情监测和研判情况,提出舆情分级及处置意见,对确定为Ⅱ级、

Ⅲ级舆情的，同时征求办公室意见后报学院领导审定。需要回应的，由办公室做好舆情核查和应对准备工作，提供应对材料。

（四）业务归口。学院办公室统筹指导学院舆情管理工作。

第三章 管 理

（略）

第四章 处 置

（略）

第五章 保 障

（略）

评析：本文内容丰富，采用分章式写法。正文第一章写发文目的、依据及相关概念解释。第二章到第五章为规范条规，对舆情管理工作原则、管理、处置、保障等有关问题做出具体的规定。第二章按照"预防为主、及时应对、分级处置、业务归口"对舆情管理工作原则做出具体的规定。分章写法，条款分明，结构严谨。

第四节 细 则

任务目标

【知识目标】

通过学习掌握细则的概念、适用范围和特点，通过案例分析掌握细则的结构、格式和写作要求。

【能力目标】

能够根据情景，确定拟写细则的类型，能够写详细具体、操作性强的细则。

【素质目标】

形成严谨、缜密的行文思路，养成做事细致、实事求是的态度。

任务设计

××××公司为了避免公司员工发生早退、迟到、旷工等违纪行为，促使员工认真工作，拟制定相关考勤管理制度。请周密考虑有关事宜，代笔拟写该份文稿。

应用导航

细则是对某一法律、法规全部或部分内容的具体化。法定效力仅仅次于法律，是国家权力机关和党政机关依照法律运用法律的规范形式，将国家的方针、政策依法予以肯定，具有法律条文和党政机关公文双重属性，既有法律的指导作用，又有严格的法律约束力，成为机关、单位、个人在有关方面的行为准则。

一、细则概述

（一）概念

细则，是党政机关、企事业单位及有关主管部门为有效地实施某项法律、法规和规章而做出的权威性解释、明细化的标准和措施，或为管理工作而制定的详细法则。

（二）特点

细则主要有如下 3 个特点：

1. 依附性

细则的制定必须依附于某一具体法律、法规，不能另起炉灶，重构框架。法律、法规是细则赖以产生的前提。没有某法律、法规，就没有某法律、法规的实施细则。

2. 操作性

细则是对实施法规或管理工作的具体解释和补充，规定具体适用的标准及执行程序，因而具有很强的操作性。

3. 补充性

细则是主体法律、法规、规章的从属性文件，它对法令、条例、规定或其部分条文进行解释和说明，以使其表意更加具体明确化。

二、结构和写法

细则一般由标题、题注、正文 3 部分构成。

（一）标题

细则的标题由细则内容加"实施细则"或"施行细则"构成，如《厂务公开实施细则》《××公司"创建和谐单位"施行细则》。

（二）题注

细则题注一般在标题正下方，加括号标注发布日期和制发机关名称，或者批准、修改日期和机关名称。随命令、通知等颁布的细则，可以不列此项，以命令或通知的发文时间为准。

（三）正文

正文是细则的主体部分，要对某一法律、法规的实施或管理工作做具体、周密的阐释，制定明细的标准和措施，但不得超出原法律、法规的基本内容。细则的正文有两种写法，一种是分章式写法，一种是分条式写法。

1. 分章式写法

这种写法适用于内容较多的细则。全文分为 3 大部分，分别是总则、分则、附则。总则内容包括细则的依据、目的、意义、指导思想、基本原则、基本概念、适用范围等。总则一般为第一章,分若干条。

分则是细则的核心,总则之后、附则之前的所有内容,都属于分则。分则分章节或条目分列细则的具体内容,分则用来对原法律、法则进行解释、补充,做出细致周密、切实可行的规定。

附则是细则的结尾部分,主要用来提出执行要求。

2. 分条式写法

这种写法不分章,直接列条,适用于内容简单、篇幅较短的细则。这种写法虽然不设总则或纲、分则和附则,但有关内容都已经包括在所设的条款之中。

三、写作注意事项

(一) 要详尽

首先由于法规、条例、规定一般写得比较概括,只做出原则性规定,需要细则对范围、概念加以解释,才便于实施,因此细则写作要做到详尽。其次,由于法规、条例、规定往往针对大多数情况而定,对一些特殊的例外情况无法一一界定,需要细则加以补充,使原件更趋完善和严密。最后,由于法规、条例、规定用概括性语言表述,细则需对一些内容加以展开,才有助于实施。这就要求细则对概括性条款进行具体化详尽的表述。

(二) 要可操作

细则是对实施法规或管理工作的具体解释和补充,规定具体适用的标准及执行程序。因此,对原件不够明确处,加以诠释;对不够具体处,加以展开;对不够完善处,加以补充,使条文切合实际,可以操作。

范文博览

[范例]

××××公司考勤制度实施细则

第一条 为了避免公司员工发生早退、迟到、旷工等违纪行为,以使其认真工作,特制定本考勤管理制度。

第二条 本制度适用于公司总部,各下属全资、控股企业可参执行,也可另行规定。

第三条 员工正常工作时间为上午9时至12时,下午1时至5时30分,每周六、日不上班,因季节变化需调整工作时,由总经理办公室另行通知。

第四条 上班时间开始后10分钟至30分钟内到班者,按迟到论处,超过30分钟以上者按旷工半日论处。提前30分钟以内下班者按早退论处,超过30分钟者按旷工半日论处。

第五条 公司员工一律实行上下班打卡登记方式。

第六条 凡本公司员工上下班均需亲自打卡,任何人不得代理他人或由他人代理打卡,违犯此条规定者,委托人和被代理人均给予记过处分。

第七条 公司每天安排专人监督员工上下班打卡,并负责将员工出勤情况报告值班领导,由值班领导报至劳资部,劳资部据此表填报员工考核表及核发全勤奖。

第八条　员工办理外出业务时，必须先办理打卡手续。特殊情况需经主管签卡批准，违者按迟到或旷工处理。

第九条　员工外出工作前须向本部门负责人（或其授权人）申明外出原因及返回公司时间，否则按外出办私事处理。

第十条　上班时间外出办私事者，如经发现，即扣除当月全勤奖，并给予警告一次的处分。

第十一条　员工一个月内迟到、早退累计达3次者扣发全勤奖1/2，达5次者扣发全部全勤奖，并给予一次警告处分。

第十二条　员工无故旷工半日者，扣发当月全勤奖，并给予警告一次的处分；当月累计三天旷工者，扣除当月工资，并给予记过一次的处分；无故旷工达一个星期以上者，给予除名处理。

第十三条　员工因公出差，须事先填写出差登记表。副经理以下人员由部门经理批准，各部门经理出差由主管领导批准；高层管理人员出差须报经总经理或董事长批准；情况紧急不能向总经理或董事长请假时，须在董事长秘书室备案。到达出差地后应及时与公司取得联系。出差人员必须在出差前先办理出差登记手续并交至劳资部备案。凡因各种情况或未填写出差登记表者不再补发全勤奖，不予报销差旅费；特殊情况须报总经理审批。

第十四条　当月全勤者，获得全勤奖金。

评析：本细则首先注明制定条文的根据和适用范围。接着对考勤任务各方面做出了详细的规定，并依逻辑顺序排列条文，每一项细则只规定一项内容，这样利于保持条文的清晰以及相对的独立性。整篇条例结构严谨，内容完整，层次清晰，内容具体，操作性强，能把考勤的任务落到实处，保证了相关工作的真正实施。

知识拓展

请扫描二维码了解细则与条例、规定、办法的区别。

实训平台

一、填空题

1. 条例的特点主要有_____、_____和_____。
2. 条例的主要类型有_____、_____、_____和_____。
3. 规定既可以是较长一个时期执行的规范要求，又可以是_____。
4. 规定的特点主要有_____、_____和_____。
5. 办法的类型主要有_____和_____。
6. 办法的正文由_____、_____和_____三部分组成。

7. 细则的主要特点有_____、_____和_____。
8. 细则写作的注意事项有_____和_____。

二、判断题

1. 细则的制定可以不依附于某一具体法律、法规，能另起炉灶，重构框架。（　　）
2. 条例、规定、办法、细则的正文之后，不再签署发文机关名称及成文日期。（　　）
3. 条例用于国家制定法规性行政公文时使用，规定则各级行政机关、社会团体、企事业单位都可用。（　　）
4. 规定是国家机关及其部门、团体、企事业单位对特定范围内的工作和事务制定具有约束力的行为规范。（　　）
5. 条例大多是一级机关制发，特别是条例，制定的机关级别有严格规定。（　　）
6. 不论是实施办法还是管理办法，其条款都要制定得具体明确，要切合实际，有可操作性，便于执行、检查和监督。（　　）

三、修改题（分析下列病文并修改成正确的文书）

××学院商贸管理系优秀学生、优秀学生干部评选办法

第一条　为了鼓励我系学生勤奋学习、刻苦钻研、严格要求、全面发展，特制定本办法。

第二条　优秀学生和优秀学生干部必须符合下列条件：

1. 坚持四项基本原则，拥护改革开放，积极参加各项政治活动；
2. 热爱专业，勤奋学习，刻苦钻研，成绩优良；
3. 敢于同不良现象和违法乱纪行为做斗争，坚持原则，自觉遵守法纪和学校各项规章制度；
4. 具有良好的文明习惯和道德修养，尊敬师长，团结同学，热爱劳动，关心集体；
5. 积极参加体育活动，坚持体育锻炼，身体健康；
6. 优秀学生干部除上述条件外，还应积极承担学生工作，配合班主任和任课教师开展各种有益的活动，在树立良好班风中成绩显著。

第三条　受违纪处分者一年内不得评定优秀学生和优秀学生干部；

第四条　优秀学生和优秀学生干部的评选按以下办法进行：

1. 优秀学生和优秀学生干部每学年评选一次，在新学年开学初的两周内进行；
2. 评选工作由班主任负责。评选过程中应充分发扬民主，认真听取学生和任课教师意见，推荐名单经系领导审核后，呈院有关部门批准；
3. 优秀学生和优秀学生干部必须是在籍学生；
4. 新生入学初不参加优秀学生和优秀学生干部的评选，毕业班的评选工作应在学生毕业离校前完成；

第五条　本办法解释权属××学院商贸管理系。

第六条　本办法自公布之日起试行。

四、撰写训练

××系拟实行班干部竞岗制度，试代拟写一份班干部竞岗管理办法。

第十三章 求职文书

第一节 求职信

任务目标

【知识目标】

通过学习掌握求职信的概念、适用范围和特点,通过分析掌握求职信的结构、写作要求。

【能力目标】

掌握求职信的作用,会写求职信。

【素质目标】

熟悉求职信的用途,明白什么情况下用什么语言写求职信,在求职信中可以表达出自己的优势。

任务设计

临近毕业季,请为自己写一封求职信。

应用导航

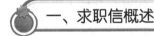

一、求职信概述

（一）概念

求职信是求职者写给招聘单位的事务信函,具有毛遂自荐的作用。求职信的读者很难明确,也许是人事部一般职员,也许是经理,也许是单位最高领导。求职信是自我表白,其目的和作用是要让招聘单位快速了解自己的优势和能力,因求职者很多,所以需要简短并在最短的时间内打动对方。

（二）特点

1. 简明扼要,一语中的

求职者写求职信的唯一目的就是让招聘方看过信后对自己有个良好印象,为录用自己打好基础，进而被顺利录用。因招聘方有太多的求职信函要看，因此求职信一定要简明扼要，一语中的，使招聘方快速了解自己的水平、能力和才华即可，其他内容等面试时再详谈。

2. 实事求是，突出个性

尽管每个求职者都希望自己在众多的求职者中脱颖而出，但切忌夸夸其谈，不切实际。突出个性的方式有很多，比如介绍与职位相关的给人印象非常深刻的事件或数据，或求职信开头的独具匠心等，都可给用人单位留下深刻的印象。

3. 态度诚恳，言辞恳切

既然钟情于某个职位，不管结果如何，一定要以诚恳的态度表明想要得到职位的愿望。切不可目空一切，给人以自高自大的感觉，也不可给人以谦恭过分、信心不足或不诚实的感觉，在措辞上一定要大方得体，有理有节。

4. 直截了当，通俗易懂

求职信切忌拐弯抹角，招聘单位的负责人往往没有更多的时间推敲你的用意，最好让他们直接了解你的用意。另外，不要故意卖弄专业知识，要考虑读者对象的知识背景，不要使用生僻词语、专业术语。

二、求职信的结构和写法

求职信的格式主要有标题、称谓、正文、结尾、署名和日期、附件几部分。

（一）标题

"求职信"3字写在首行正中。

（二）称谓

称谓要顶格写受信者单位名称或个人姓名。单位名称后可加"负责同志"；个人姓名后可加"先生""女士""同志"等。在称谓后写冒号。

求职信不同于一般私人书信，受信人未曾见过面，所以称谓要恰当，郑重其事。

（三）正文

正文要另起一行，空两格开始写求职信的内容。正文内容较多，要分段写。

1. 写求职的原因

首先简要介绍求职者的自然情况，如：姓名、年龄、性别等。接着要直截了当地说明从何渠道得到有关信息以及写此信的目的。

2. 写对所谋求的职务的看法以及对自己能力的评价

这是求职的关键。要着重介绍自己应聘的有利条件，要特别突出自己的优势和"闪光点"，以使对方信服。达到见字如见其人的效果。要给受信者留下深刻印象，进而相信求职者有能力胜任此项工作。这段文字要有说服力。

3. 提出希望和要求

向受信者提出希望和要求。这属于信的内容的收尾阶段，要适可而止，不要啰唆，不要苛求对方。

（四）结尾

另起一行，空两格，写表示敬祝的话。如：此致之类的词，然后换行顶格写"敬礼"，或祝"工作顺利""事业发达"相应词语。不必过多寒暄，以免"画蛇添足"。

（五）署名和日期

写信人的姓名和成文日期写在信的右下方。姓名写在上面，成文日期写在姓名下面。姓名前面不必加任何谦称的限定语，以免有阿谀之感，或让对方轻看你的能力。成文日期要年、月、日俱全。

（六）附件

有说服力的附件是对求职者的鉴定的凭证。所以求职信的附件是不可忽视的组成部分。附件可在信的结尾处注明。如：附件1. ××××× 2. ×××××× 3. ××××××……

三、写作注意事项

（一）语言要简洁、集中、有条理

因为要在最短的时间内通过求职信呈现自己，所以写求职信要开门见山、简明扼要，切忌套话连篇、满纸浮词。

（二）目标明确、实事求是

在写求职信前要先对自己有个明确的认识和定位，摆正自己的位置，确定合理的目标，才能使求职信有的放矢，提高成功率。

（三）态度自信，谦和有度

写求职信就为推销自己，所以要凸显自己的优势，但不可鼓吹、夸大事实；同时，求职者也不可过于谦虚，让阅信者觉得求职者一无是处。写求职信应遵循"适度推销"的原则。

（四）重点突出

求职信要根据招聘单位的招聘条件，突出能引起对方兴趣、有助于获得工作的内容，主要包括专业知识、工作经验、自身特长和个性特点等。但需特别注意的是在介绍专业知识和学历时，切忌过分强调自己的学习成绩。用人单位重视的是经验和实际能力，所以写求职信应重点突出工作经验和能力。

（五）建立联系，莫提薪水

求职信所要达到的目标是建立联系、争取面谈的机会。所以写作求职信时，勿急于提及薪水。在求职信的最后，也要委婉提醒招聘单位给自己回复并留下联系方式。

范文博览

求 职 信

尊敬的贵公司领导：

您好！首先感谢您给我这次难得的机会，请您在百忙之中抽出一点时间，以平和的心态来看完这封求职信，由于时间仓促，准备难免有不足之处，请予以谅解！

首先，我想表明一下个人的工作态度。也可能是阅历的浅薄吧，一直到现在我都固执地认为：我的工作就是一种学习的过程，能够在工作中不断地汲取知识。当然，钱很重要，不过对我来说，充实而快乐的感觉就是最大的满足了！

如果非要推销自己的话，我想个人的生活经历让自己考虑问题更细致一些。第一，从16岁开始，一直独自一人在外生活，自理能力不成问题；第二，从中专生至本科生，尤其中间经历了到甲级设计院实践的过程，让我更加有一种紧迫感、危机感；第三，从设计单位到施工单位，设计单位让我自省，施工单位让我自强。真的很感谢这两种经历，无论从哪方面来说，锻炼价值都是相当大的。在工作中，一直是以本科生的学识，中专生的姿态来要求自己，做到了"三心"，即细心、耐心、恒心。"二意"，即诚意、真意。

当然，自己也并不是具备什么压倒性的优势，甚至从某种程度来说，优势即是劣势。虽然不曾离开这个行业，施工和设计都有过一些经历，但都只能说刚刚上道而已。要走的路还任重而道远！再者，离开设计也有一段时间了，重新开始又将是一个艰苦的过程！可不管怎么说，只要兴趣所在，心志所向，我想这些都是完全可以克服的。

最后，恭祝贵公司事业蒸蒸日上，祝您工作顺利！请予以考虑我这个新兵。愿与贵公司携手共筑美好未来！敬请回复为盼！

此致

敬礼！

求职人：张××

××××年×月×日

评析：可以看出，求职者应聘的是设计院的一个职位。此封求职信重点突出了自己的优势：丰富的工作经历。并以诚恳的态度介绍了在工作中的感悟和体验，令人印象深刻。每个求职信都可以根据自己的具体情况撰写适合职位要求的求职信，只要能达到内容与形式的完美，可不拘一格。

第二节　求职简历

任务目标

【知识目标】

了解求职简历的概念和特点，通过分析掌握简历的结构、格式和写作要求。

【能力目标】

能够熟练地写出突出自己特长的求职简历。

【素质目标】

培养分析问题、解决问题的能力，提高扬长避短的能力，对待长处继续保持，对待不足及时学习改正。

任务设计

临近毕业季，请为自己制作一份完美的求职简历。

应用导航

一、求职简历概述

（一）概念

求职简历是求职者在求职应聘时向用人单位提供个人情况的不可缺少的常见应用文体。它是对求职者的背景、优点、成就和有关个人材料进行的简洁概述，是求职者与用人单位的人事部门领导甚至高级领导相互沟通的一种手段。对初出校门的学生来说，求职简历事关第一份工作。

（二）求职简历的类型

1. 按时间顺序列举

这种类型的求职简历是以时间为顺序列举出工作经历。先列出最近一个时期所从事的工作经历，然后按逆时间顺序将过去的工作经历依次列出。时间顺序型简历对于那些想找一份与自己以前从事职业相同种类工作的人是最适宜的。

2. 按职能技能来编写

这种类型的求职简历是按照职能或技能而不是按时间段、工作职务或公司名称来编写。职能或技能型简历对那些频繁更换工作，综合以往几种工作的技能用于新工作，或是针对新近经过再培训教育而获得新技能的人来说比较适合。

3. 按实用性原则填写

根据需要有选择地列出自己学习、工作的经历，充分表现自己的技能、品德。主要强调熟练的技能，不必强调工作的年限。这种格式的优点是能使简历更有针对性。往往越是针对性强的简历就越容易受到认可。

4. 按学历经历填写

这种类型的求职简历适用于在学术领域工作的求职者和谋求律师、医生等职业的求职者。鉴于此，他的特色是学历背景，如就读的大学名称、所获得的学位、专业成果，加入的组织，参与的公益工作，担任的职位等就显得非常重要了。

5. 复合型简历

这种类型的求职简历包括职务头衔、雇主姓名和雇用日期等。复合型简历兼具几种简历的优点，适合大多数求职者。它既能突出一个人的技能，又能提供过去的工作经历。

二、求职简历的结构

求职简历可以采用第一人称来写自己，也可以采用第三人称，为他人而写。即将毕业的大学生一般采用第一人称来写。一般由8个部分组成,即标题、个人基本信息、求职意向、教育背景、实践经历、所获得的各种奖励和荣誉、联系方式、证明材料。

(一) 标题

标题可以直接写"简历"二字,也可以在简历之前冠以姓名和称谓。

(二) 个人基本信息

个人基本信息指对个人的基本情况做简要介绍,包括姓名、年龄(出生年月)、性别、籍贯、学历、学位、学校、专业、身高、毕业时间、政治面貌、职务、职称等。一般来说,一项内容要素用一两个关键词简明扼要地概括说明一下就可以了。这一部分放在前面,便于用人单位取得联系。

(三) 求职意向

求职简历一定要写明求职意向。书写求职意向应当尽可能明确和集中,并与自己的专长、兴趣等相一致。如行政主管或办公室文员。

(四) 教育背景

教育背景是介绍求职人的受教育程度,如毕业的学校、专业和时间。可按时间顺序来写自己的学习过程,主要以大学的学习经历为主。列出大学阶段的主修、辅修及选修课的科目和成绩,尤其是要体现与所谋求的职位有关的教育科目、专业知识。

(五) 实践经历

工作经历是最重要的部分。初出校园的大学生,工作经历可以改为社会实践和学习经历,包括在学校、班级所担任的工作、职务,勤工俭学,校园及课外活动,义务工作,参加的各种团体组织,兼职工作经验,培训、实习经历和实习单位的评价,专业认证,兴趣特长等。一出校门的大学生,主要写参加各种工作之后各阶段的情况,要注意突出才能、贡献、成果以及学习、工作、生活中有典型意义的事迹等,突出自己在原先岗位上的业绩也是非常重要的,得过哪些奖项及必要的技能水平,这些要注明时间、地点、相关名称。这部分内容要写得详细些,通过这些,用人单位可以考察求职者的团队精神、组织协调能力等。

(六) 所获得的各种奖励和荣誉

所获得的各种奖励和荣誉这部分包括出版物上发表的论文,发表的演讲,社团成员资格,所获的各种奖励和计算机技能、语言技能,专利权等的许可证书和资格证书。个人兴趣爱好也可以列上两三项,让用人单位了解求职者的工作、生活情况。

(七) 联系方式

联系方式包括通信详细地址、邮政编码、电话区号及号码、手机号、电子邮箱地址等。

(八) 证明材料

简历的最后一部分一般是列举有关的证明人及有关附加性参考材料。附加性参考资料包括学历证明、获奖证明、专业技术职务证书、专家教授推荐信、所发表的论文著作等。证明人一般提供3~5个,是对你求职资格、工作能力和个人情况的保证人。因此一般选择在校期间、以前工作单位或所参加社团中比较熟悉且又知名的人。一般不要选择自己的父母或亲戚。让别人做证明人，事前应征得选取对象的同意。在证明人栏目中要详细说明证明人的姓名、职务、工作单位及联系方式。后页附上自己的成绩单、实践成果、证书复印件。

总之，求职简历的写法比较灵活，无论采用哪种形式，都要突出个性，富有创意，向用人单位展示自己，达到成功推介自己的目的。

三、写作注意事项

"突出个性、与众不同"便是设计个人简历成功的法宝。求职简历写作时要注意做到以下几点：

（一）内容上突出个性

内容就是一切，所以要突出个人能力、成就以及过去的经验，使简历更出众。写作时应该注意先将本人具备的能力和所获得的成绩一一列出，然后仔细分析自己的能力，阐明能够胜任这份工作的理由。

（二）形式上与众不同

如果想求职成功，首先就要将简历设计得与众不同，用足够的时间，从形式到内容上把简历设计得落落大方，不落窠臼，从而能够脱颖而出。任何一位招聘者都会对别出心裁的简历感到"眼前一亮"。

（三）篇幅上短小精美

写作简历目的是使招聘者在最短的时间内读到更多的信息。简历的篇幅最好不超过两页（A4复印纸），如果在校内期间已有著作问世或担任组织、团体职务，就要一一列出。实实在在的实践，远比没有成果的虚衔更让人信服。

（四）表达上转劣为优

如果是一个刚毕业的学生，可能正在与那些有相同经历但是有更多工作经历的人竞争。年轻，没有相关职业的丰富工作经历等，这是弱势，写作时需要巧妙处理，转劣为优。要善于在简历中有效地掩饰工作记录空白、频繁离职和教育背景缺陷等问题，这样也能争取获得工作的机会。

（五）强调成功的经验

招聘人员想要了解能够证明实力的证据。记住要证明以前的成就以及以前的供职单位从你那里得到了什么益处，包括节约了多少钱、多少时间等，说明有什么创新等。这样，求职成功的概率将大许多。

（六）用词力求精确

阐述技巧、能力、经验要尽可能的准确，不夸大也不误导。确信所写的与实际能力及工作水平相同。还要写上以前工作的时间和公司。注意不要写错别字，简历里出现错别字说明态度不认真或素质不够高。

范文博览

××个人简历

个人基本简历

　　姓名：××　　性别：男　　出生年月：1983-01-04
　　民族：汉族　　政治面貌：团员　　户籍所在地：××市

求职意向

　　硬件工程师　能胜任仪器仪表、机械电子类专业技术工作，同时对采购、生产管理、策划、销售工作也感兴趣并有实际工作经验，能"干一行，爱一行，精一行"。

学习经历

　　最高教育程度：本科

　　专业：测控技术与仪器　毕业院校：××石油大学

　　所在"测控技术与仪器"专业为××省名牌专业之一。学科涉及军事、航天技术，是电子仪器、自动化、机械、信号学科结合的产物，教学与西军电、西工大相比毫不逊色，课程难度艰深。

　　已通过国家计算机水平二级（VB）认证，精通Windows附载的各种办公、设计软件，达到高手级别，具有单片机开发实践能力，能运用汇编语言、C语言、MATLAB、PROTEL、LabVIEW、CAD等进行相关结合。

工作经历

　　相关工作经验：两年

　　大一在校办工厂机械加工车间实习。大二在校参加实习和DSP课程设计。利用业余时间跟随各界人士从事过房地产和建材销售、竞标、员工管理、外贸洽谈、库房流程管理等工作。重视实践，对市场、价格体系、管理有深入的研究，关注经济领域达5年之久，现承包着校溜冰场、健身房等娱乐设施。

联系方式

　　联系人：××　　　　　　联系电话：×××-×××××××
　　手机：×××××××××××
　　E-mail：××××× 　　　OICQ：××××××
　　个人主页：××××××
　　联系地址：××市××区××大道××号

外语特长

　　英语：已通过国家六级　普通话程度：国家二级甲等　计算机能力：优秀

其他

　　不断尝试，不断学习。善于交际，有亲和力，积极、上进，有团队合作精神，工作认真负责。爱好网球。获高等教育公共关系证书。精通机械制图，能看能画。所学工商管理类专业书籍有10余本。

　　证明材料：（略）

（摘自"人力资源网站"，有改动）

评析：这是一份求职简历，紧紧围绕求职目标阐述了求职者所具备的职业能力及职业经历，语言简洁，重点突出。从求职意向到学习、工作经历再到展示自己特长等，比较详尽，清晰明了。

第三节　毕业论文（毕业设计）

任务目标

【知识目标】

通过学习掌握毕业论文的概念和特点，通过分析掌握毕业论文的结构、格式和写作要求。

【能力目标】

能够写出自己的毕业论文（毕业设计）。

【素质目标】

提高用专业知识解决实际问题的能力，提高论证能力、用自己的学习成果结合别人的研究成果分析问题的能力。

任务设计

临近毕业季，请结合自己的研究方向完成自己的毕业论文（毕业设计）。

应用导航

一、毕业论文概述

（一）概念

毕业论文是高等学校毕业生综合运用自己所学的理论知识、专业知识和基本技能，对本学科的理论或者生产实践中的问题进行专门研究后所形成的，具有一定创见、一定篇幅、一定水平的文章，是考查学生的专业知识和基本技能的一个综合性作业。毕业设计或者专题研究后撰写毕业论文，是大学专业学习的一项重要内容，是培养学生综合运用理论知识和基本技能解决实际问题能力的重要环节，是理论联系实际的一次重要训练。

从文体上看，毕业论文属于学术论文的一种。从内容来看，是用自己的研究成果，或综合别人已有的结论，去解决学科中的某一个问题；从形式来看，具有议论文的一般共性，即由论点、论据、论证构成文章的三大要素。

（二）毕业论文的特点

毕业论文是大学生在校期间向学校所交的最后一份书面作业，是在老师的指导下完成的科学研究成果，具有以下特点：

1. 习作性

专科生、本科生写作毕业论文，大多数人毕竟是第一次，尤其是在专业课教学、实践课教学等环节刚刚进行完，对整个知识系统还不能自如贯穿，对本学科的前沿理论还难以把握，对科研的方法还不太熟悉的时候。因此，它实际上是一种习作性的学术论文。

2. 层次性

受学生人数、实验室仪器、科研条件、资金额度等的限制，学生在十三四周左右的时间是很难写出质量比较高的毕业论文的。因此，毕业论文与学术论文相比水平一般要低些。

3. 专业性

毕业论文的选题都在本专业领域。论文考核的也是作者对本学科基本知识和基本技能的掌握程度，以及从事本学科科研工作或担负专门技术工作的初步能力。因此，毕业论文都符合本专业的特性。

4. 规范性

在长期的教学实践中，已经形成了毕业论文写作的规范：如封面、正文格式、文章结构、文字要求、符号标准等，只有按照成熟的标准和规范写出的论文，才是符合要求的合格的论文。

二、毕业论文的准备

（一）毕业论文题目的来源

毕业论文选题，一般是指导教师命题与自选题相结合，学生可从指导老师公布的若干题目中选择一个合适的题目，或者在公布的某个题目范围中选择一个更加具体的题目，经指导老师审查和指导，通过论证加以完善，最后确定下来。

（二）毕业论文选题的原则

1. 必须符合实际情况且有条件能够完成

毕业论文题目必须来源于实际，并且是在许可的条件之下，经过努力能够完成的。具体地说，可从三个方面来综合考虑。首先，要有充足的资料来源；其次，要有浓厚的研究兴趣；最后，要能结合发挥自己的专业特长。

2. 必须符合专业要求且范围不宜过大

毕业论文题目过大，必然涉及范围广，在有限的时间内是难以完成的。毕业论文题目小而专，小题大做，才能出成绩。

3. 必须符合教师研究方向和学生的兴趣爱好

尤其本科生的选题，如果是在指导老师所从事的科研范围内，又符合学生个人兴趣爱好，通过发挥学生的积极性和主动性，发挥自己的特长，就能克服因时间短、初步涉足科研训练经验少而带来的许多困难，圆满完成课题任务。

4. 必须符合创新性的要求

创新性是科研的精髓，科学论文特别强调创新。一般说来，有创新才会有进步，研究的理论价值或实用价值才会大。毕业论文应把继承性与创造性有机地结合起来，力求突出新见解，即突出新思想、新观点、新规律、新方法、新结果等。

(三) 写作毕业论文的前期准备工作

1. 制订研究计划

毕业生的课题题目确定之后，就要撰写开题报告，内容包括课题名称，研究目的、内容、现状、意义，实验研究方案，技术路线，大体的进度安排，预期结果，主要参考文献等。大学本科、高职（专科）的毕业论文研究计划一般为 10～14 周。第一阶段进行材料的准备；第二阶段开始着手实验（社会科学类专业的学生可进行理想实验）；第三阶段为论文撰写阶段；第四阶段为论文整理以及答辩阶段。

2. 材料上的准备

专题研究计划制定后，必须对收集的数据、现象、材料在课题开始时进行分类，从质上对材料做进一步严格的鉴别、审定和筛选。根据文章的标题和主题，凡对毕业论文写作有用的材料就保留，无关的材料就舍弃。在材料选择过程中，如果出现材料不完整，则应加以补充，如果出现材料过多，则应进行取舍。如何选取材料是毕业论文写作非常重要的环节。

3. 理论上的准备

毕业生在初写毕业论文时，面对繁杂的材料数据、五花八门的实验现象，往往不知从何处入手，无法确定论文的主题。其实，从大量繁杂的材料中发现问题的方法，就是思考的逻辑方法。它包括归纳法与演绎法、分析法与综合法、具体法与抽象法、比较法与分类法等几种。掌握和运用这些方法，就是理论上的准备。

(1) 归纳法与演绎法

1) 归纳法。就是通过对若干个别事实的分析研究，概括出其共同的本质属性，得出一个带有普遍性结论的方法。

2) 演绎法。就是从一类事物都具有的一般属性、关系、本质来推断该类中个别事物所具有的属性、关系和本质的方法，亦即从一般到特殊的思考方法。

3) 归纳与演绎的关系。归纳和演绎是辩证的统一，两者互为前提，互相促进，相辅相成，不可分割。归纳是演绎的基础，没有归纳就不可能有演绎，先用归纳，再用演绎，演绎是归纳的目的，因为在实践基础上进行的归纳是有目的的。必须有一个原则作为依据，这个原则就是已被演绎出来的结论。

(2) 分析法与综合法

1) 分析法。就是把研究对象的整体分为多个部分、方面、属性、因素和层次，并分别加以考察研究的思考方法，即把复杂事物的整体分为若干简单的要素进行认识的一种思维方法。

2) 综合法。就是将已有的研究对象各个部分、方面、属性、因素和层次的知识有机地结合起来，形成对研究对象的整体认识的思考方法。

3) 分析与综合的关系。分析和综合的思维方向是相反的，但两者又是辩证统一的。它们既要把研究的对象分解为各个要素，又要把这些要素联合为互相联系的整体。

(3) 具体法与抽象法

1) 具体法。就是指客观存在着的或在认识中反映出来的事物的整体，是多方面属性、特点、关系的统一，即通过对客观事物多样规定性的统一思维，达到理性具体的思维方法和艺术，亦即从具体的事物入手的思考方法。

2）抽象法。就是指从具体事物中被抽取出来的、相对独立的各个方面的属性、关系等，即把客观事物的某一方面特性与其他特性分离开来，给予单独考虑的思维方法，亦即通过具体的事物联想到某种思维意识的可能性的方法。

3）具体与抽象的关系。具体和抽象的思维方法作为辩证思维方法的一对范畴，密不可分，两者相互对立，相互依存，相互转化。它们在人们的思维过程中不可分割，先是由具体到抽象，然后再由抽象上升到高级的理性的具体认识，具体上升到抽象才能创新，抽象回到具体才有意义。

（4）比较法与分类法

1）比较法。就是确定研究对象之间的共同点和差异点的一种逻辑方法，它在科学抽象研究中有着重要的作用。首先，比较可以对事物进行定性鉴别和定量分析。其次，比较可以揭示事物的运动及其发展的历史顺序。最后，比较法是初写学术论文者的最好思考方法。

2）分类法。就是根据多个对象的共同点和相异点，把对象区分开来的逻辑方法，也就是根据研究对象的某种属性或关系来区别对象。由于客观事物有多方面的属性，事物之间有多方面的联系，所以，同一种事物可按不同情况分为不同的种类。

3）比较与分类的关系。比较是分类的基础，分类是比较的抽象，通过比较才能搞清研究对象的异同点，通过分类才能把研究对象的异同点区别开来。没有不通过比较的分类，但对大量的研究对象来说，光比较不分类，仍然抓不住研究对象的本质特征和内在联系。

三、毕业论文的一般格式

（一）封面

由于毕业论文的篇幅较长，且一般都是以单行本递交评审委员会，最后以单行本存档，因此要求有封面。封面内容主要有标题，作者及其单位，指导老师的姓名、职称，课题的专业方向，完成论文的日期等。

（二）目录

由论文的篇、章、条款、附录的序号、题名和页码组成。一般应另页排在扉页之后。在必要的时候，可以在目录前写一篇简要的作者简介，以使论文评选人、答辩委员等对论文作者的情况、科研成果等有所了解，有效地缩短"读者"与"作者"的距离。或者在论文目录前写一篇"序"文，有时也称"前言"。它与论文的引言不同，是论文的作者或是别人对论文及其写作过程有关事项的评价、议论、介绍和解释。致谢的内容可以在"序"中说明。

（三）摘要（中文、英文）

毕业论文的摘要放在目录之后、正文之前，主要包括以下几个方面：第一，写研究的目的、重要性；第二写采用什么样的手段及方法；第三写研究结果，如实验获得了哪些数据、哪些结果；第四写得出了什么样的结论；第五写有哪些创新性。

（四）关键词

关键词是从论文中选取出来的用以表示全文主题内容信息题目的单词或术语。每篇论文选取3~8个关键词。以较为突出的字体（多用黑体）另起一行，排在摘要的左下方。

（五）引言

毕业论文的引言有三个特点：一是对课题和选择这一课题的原因做较详细的说明；二是对与论文主题有关的文献进行综述，这是一项重要的必不可少的内容，它能反映研究工作的范围和质量，反映作者对文献的分析、综合和判断能力。但需注意的是，不要不分主次将大量文献逐一说明，而应根据论文主题需要加以选择，按其重要性做详略不同的评述。三是对研究工作的界限、规模、工作量做必要说明。

（六）正文

正文是作者对研究工作的详细表述。它占全文的绝大部分，其内容包括：问题的提出，研究工作的基本前提，假设和条件；基本概念和理论基础；实验方案的拟订；基本概念和理论基础；实验方法，内容及其分析；理论论证，理论在课题中的应用；课题得出的结果，以及对结果的讨论等。一般情况下，正文可能仅由上述内容的若干部分构成。

（七）参考文献

参考文献是毕业论文不可缺少的组成部分，它反映毕业论文的取材来源、材料的广博程度和材料的可靠程度。一份完整的参考文献也是向读者提供的一份有价值的信息资料。一般毕业论文参考文献不宜过多，但应列入主要的中外文献。

（八）致谢

致谢应以简短的文字，对课题研究与论文撰写过程中曾给予直接帮助的人员（例如指导教师、答疑教师及其他人员）表示自己的谢意，这既是一种礼貌，也是对他人劳动的尊重，是治学者应有的思想作风。

（九）附录

毕业论文的附录是正文的重要补充，也能体现研究工作的数量和质量。由于毕业论文不像学术论文那样有严格的篇幅限制，因此，凡正文没有纳入的重要原始数据和资料，均可置于附录备查。

四、毕业论文的写作注意事项

（一）思想性

毕业论文要求思想性很强，它反映了作者的科学观和方法论，要用辩证唯物主义的立场、观点、方法观察事物，分析问题，解决问题。

（二）学术性

毕业论文是学术论文的一种，必须具有专业性，具有一定的学术水平，具有解决科学问题的深度。

（三）科学性

毕业论文必须以科学的方法去分析问题、处理问题。原理要可靠，数据要准确，实验方案要科学，工艺路线要合理，分析要严密，结论要正确，要以科学的精神、严谨的作风、负责的态度对待论文中的每一个步骤。

(四) 创造性

创造性的核心是创新。毕业论文必须在课题上有研究，有新的结论。不能重复别人的工作，抄袭别人的论文，每一届学生的课题研究都要争取在前一届的基础上有进步。

(五) 要能体现作者具有从事科学研究工作的能力

毕业论文应力求表明作者具有从事科学研究工作的能力，具体来说就是要能体现出科学的研究方法和严谨的工作思路，体现出较高的理论水平和科研水平，体现出当代科学研究的新观念。

范文博览

论语文课堂教学语言的生动美

人文学院　汉语言文学　×××

指导教师：×××

摘要　生动美是语文课堂教学语言魅力的生命。语文教师在课堂教学中，运用丰富的语言表达手段和词汇，化抽象为形象，化枯燥为风趣，打动学生，使学生产生愉悦感，积极主动地接受教师传达的信息和讲述的内容，达到以形式"美"引出抽象"真"的教学效果。本文主要研究了语言生动美的含义、重要性及其表现。语言生动美来自丰富，语言生动美来自趣味，语言生动美来自情感。

关键词　丰富　趣味　情感

一篇文章之所以能让人回味无穷、甘之若饴，除了选材、立意、构思等因素之外，很大程度上取决于作者的语言素养；同样，一堂语文课听起来之所以能让人如沐春风、心情舒畅，很大程度上取决于教师的教学语言。

教学语言是教师讲解课文、传授知识、启发思维、沟通感情的最直接和最主要的工具。苏联著名教育家苏霍姆林斯基说："教师的语言修养在很大程度上决定着学生在课堂上的脑力劳动效率。"中国作家老舍曾说过："耳朵不像眼睛那样有耐性，听到一个不爱听的字或一句听不懂的话，马上不耐烦。"中小学生较习惯形象思维，当教师把课讲得充满生动美时，他们就表现出强烈的听课欲；可是，当教师把课讲得枯燥乏味时，他们就会厌倦分心。生动美是语文课堂教学语言魅力的生命。本文就语文课堂教学语言的生动美做如下探讨。

一、语言生动美的重要性

生动美是语文课堂教学语言魅力的生命。魅力，是指很能吸引人的力量。语文课堂教学语言的魅力，是指教师在语文课堂教学的过程中，通过高超的语言技能，将学生的注意力紧紧"吸"住，使学生不但注意接收，而且积极、主动、愉快地接受。生动，即具有活力的、能感动人的。语文教师在课堂教学中，运用丰富的语言表达手段和词汇，化抽象为形象，化枯燥为风趣，可以打动学生，使学生产生愉悦感，积极主动地接受教师传达的信息和讲述的内容，达到以形式"美"引出抽象"真"的教学效果。(略)

二、语言生动美来自丰富

丰富主要指语文课堂教学语言表达手段的种类多和词汇数量大，宛如广阔的大海，无边无际，深不可测。丰富是语文课堂教学语言生动的一个重要来源，正所谓"巧妇难为无米之炊"，教师只有掌握了丰富的语言表达技巧，丰富的词汇，才能说出富有魅力的教学语言。但是，单单语言的丰富还不能造就语文课堂教学语言的生动美，丰富的语言只能是语言生动美的基础，而只有在此基础上加以变化，才能形成语言的生动美。不断变化的表达方式、不断变化的句型、不断变化的修辞、不断变化的语体等都可以呈现出一种生动的美。因为变化是一种运动，凡是运动的形态，都具有生命力和活力。表达方式、句型、修辞、语体等的多样化形成了语文课堂语言表达手段的丰富性，当这些手段适应教学内容、环境的变化而变化时，便呈现出一种生动美。既丰富又变化的语言有利于激活学生的内在动力，创造出良好的学习氛围。

1. 表达方式的丰富

语文课堂教学语言表达手段的丰富性首先表现在教学语言的表达方式上。表达方式即表达思想、感情的方式，包括叙述、说明、描写、议论等。叙述是对学生做较客观的陈述、介绍，使学生获得脉络清晰、系统完整的有关知识；描写是对教学内容进行直观形象、生动逼真的描绘，使学生如见其人、如闻其声、如临其境；议论是用事实或理论来证明论题或论点的正确性和真实性；抒情是教师在教学中抒发感情、表达情感、解说事物、剖明事理。（略）

2. 句式的丰富

语文课堂教学语言的句式非常丰富，从形体上看，有长句和短句；从韵律结构上看，有整句和散句，从语态上看，有主动句和被动句；从语气上看，有陈述句、疑问句、祈使句、感叹句；从表意功能看，有肯定句和否定句。这些句式各有好处：短句短小精悍，活泼生动；长句缜密严谨，语意连贯；散句自由灵活，舒卷自如，不拘一格；整句结构匀称，声韵和谐，富有气势。主动句侧重强调动作行为的发出者；被动句则侧重于强调行为的接受者，陈述句说明事情，疑问句询问信息，祈使句表示请求、命令，感叹句表示强烈的感情。肯定句是从正面表达意思，否定句则从反面表达意思。（略）

3. 修辞的丰富

语言表达手段的丰富性还表现在修辞的灵活多变。语文教师灵活地运用各种修辞技巧，可以增加教学语言的表现力，给学生以美的享受。在课堂教学语言中常用的修辞有比喻、引用、夸张、排比、比拟、对比、反问、委婉等。（略）

三、语言生动美来自趣味

《课堂教学美学论稿》里说道："言语充满风趣、幽默，充满机智和智能，趣味盎然是很生动的美。"的确，具有趣味性的语言是活的，能感染人和激发学生的兴趣。兴趣是指一个人积极探究某种事物及爱好某种活动的心理倾向。当学生对某事物产生兴趣时，就会有意识地把注意力集中到被认识的客体上，产生接近这种事物的倾向，并积极参与有关活动，表现出乐此不疲的极大热情。爱因斯坦有一句名言："兴趣和爱好是最大的动力。"中小学生的学习心理尚未成熟，他们对所有的事物都表现出强烈的求知欲和好奇心，教师将课讲得妙趣横生时，他们会表现出强烈的听课欲望；教师讲得平淡枯燥时，他们就容易感到疲倦而分心。讲究语言生动性的老教师总是千方百计提高语言的趣味性，用趣味来"粘"住学生。（略）

综上所述，生动美是语文课堂教学语言魅力的生命。生动的语言可以化深奥为浅显，化抽象为具体，化枯燥为风趣，化单调为生动，使学生如临其境、如见其人、如闻其声、如观其色。它像欢跳的小溪，叮叮咚咚地流进孩子们的心田，又像习习的凉风，吹开孩子们的笑脸。教师生动的教学语言给学生以巨大的吸引力和感染力，所以教师必须在语言的生动性上下功夫，有意识地刻苦磨炼，使自己的教学语言"活"起来、"动"起来。

评析：这是一份毕业论文，虽然中间省略了部分文字，但是依然可以看到清晰的结构层次。

摘要部分提炼全文；关键词提炼重点信息；论文主体从3个方面依次陈述；结语总结，再次凝练主旨、表达中心论点。论文的结构非常完整。

知识拓展

请扫描二维码了解怎样搜集资料。

实训平台

一、填空题

1. 求职信就是求职者向_____的一种书信。
2. 个人简历，又称_____。
3. 从形式来看，毕业论文具有议论文的一般共性，即由_____、_____、论证构成文章的3大要素。

二、实践训练

1. 阅读下面的求职故事，讨论求职成功的要素有哪些。

在日本，有这样一位个子矮小的年轻人，由于家境贫困，他瘦弱的肩膀不得不挑起养家糊口的重任。

一天，他来到一家电器工厂，找到一位负责人，要求安排一项工作，哪怕薪水再低也行。对方注意到他身材矮小，衣着不整，不想录用，但是又不便直说，于是婉言拒绝道："先生，我们厂暂不缺人手，您一个月以后再来看一看吧！"

过了一个月，这位青年果真来了。对方有推托说："我现在有事，等几天再讲。"

一个星期后，他又进了工厂的大门。如此反复多次，这位负责人再也找不到托词，只好实话实说："先生，您的衣着太寒酸了，无法进我们厂工作。"

年轻人二话没说，回去向别人借钱，狠心买了一套整齐的服装。他精心打扮，回到厂里。对方在无可奈何之际，只好以他在电器方面的知识懂得太少为理由，拒绝录用。

两个月过去了，年轻人回到厂里，他诚恳地对这位负责人说："先生，我已经学了不少有关电器方面的知识。您看我哪方面还不够，我会一项一项地去补课。"

对方两眼盯着这位坚持不懈的年轻人，看了老半天，然后十分动情地说："我搞人事主管工作多年，可还是第一次碰上您这样来找工作的，真服您了。"

就这样，这位年轻人以顽强的毅力打动了这位负责人，负责人终于答应他进厂工作。后来，他又以超人的努力，逐渐发展成为一个非凡人物。这位年轻人是谁呢？他就是日后当上了日本松下电器产业公司总裁的著名的松下幸之助。

2. 以小组为单位组织一次完整的职场挑战体验。要求以应聘者的身份结合某招聘岗位，携带求职信和个人简历前去应聘，运用所掌握的应用写作与口才知识，就某一问题以小组面试的方式进行现场模拟面试。在面试过程中，运用求职准备任务中学到的知识和技能，并运用好面试礼仪、面试谈话技巧，提高求职成功率。

3. 请你按毕业论文写作的程序，以你平时专业中较感兴趣、比较关注的某一现实问题作为研究课题，围绕此选题搜集研究资料，展开分析研究，探索问题，形成自己的见解，再拟一份详细的论文写作提纲，理清写作前的思路，最后写一篇6 000字左右的专业论文，并按学术论文的规范样式排版打印，装订成册。

第十四章 宣传文书

第一节 消 息

任务目标

【知识目标】

了解消息的概念和特点、类别，理解消息的作用，消息与信息的关系，熟悉消息的写作要求。

【技能目标】

掌握消息的写作方法，学会拟写格式规范、结构完整、内容充实的消息。

【素养目标】

培养新闻敏感性，锻炼闻风而动、快速出击的行动力。

任务设计

广东××职业技术学院明天要举办第××届教职工运动会，身为办公室秘书科一员的小文接到任务，要在活动结束后立即写出一篇新闻简讯。小文有些发愁，她不知道该从何下手，就在这时，突然想起小米之前在学生会宣传部经常写新闻，就请教了她。小米建议小文写一则消息，可以及时、真实、准确地将活动进行报道。消息的结构是怎样的？小文该如何来写教职工运动会的消息呢？

应用导航

消息常被人们称为新闻，或者狭义的新闻。它是报纸、广播、电视新闻中使用得最广泛的一种新闻体裁。消息的具体特点不一，因此可分为不同的种类。

"新闻"一词有广义和狭义之分。广义的新闻是指各种新闻体裁的总称，包括消息、通讯、特写、调查报告等，狭义的"新闻"指的就是消息。

消息是报纸、广播、电视中最广泛、最经常使用的新闻体裁，它是报纸的主角，是新闻报道中数量最大、最常见的新闻形式，据统计，美联社、合众社每天发稿300多万字，其中，三分之二是消息。新消息的定义：用简洁明快的语言及时报道新近发生、发现的有价值的时事的一种新闻文体。

一、消息的概念

消息指报道事情的概貌而不讲述详细的经过和细节，以简明的文字迅速及时地报道最新事实的短篇新闻宣传文书，也是最常见、最经常采用的新闻体裁。消息是新闻报道中运用最多的文种之一，适合报道动态性、突发性的新闻事件。消息可以一事一报，也可以报道一个事件的某个侧面，时效性很强。

二、消息的特点

1. 真实性

真实是消息的生命与灵魂。消息所报道的必须是客观事实，不允许虚构，也不允许合理想象，时间、地点、人物、事件、原因、结果等要素均需准确无误。

2. 新鲜性

消息是新近发生的事实的报道。这就决定了消息必须是的新鲜的，从时间上看，消息所报道的事实都是新近发生的事实；从内容上看消息所报道的事实给人以新意，都是新信息。

3. 时效性

有人说新闻是易碎品，也像容易变质的食物，所以第一时间采写、报道，否则失去了时效，也就失去了新闻价值，不再是新闻了。

4. 简明性

消息总是用尽可能经济的文字，简明扼要地反映新闻事实。简短是消息区别于其他文体的主要标志，简短不单纯指字数少，篇幅短，更重要的是要做到用笔简洁利落，内容集中精炼。

5. 结构特殊

消息的结构是倒叙，即俗称的倒金字塔结构。通过导语，将新闻事件的结果、新闻事实的精要，首先呈现给读者。尤其以反映事物最新变动为主的动态消息尤为典型。

5. 标志性强

消息的外在标志是电头或"本报讯"。电头，表明电讯稿发出的单位、地点和时间，加括号或用显著字体标出，置于稿件开头。

三、消息的种类

1. 消息的种类可以从不同角度区分

1）从报道内容上可分为：政治新闻、经济新闻、文教新闻、军事新闻、体育新闻、法制新闻、社会新闻等等。

2）从新闻和事件的关系上可分为：事件新闻、非事件新闻。

3）从反映的对象上可分为：人物新闻、事件新闻。

4）从篇幅长短上可分为：长消息、短消息、简讯、一句话新闻、标题新闻等。

2. 我国新闻界较为通行的分类法是按写作特点分成四种：动态消息、综合消息、经验消息、评述消息。

1）动态消息：也称动态新闻，这种消息迅速、及时地报道国内国际的重大事件，报道社会主义建设中的新人新事、新气象、新成就、新经验。动态消息中有不少是简讯（短讯、简明新闻），内容更加单一，文字更加精简，常常一事一讯，几行文字。

2）综合消息：也称综合新闻，指的是综合反映带有全局性情况、动向、成就和问题的消息报道。

3）经验消息：也称典型新闻，这是对某一部门或某一单位的典型经验或成功做法的集中报道，用以带动全局，指导一般。

4）述评消息：也称新闻述评，它除具有动态消息的一般特征外，还往往在叙述新闻事实的同时，由作者直接发出一些必要的议论，简明地表示作者的观点。记者述评、时事述评就是其中的两种。

四、消息的特点

1. 适用范围广

多刊发播报消息，可以增加媒体的信息承载量。

2. 发稿速度快

简明性决定了消息易于采写，是一种灵活迅捷的新闻体裁。

3. 受众面广

受文化水平制约不明显，识字基本都可以看报，不识字也可以听广播，看电视，是一种大众化的报道。

4. 冲击力更强

因为短、快、活，突发事件可以仅仅用几个字就把新闻事实报道出来，非常震撼，富有冲击力。

五、消息的写法

（一）基本格式

标题＋导语＋主体（含背景）＋结尾

（二）写作要求

1. 标题的写法

标题是消息的眼睛，拟写得好，可以吸引读者；拟写得差，一篇好消息也会被埋没。可见标题有着向读者推荐阅读的作用。消息的标题必须简明、准确地概括消息内容，帮助读者理解报道的事实。

消息标题有单行题和复合题两种。

（1）单行题

例1：习近平首次沙场阅兵号令解放军向世界一流军队进发

例2：创造港珠澳大桥的"极致"

（2）复合题，也叫多行题

A. 引题+主题

例1：　　日本强震死亡或超千人
温家宝总理致电日本首相慰问

例2：　珠峰失足险矣　坠入我境幸哉
法国一登山运动员被我藏民救起

B. 主题+副题

例：　　　　　　**8.8级！日本遇史上最大地震**
　　　目前造成至少133人死亡，上千人受伤，破坏力堪比2004年印尼海啸

C. 引题+主题+副题

例：　会哭　会笑　会吹号　会问好
我国玩具也会讲话了
玩具发生器昨天通过定型设计

2. 正文的写法

正文一般由消息头、导语、主体（含背景）、新闻背景4个部分组成。

1）消息头。报纸发表的消息，正文前面常冠以"本报讯""新华社某月某日北京电""记者×××报道"等短语，这就是"消息头"。它的作用，一是表明版权；二是表明消息来源；三是标明体裁。

2）导语。通常是消息的第一句话或第一自然段，用简明的文字概述新闻，最主要最核心的事实和思想揭示新闻主题，引起受众兴趣和注意，吸引阅读。它是消息体裁所特有的；与任何文章的开头不同，它是（新闻事件或问题的）结果、提要、或高潮。导语的写作要求：将最具新闻价值、最具吸引力的事实写进导语；炼字炼句，力求简短；力求优美生动。

3）主体（含背景）。一是展开导语，是指具体化补充导语中尚未出现的元素；将导语中高度概括的事实具体化。二是补充导语，令主体更丰满。三是回答读者心中的问题。合格的新闻作品，应能解释疑惑，清楚回答读者渴望了解的问题。四是添加"作料"，令读者兴味不减。

4）新闻背景。新闻背景是指新闻事实之外，对新闻事实或新闻事实的某一部分进行解释、补充烘托的材料。消息主体的任务很大程度上要由背景材料协助完成。新闻背景在阐明新闻事实、传递信息揭示新闻主题等方面发挥重要作用。

3. 结尾

消息以事实结尾，事实讲到哪里，就在哪里结尾。然而，仍要注意结尾，好的结尾可以使主题更鲜明。常见巧妙结尾方式：材料典型、意味隽永；首尾关照，巧妙呼应；稍加议论，画龙点睛。

六、消息写作的注意事项

1. 表述要准确

消息报道的是新闻事实,必须将新闻事件客观、真实地反映给读者。消息中涉及的人物、地名、数字等必须准确无误,避免引起读者误解。

2. 语言要简练

为了方便读者及时捕捉重要的信息,消息必须用高度概括的语言对新闻事件进行报道。消息的语言要做到言简意丰、简洁凝练。

3. 要素要完整

消息一般是一事一报,对某一新闻事件的"六要素"(何时、何地、何人、何事、何因、如何)要进行介绍,让读者全面地了解该新闻事件。缺少其中的任何一个要素,反映给读者的事实就不完整,不利于读者了解事件的前因后果。

4. 写法要创新

随着社会的发展进步,传统的消息写法有时已无法满足读者的要求、吸引读者的眼球。只有对消息的写作进行不断的探索和创新,才能写出令人赞叹的好作品。

七、倒金字塔结构

按照新闻价值的大小,即新闻事实的重要程度、新鲜程度,以及读者感兴趣的程度等,依次将新闻事实写出的一种结构形式。

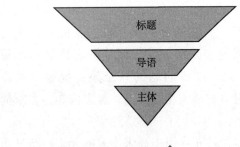

标题	第一次用一句话报告事实,起索引作用
导语	第二次叙述事实,补充标题,吸引读者
主体	第三次叙述事实,展开、补充导语,完全打开包袱

范文博览

[范文一]

23年圆梦,福建晋江水流进金门

本报讯(记者 刘益清 吴洪 刘深魁)"来水了!来水了!"5日上午,随着来自福建晋江、穿越约28公里陆海输水管道的碧水,在金门田埔水库喷涌而入,3 000多名围观的当地民众欢呼雀跃。

"金门缺水的历史一去不复返了,这是金门发展史上的一件大喜事!"专程赶到晋江龙湖观摩通水现场会的台中市金门同乡会理事长蔡少雄,兴奋之情溢于言表。

上午10点,晋江龙湖岸边的通水现场。随着与会领导、嘉宾共同按下启动按钮,一股股源自泉州母亲河晋江的清澈水流，经过龙湖南岸晋金供水公司泵站机组加压抽水，源源不断流向通往金门岛的陆海输水管道。2分钟后，这股清水流入金门田埔水库，宣告晋江水成功直供金门。这是一个历史性的时刻！

金门与晋江，隔围头湾相望，最近处仅5.6海里。长期受困于资源性缺水的金门民众，深怀从大陆引水入岛的梦想。对此，习近平总书记在福建省委、省政府工作时，就十分牵挂金门同胞的饮水用水问题，对福建向金门供水工作，从提出论证到具体措施，多次部署、亲自推动，体现了为台湾同胞谋福祉、办实事的真挚情怀。1995年，两岸提出从福建向金门供水的构想。两岸相关部门和专家曾提出了从厦门、泉州等地向金门供水等多个方案。最后，由晋江向金门供水的方案获得各方认可。

23年来，经双方多次商谈协作，金门供水工程持续推进：2015年7月，福建与金门签署供水合同；2015年10月，大陆段率先开工；2017年11月，海底管道全线贯通；2018年5月，双方进行联合测试，具备通水条件。

为让金门同胞早日喝上家乡水，从国台办、水利部到福建省、泉州市、晋江市各相关部门和群众，均全力支持。晋江龙湖镇党委副书记施纯玺表示，龙湖是金门供水工程的取水口，工程建设从征迁起，群众就积极保护水源地，龙湖水质常年达到Ⅱ类标准。

供水工程日设计流量3.4万立方米，远期可达到5.5万立方米。福建水投集团副总经理朱金良表示，我们将继续做好工程的维护管理工作，确保24小时实时监测水质水量，让金门同胞喝上安全优质的家乡水。

"盼了23年，终于迎来大陆的清水！"在金门接水仪式现场，金门自来水厂厂长许正芳表示，通水后该工程可满足金门未来30年中长期发展用水需求，并间接改善地下水枯竭与湖库水质不佳等问题，不仅造福民生，更有助于金门产业发展。

金门县民意机构负责人洪丽萍表示，通水完成了两岸民众的历史心愿，金门人感恩大陆实实在在的善举，将继续与大陆手牵手、心连心，希望今后两岸交流之路越走越宽。

评析：该作品为第二十九届中国新闻奖文字消息类一等奖。文章以现场描写的方式，还原了通水当天的盛况。虽然当时参与报道的媒体众多，但文章并没有简单停留在通水事件上，而是剖析了福建向金门供水的原因、意义、历程和影响，用精炼的文字让读者对供水工程有了立体、全面的了解，文章生动具体，可读性强。还有一个背景是，从1995年两岸提出从福建向金门供水的构想，到2018年福建正式向金门供水，前后历时23年，历经重重波折。通水实现了两岸同胞的夙愿，凸显了"两岸一家亲，闽台亲上亲"。

第二节 通讯

任务目标

【知识目标】

了解通讯的概念和特点、类别，理解通讯的作用、通讯与消息的关系，熟悉通讯的写作要求。

【技能目标】

掌握通讯的写作方法，能写出符合体式要求的人物通讯、事件通讯、工作通讯、风貌通讯、新闻故事。

【素养目标】

培养新闻敏感性，锻炼闻风而动，快速出击的行动力。

任务设计

以你身边的典型人物为例，请帮忙拟写一篇人物通讯。

应用导航

消息与通讯的联系与区别

通讯是以叙述和描写为主要表达手段，较为详尽、具体、生动地反映人物和事件的新闻体裁。

联系：消息和通讯都是新闻体裁，都有真实性和时效性要求。

区别：从时效性看，消息要求更高，比通讯来得更快；从内容上看，消息内容广泛，不要求细节，通讯是全面深入报道事物的来龙去脉，反映事物本质；从篇幅上看，消息一般篇幅较短，通讯一般篇幅较长；从语言上分析，消息写作主题采用第三人称叙事，通讯第一、二、三人称各显所长。消息较少有议论、描写，极少有抒情，通讯常常融描写、议论、抒情于一体。简单来说，消息立足于早知道一点，通讯立足于多知道一点。

一、通讯的概念

通讯是一种以记叙和描写为主，具体形象地报道具有新闻意义的典型人物、事件和经验及社会风貌的新闻体裁。

二、通讯的特性和作用

通讯是在消息的基础上发展起来的。因为消息比较简短，人们读了一条消息之后，还感到不满足，还想知道更多更详尽更具体的情况，通讯就应运而生了。

通讯就是消息的丰富和延伸。它带有与消息相同的特征，但作为一种独立的新闻体裁，也有自己的特性，通讯的特性是：

1. 真实性

在报道内容的真实性上，通讯与消息完全一致。通讯中所写的人要真有其人，所记的事要实有其事，就连细节的描写也必须是真实的。这是它区别于虚构的文学作品如小说的主要之点。通讯不能违背真实，为了追求故事性而添枝加叶、无中生有、移花接木和"虚构幻想"。

2. 时效性

消息和通讯都要迅速及时地报道新闻事实。但消息的时效性更强，耽误时机就失去了新闻价值。而通讯则不像消息那样迅速及时,同一素材的消息和通讯,有时先发消息,续发通讯;有时同时见报,各有所长,互为补充。但过迟的通讯,同样会丧失新闻的时效性,成为"明日黄花",引不起读者的兴趣。

3. 形象性

通讯不仅要用事实说话,而且还要用形象说话,在写人叙事过程中一般都要求展开情节,描绘人物活动和生活画面,讲究故事性,要有生动流畅的文笔。这是它与消息、调查报告、新闻评论等新闻体裁的主要区别。通讯报道的人物和事件还必须是典型的。这样,其教育意义和启发性更大。

4. 评论性

通讯可以运用夹叙夹议的方法,直接揭示事件的思想意义,表明作者强烈的思想倾向,流露鲜明的爱憎感情。这是通讯区别于消息的特点之一。消息主要靠事实说话,作者不宜多发议论。通讯则不同,通讯的作者可以直接站出来发议论,表示自己的见解。当然,通讯的议论不是采用逻辑论证的方式,而是夹叙夹议,画龙点睛式的评论,"点到为止",理在情味之中。

三、通讯的种类

1. 按报道内容分类

1)人物通讯。记写各条战线涌现出来的代表人物的通讯,表现人物不畏困难、艰苦创业的事迹,揭示他们的成长过程和精神境界。例如《我愿意为乡亲们服务一辈子——记河南通许县刘庄村"爱心诊所"所长马文芳》。

2)事件通讯。记叙现实生活中典型事件的通讯,深刻发掘其思想意义,体现我们伟大时代的精神风貌。例如《为了抗击非典》《煤炭业"盛世"危言》。

3)工作通讯,也叫经验通讯。介绍工作经验或研究工作中的问题的通讯,它要求通过典型剖析,概括出具有普遍性、规律性的东西,以指导面上的工作。如《一个高薪"节俭族"的理财个案》。

4)概貌通讯,也叫综合通讯或风貌通讯。它是反映一个地区或一个单位的新面貌、新气象的通讯。常用点面结合、前后对比的方法来写,能给人以完整的印象。例如《中关村的灯火》《新风吹暖佳木斯》。

5)旅游通讯。这是写旅游观光的所见所闻、自然风光、风土人情、文史轶事、社会状况等的通讯。例如《访美掠影》《拉萨的夜市》。

2. 按报道形式分类

1)专访,又称访问记。是对新闻人物或单位、部门进行专题访问的通讯报道。通常分为人物专访、事件专访和问题专访。例如《请你理解我的爱——访特等伤残军人安忠文的妻子邓阳昆》。

2)集纳。把几个人物的事迹片段或几个独立的小故事,统一于一个主题一个标题之下,分段或分小标题加以编写,成为一篇完整的通讯。一般写同时同地之事居多,有时也可将异时异地之事组合。例如《一厘钱精神》。

3)特写。它是对某一新闻事件的过程、片段或某一镜头,用简洁的笔墨,集中突出、绘声绘色地进行描写的通讯。它是从电影中的"特写镜头"演变而来的,选材类似于"特写镜头"的拍摄,例如《喜从天降的时刻》。

4)采访札记,也称记者来信。是记者把采访中的见闻,以第一人称,用札记的形式写成的通讯。例如《治理经济环境必须为企业除"三害"——关于企业深受"官倒""关卡""摊派"危害的采访札记》。

5)新闻故事,又称小故事、小通讯。通常是反映一人一事,现实生活中的一个片段,篇幅短小,而又有一定的情节。它能"以小见大",寓意深刻。

四、通讯的结构和写法

通讯的结构包括标题、开头、主体、结尾4个部分。其写法如下:

(一)标题

通讯的标题一般要具体、准确、鲜明地揭示其主题或主要内容。写人物的通讯,要揭示人物的先进思想、优秀品质;写事件的通讯,标题要突出其思想意义。

(二)开头

通讯的开头要有吸引力。常见的写法有:

1)开篇点题,突出中心。例如《海南老干部局积极推动健康事业》的开头一段:"近几年来,海南省委老干部局在工作实践中勇于探索,打开了老干部健康事业的新局面。"

2)造成悬念,引人入胜。例如《一位东北农民的泪》的开头:"俗话说,男儿有泪不轻弹。而他,一位黑龙江省东宁县(今为东宁市)万鹿沟村来北京治病的农民,丢失了身上携带的275元钱,伤心流泪了。"

3)引用诗歌、民谣、警句等开头,渲染气氛,揭示主题。例如《鱼水新篇,沂蒙山纪事》用民歌的句子"河里的鱼儿呵,没有水就没有家"开头。它渲染了气氛,起到点题的作用。

4)比喻和联想,引出主题。例如《手执金钥匙的人们》,开头把知识比喻为"传说中的大宝库",而把小学教师比作"智慧老人"和"用金钥匙打开心灵的人",从而引出主题。

(三)主体

主体是通讯的主干部分,也是充分表现主题的重要部分。主体的结构和写法,常见的有3种:

1)纵式结构。即按照事件发生和发展的时间顺序来安排层次。许多故事性强的事件通讯、人物通讯和一些风貌通讯,都采用这种结构形式和写法。

2)横式结构。即按事物的内部联系、事物的不同性质来组织安排层次。工作通讯和许多人物通讯适于用这种结构形式和写法。

3)纵横交叉式结构。它把纵式和横式结合起来,把时间的顺序和空间的变换交叉起来安排层次。这种结构方式适用于事件较多而涉及的空间又较广的内容。

(四)结尾

结尾是通讯的最后部分。结尾一般要总结全文,深化主题,留有余味,发人深思。结尾常见的写法有：

1）照应前文，首尾圆合。例如《浩浩长江，何日百舸争航》的开头，引用了杜甫的诗句："蜀麻吴盐自古通，万斛之舟行若风。"结尾写："人们拭目以待，希望浩浩长江，不久将迎来一个千帆竞发、百舸争航的繁荣局面。"照应了前文，首尾圆合，结构严谨，主题突出。

2）画龙点睛，篇末点题。例如《觉醒了的大地》，写作者重返凤阳看到的变化情景等新气象。结尾画龙点睛，揭示主题："当然我想得更多的还是觉醒了的人民。因为无数事实告诉我们一个真理：首先有了觉醒的人民，才会有觉醒的大地。"

3）意在言外，深化主题。例如《王老师的小屋》，写王老师身居陋室，却胸怀宽广，小屋里充满着师生情谊与欢乐。结尾处宕开一笔："我们歌颂王老师的小屋，却并非歌颂他屋子小。我们希望那些肩负教书育人重任的老师们，能够不再住这样的小屋。"其言外之意是要改善老师的居住条件，深化了主题。

4）总结全文，展望未来。例如《抢"财神"——河南农村见闻》的结尾："看样子，农村几千年来保留的传统耕作经验，正在被新的科学技术所代替。我国的农村继实行责任制之后，又开始了一个新的技术改革的进程。广大农民在辽阔田野上发动的科学进军，必将对我国现代化建设带来强大的推动力。"总结了全文，又展望了未来。

五、写作要求

要写好富有时代精神和现实意义的通讯，首先要做到下列4条：

第一条，深入采访，全面掌握第一手真实、典型的材料。这是通讯写作的重要前提，也是许多成功的通讯写作的宝贵经验。

第二条，反复提炼和深入开掘主题。作者要从掌握到的实际情况出发，站在时代的高度去分析人物的言行、事迹，认识其思想品质，分析事件的意义，从中提炼出具有时代精神和现实意义的深刻主题。这是通讯写作成败的关键。

第三条，精心选择生动的事例和典型的细节材料，使通讯内容丰富，人物生动形象，事件具体，增强其可读性。

第四条，以叙述和描写为主，兼用议论和抒情等表达方式，采用灵活多样的表现手法。语言要简洁朴实，生动形象。

范文博览

时时代楷模：北京榜样，平凡中的力量

把小我融入大我，用行动诠释爱国家、爱北京

静水深流的爱，有时来得更为浓烈。他们把小我融入大我，用行动诠释什么是爱国家、爱北京。

有一种爱叫奉献。

1名司机、1辆车、9个站点、一天5趟。313路，在这条被誉为北京最"孤独"的公交线上，司机刘宝中一干就是11年。老人腿脚不方便，他主动扶；乘客有事，他帮忙照看

家里……这趟车上充满了常相伴的温情脉脉。"有个90多岁的老奶奶，一直坐我的车，后来她搬家了，见不着了。"刘宝中回忆，"去年秋天，我忽然看见她一个人走在路上，她说没啥事，就是想我了，过来看看我。我抱住老奶奶，眼泪立马就下来了。"刘宝中把乘客当亲人，乘客也把他当成了自家人。

有一种爱叫坚守。

贺玉凤的家在北京延庆妫水河边，是地道的农民。"小的时候妫水河特别清澈，后来垃圾多了，我看着心疼。"1996年起，边遛弯儿边捡垃圾成了贺玉凤的习惯，一捡就是23年。刚开始，周围的人不理解，说她捡垃圾卖钱是"穷疯了"，奚落她是"垃圾奶奶"。有一次捡垃圾，贺玉凤发生意外落了水，还落下了心理阴影。老伴心疼贺玉凤，知道拦不住她，就给她做了一个三四米长的抄子，让她捡垃圾时用上。

此后，越来越多的人被贺玉凤所打动，她也从当初的"垃圾奶奶"变成了"环保奶奶"。如今，她成立的"夕阳传递"环保志愿服务队，已经有上万名志愿者。

捧不了鲜花也要微笑，用奋斗筑梦大美京华

人在奋斗的时候会发光。回望北京榜样优秀群体，几乎每个人的身上，都写着"奋斗"二字。在时代楷模发布仪式上，一个女孩显得有些特别。台上的人们都收获了鲜花，她却垂着两个空空的袖管，仍旧笑得开心。这个女孩，叫夏虹。老家在黑龙江，父亲只有小学文化，母亲不识字，家中贫困不堪……这是夏虹7岁因车祸失去双臂时面对的人生。通过自学考上大学，参加省残疾人运动会获得三枚金牌，在北京APEC会场为各国元首夫人展示用脚剪纸的绝活……凭着永不放弃、自强自立的奋斗，她为自己插上了一双"隐形的翅膀"。2015年3月，夏虹注册成立了自己的公益组织：北京夏虹公益促进中心。公益组织注册资金10万元，大部分来自好心人的捐款。"当年是陈景波伯伯资助我圆了大学梦，我要传承他的精神，帮助更多的人圆梦。"在北京榜样优秀群体中，尽管他们的奋斗过程各有不同，但对梦想的追逐往往是相似的。2009年，甲流疫情肆虐，仅用30天时间便研发出甲流疫苗所必需的血凝素蛋白；2013年，H7N9禽流感疫情突发，仅用7个月就完成了原创抗体应急药物的全部临床前研究，生产出了1.5公斤应急救治抗体药物……谢良志带领团队打破了一个个行业纪录，但他每天只吃两顿饭，工作十五六个小时。"为了实现在中国建立国际一流生物制药企业的梦想，我可以再奋斗40年！"谢良志说。一生守护"中国芯"，"为中国公共医疗卫生事业的进步服务，我一生不悔"；带领团队设计和确定了我国高铁科技发展的技术方向、战略路径、总体架构、重点任务与核心技术指标，"能够贡献一些自己的力量，此生无憾"；在北京地铁建设行业奋战23年，编制出《北京市轨道交通建设工程标准化手册》等安全建设标准，"希望通过我的工作，让北京地铁的每一段工程都安全高效"……程京、贾利民、童松，一个个响亮的名字凝聚成北京榜样优秀群体，他们用奋斗筑梦大美京华。

把小善积成大善，用点滴善举绘就最美风景

普通人的命运是社会进步的风向标。

生活中，有些瞬间转瞬即逝，但却有着无比的分量。"当时来不及多想，看到歹徒又抢东西又伤人，我就冲上去了。"2018年6月15日上午，北京市朝阳区柳芳地铁站附近，在与歹徒的搏斗中，"00后"少年张少康腰部被刀扎后受伤倒地；没有丝毫犹豫，紧随其后的"80后"小伙蔡文岁，紧接着冲了上去，穷凶极恶的歹徒扎了他7刀，蔡文岁也倒在了

地上……这时，闻讯追来的"90后"小伙周凡凡冲了上去。当过兵的他，飞踹歹徒，徒手将刀夺下。随即与赶到的赵京威、陈龙、席彬、邓坤等多名群众联手，将歹徒压倒在地。"我要是跑得再快点，他们就不会受伤了。"周凡凡至今还有遗憾。一个人在生活中逐步成长，才能在关键时刻显现本色。这些平凡的理发师、足疗师、健身教练，这些来京的务工人员，这些素昧平生的人们，他们用危急关头挺身而出的果敢，彰显了善念，也感召了社会。很多时候，平凡的力量更让人感动。倡建全国社区医疗服务志愿团，组织医学专家走入贫困山区救治病患的中日友好医院医生张晓艳；千金散去扎根浑善达克沙地，做起全职绿化志愿者的企业家廖理纯；一肩挑起照顾父母、公婆，以及丈夫病逝前妻年近九十的母亲和继父共六位老人的王晓旌……在他们身上，爆发的是道德的力量，闪耀的是人性的光辉。为人民服务，是共产党人不变的初心。"解难书记"殷金凤扎根基层19年，为居民办实事、办暖心事。大家信任她，依赖她。北京市朝阳区呼北社区71岁的孙大姐说，殷金凤刚来当社区书记时，夏天小区一开空调就跳闸停电，好多年了也没人能解决，没想到殷金凤两个月就给解决了。为了解决居民楼下水道堵塞问题，她去产权单位堵厂长；为了解决老旧小区停车难问题，她组织成立社区自己的停车公司；为了让居民不再"买菜难"，她改造社区的自行车棚……"她付出了多少从来没说过，但是我们心里都明白。"孙大姐说。把小善积成大善，才能让善满京城。日常生活中的一言一行，工作岗位上的一举一动，北京榜样优秀群体就是以这样聚沙成塔的点滴善举，彰显出道德的温暖和精神的力量，构成了首都城市的亮丽风景线。

（选自《人民日报》记者　王昊男）

评析：善用榜样的力量，好的榜样，是最好的引导；好的楷模，是最好的说服。北京榜样优秀群体是在实践中逐步形成的。社会主义核心价值观24个字的凝练和提出，使得选材料明确了标准、有了遵循，选择出了最典型的事件来塑造新闻人物形象。

这篇通讯不仅用事实说话，而且还用形象说话，在写人叙事过程中展开了一定的情节，描绘人物活动的画面。这是它与消息的主要区别。消息主要靠事实说话，作者不宜多发议论。这则通讯作者运用夹叙夹议的方法，对叙述的事实进行议论，直接揭示事件的思想意义，表明作者强烈的思想倾向，流露鲜明的爱憎感情。这也是通讯区别于消息的特点之一。

第三节　启　事

任务目标

【知识目标】

了解启事的概念和特点、类型，理解启事的作用，熟悉启事的写作要求。

【技能目标】

能够根据情境，确定拟写启事的类型，学会拟写语言简练、符合具体要求的启事。

【素养目标】

形成在解决问题时能从容淡定、有条不紊的处事风格和方式。

任务设计

期末复习期间,本班贫困生陈某在学校第一饭堂不慎遗失背包一个,里面有很多证件和生活费,陈某问了很多当天在第一饭堂吃饭的人都没有看到,陈同学很着急且情绪低落。作为他的同学和舍友,请你帮助他写一份寻物启事。

应用导航

启事是指将自己的要求,向公众说明事实或希望协办的一种短文,属于应用写作研究的范畴。通常张贴在公共场所或者刊登在报纸、刊物上。机关、团体、企事业单位和个人都可以使用。

一、启事概念

启事是单位或个人公开向人们告知、声明某事,并请求公众予以协助而发的文书。"启"即叙说、陈述之意;"事"即事情。启事,即公开陈述之事。

二、启事特点

(一)告启性

启事将事情向公众知照、公布,任何人可阅读、了解,无保密性。

(二)祈使性

启事期望得到公众的支持与协助,但不具有强制性和约束力。

(三)广泛性

启事包括工作与生活、公事与私事等广泛的内容,其公布范围也较广。

三、启事的种类

按不同标准,启事可分成不同种类。从内容划分,有单位的征文启事、招聘启事、招生启事、征订启事、开业启事、停业启事、迁址启事、招租启事、征购启事等;还有个人的寻物启事、征婚启事、寻求合作启事等。从公布的形式划分,有报刊启事、电视启事、广播启事、张贴启事等。

四、结构和写作

启事通常由标题、正文、落款三部分构成。

1. 标题

一般写明内容和文种名称,如"征文启事""招生启事"等,也可省略内容或文种,如"启事""招生"等。个别启事标题还加上发文单位名称，如"××公司招聘启事"。

2. 正文

写启事的事项，包括原因、目的、要求等。不同内容的启事，详略和重点都应不同。如招聘启事要详细列出招聘职位、条件、期限和薪酬等，征文启事要列明征文原因、主题、要求、期限、奖励办法等。

3. 落款

要注明启事单位或个人姓名以及日期。重要的启事要加盖公章，并注明联络地址、联络人。在报刊和电台播发的启事，以刊登或播放日期为准。

五、写作要求

1）要视不同类型的启事选择不同的内容、不同的侧重点，写作要详略有别。
2）语言要直截了当、简明扼要、恳切有礼。
3）要根据内容和对象，选择最佳的公布方式，如张贴、登报或电视广播等。

范文博览

××××公司高薪诚聘

本公司专营塑料包装袋多年，规模产值稳居全国同行前列，前景广阔。现正值高速发展阶段，迫切希望管理精英加盟，公司将提供优厚的薪金待遇，也可由应聘者提出薪金要求。经省人才交流中心批准，现诚聘以下职位：

一、生产现场经理：男，45岁以下，口才特好，作风刻苦务实，分析判断力极强，有现场管理数千员工的能力和资历。

二、生产厂长：男，40岁以下，刻苦耐劳，处事果断，能独当一面解决千人以上生产现场问题，当班全过程在车间，用多种办法强化劳动纪律和提高产品质量。

……（略）

以上各职位要求留公司住宿，不吸烟。除广州会计外，均在××省××市工作。（不收抵押金）。

重点提示：本公司要求相当高，应聘者须认真衡量职位要求，勿贸然来厂，以免浪费双方时间。一经正式录用，由公司报销单程硬卧或汽车单程路费，此外本公司不负责任何费用。

欢迎应聘者直接面试：每周星期日10—13时，路线：××省××市北沿107国道18公里××县城入15公里铁西工贸区。或将近照、亲笔简历资料及联系电话寄××省××县铁西工贸区××××公司人事部，邮码：×××××，信封注明应聘职位，合则专约，资料恕不退回。

评析：这则招聘启事语言简练得体，严肃认真而又不失礼貌热情。分项列出所需职位后，在每项中提出具体要求，如性别、年龄、特长等要求（有的职位还有住宿及不得吸烟等限制）。"重点提示"显示出公司对招聘工作的重视。最后提出应聘者面试的具体时间，乘车路线及将须交验的材料寄往何处、邮编等。本启事内容翔实，体现了该公司邀请社会各界贤士加盟的诚意。

第四节 海 报

任务目标

【知识目标】
了解海报的适用范围，了解海报的概念、特点和类型，掌握海报的写作格式和要求。

【技能目标】
掌握海报的写作技能，学会拟写格式规范、结构完整、内容充实、要素齐全的海报。

【素养目标】
培养宣传的敏感性，抓住宣传要点，提高创新能力水平。

任务设计

广东××公司为丰富职工的业余生活，举办车间篮球比赛。为吸引更多的观众，达到宣传企业形象的作用，请你代该公司拟一份海报。

应用导航

海报这一名称，最早起源于上海，是一种宣传方式。旧时，海报是用于戏剧、电影等演出活动的招贴。上海人通常把职业性的戏剧演出称为"海"，而把从事职业性戏剧的表演称为"下海"。作为剧目演出信息的具有宣传性的招徕顾客性的张贴物，人们便把它叫作"海报"。正规的海报中通常包括活动的性质、主办单位、时间、地点等内容，多用于影视剧和新品宣传中，利用图片、文字、色彩、空间等要素进行完整的结合。

一、海报的概念

海报，是向公众报道文化娱乐和体育消息等与群众生活密切相关消息的一种招贴，如球讯、晚会、电影、演出、展览等活动的动态消息。随着社会生活的发展，海报的使用日益广泛。它能及时、直观地向公众报道与群众生活密切相关的文化娱乐和体育消息。

二、海报的特点

（1）内容真实

海报内容必须是真实的，切忌夸大其词、哗众取宠、欺骗公众。比如，明明是稍有成就的学者，不要吹嘘什么"名闻世界""海内外享誉"等。

（2）传递信息快

海报主要对新近即将发生的文娱、体育活动等消息进行报道，迅速快捷是它的一大特点。

（3）吸引力强

为激发公众参与的热情，海报除了鼓动性的文字外，还常进行美术加工，配置精致的艺术图案、艺术字等，图文并茂，易引起公众的注意。

（4）制作方便

海报内容简单，制作简易，发布方式可张贴，也可刊登，容易操作。

三、海报与启事的区别

海报和启事都具有告启性，都不具有约束力，都可以在公共场所张贴。但两者亦有明显的区别。主要是：使用范围不同，海报以报道文化、娱乐、体育消息为主；启事可以反映政治、经济和生活等多方面的内容。在制作形式上，启事可以文字说明为主；海报除文字说明外可做美术加工，配备图片、图画、图案，运用美术装饰材料及手段。公布方式不同，启事除张贴外，可登报刊，用广播、电视传播；海报只在公共场所张贴或悬挂。

四、海报的格式和写作

1. 标题

海报上方写上醒目的"海报""舞会""晚会""球讯"等字样。

2. 正文

写明活动的内容，如晚会内容（节目）、表演团体、时间、票价、地点等，报告会写明报告题目、报告人、地点、时间等。

3. 落款

写明主办单位或演出单位，还可注明时间、询问电话、联系人等。

五、写作要求

1. 求真

海报是对即将发生的文体活动消息进行报道，它前提在于真实，即使可用一些生动、活泼的鼓动性语言，也不能胡编乱造，虚情假意，欺骗公众。

2. 求简

任何人都想通过阅读海报知道所言何事，因而内容既要交代清楚，文字又得简练，这是在制作海报时必须要注意的。

3. 求活

为渲染气氛，激发公众参与的热情，在保持真实性的前提下，海报语言讲求生动、活泼，适当配上设计精致的画面、图案，甚至结构布置也讲求艺术性，以增强其感染力和生动性。

范文博览

海　报

××京剧团将于本周应邀来我校做精彩表演，演出主要节目有《三岔口》《白蛇传》等。

演出时间：本周星期六、星期日晚上7：30—10：30

地点：本校大礼堂

票价：甲级票××元，乙级票××元

售票地点、时间：在学生会发售，自即日起每日上午10：00至下午5：00

售完即止！勿失良机！

×××大学学生会

××××年×月×日

评析：海报由于是以报道文化、娱乐、体育消息等方面内容为主的，所以需要用活泼的形式来配合，如配备图片、图画、图案，运用美术装饰材料及手段，所用的语言也要更具有鼓励性、更富有吸引力，以此激发公众的兴趣。这篇海报除了详细地写明演出的内容（节目）、表演团体、时间、票价、地点之外，最后还用"售完即止！勿失良机！"的鼓励性语言激发公众对演出的兴趣。

知识拓展

请扫描二维码了解解说词——宣传片之魂。

实训平台

一、填空题

1. _____是报纸、广播、电视中最广泛、最经常使用的新闻体裁。

2. "启"即_____之意；"事"即事情。

3. 海报的特点有_____、_____、_____、_____。

二、判断题

1. 通讯也是消息的别称。（　　）

2. 招领启事要写清丢失物品的具体特征。（　　）

3. 消息是简要、概括地报道新近发生的新闻事件的文种。（　　）

4. 消息写作中，作者可直接发表议论或抒发感情。（　　）

5. 海报和启事都具有告启性，都不具有约束力，都可以在公共场所张贴。（　　）

三、修改题（分析下列病文并修改成正确的文书）

我院第三届大学生田径运动会圆满结束

我院第三届大学生田径运动会闭幕式隆重举行，学院领导出席了此次运动会闭幕式。整个运动会历时两天，共有1 000名运动员参赛。在新的赛场上，赛事精彩纷呈，一个又一个的记录被刷新。当然，也有运动员发挥失误，没能取得优良成绩。但是，无论结果如何，同学们都报以赞美与鼓励，因为运动员表现出的不屈不挠、顽强拼搏的体育精神，是值得每个人学习的。这次运动会的举办是对学生的心理素质、身体素质和体育运动水平的一次验收，更是对教师和学生的精神风貌和综合素质的大检阅。今后，我们还将大力张扬"更快、更高、更强"的奥林匹克精神，秉承"重在参与，增强体魄"的宗旨，力争在其他方面也取得更好的成绩。下午5时，我院第三届大学生田径运动会圆满落下帷幕。

四、撰写训练

1. ××学院将举办"学党史，颂经典"活动，请为他们制作宣传海报。

2. 以小组为单位，每个人谈谈自己最近关注到的热点新闻，每组选出一条新闻，说说按照消息的写作要求，如何提炼其标题和导语才能更加吸引读者。讨论过后，针对职业教育周活动任选角度写一篇消息。

附 录

附录一 党政机关公文处理工作条例

中办发〔2012〕14 号

(2012 年 4 月 16 日由中共中央办公厅和国务院办公厅联合印发)

第一章 总 则

第一条 为了适应中国共产党机关和国家行政机关(以下简称"党政机关")工作需要,推进党政机关公文处理工作科学化、制度化、规范化,制定本条例。

第二条 本条例适用于各级党政机关公文处理工作。

第三条 党政机关公文是党政机关实施领导、履行职能、处理公务的具有特定效力和规范体式的文书,是传达贯彻党和国家方针政策,公布法规和规章,指导、布置和商洽工作,请示和答复问题,报告、通报和交流情况等的重要工具。

第四条 公文处理工作是指公文拟制、办理、管理等一系列相互关联、衔接有序的工作。

第五条 公文处理工作应当坚持实事求是、准确规范、精简高效、安全保密的原则。

第六条 各级党政机关应当高度重视公文处理工作,加强组织领导,强化队伍建设,设立文秘部门或者由专人负责公文处理工作。

第七条 各级党政机关办公厅(室)主管本机关的公文处理工作,并对下级机关的公文处理工作进行业务指导和督促检查。

第二章 公文种类

第八条 公文种类主要有:

(一)决议。适用于会议讨论通过的重大决策事项。

(二)决定。适用于对重要事项作出决策和部署、奖惩有关单位和人员、变更或者撤销下级机关不适当的决定事项。

(三)命令(令)。适用于公布行政法规和规章、宣布施行重大强制性措施、批准授予和晋升衔级、嘉奖有关单位和人员。

(四)公报。适用于公布重要决定或者重大事项。

(五)公告。适用于向国内外宣布重要事项或者法定事项。

(六)通告。适用于在一定范围内公布应当遵守或者周知的事项。

(七)意见。适用于对重要问题提出见解和处理办法。

（八）通知。适用于发布、传达要求下级机关执行和有关单位周知或者执行的事项，批转、转发公文。

（九）通报。适用于表彰先进、批评错误、传达重要精神和告知重要情况。

（十）报告。适用于向上级机关汇报工作、反映情况，回复上级机关的询问。

（十一）请示。适用于向上级机关请求指示、批准。

（十二）批复。适用于答复下级机关请示事项。

（十三）议案。适用于各级人民政府按照法律程序向同级人民代表大会或者人民代表大会常务委员会提请审议事项。

（十四）函。适用于不相隶属机关之间商洽工作、询问和答复问题、请求批准和答复审批事项。

（十五）纪要。适用于记载会议主要情况和议定事项。

第三章　公文格式

第九条　公文一般由份号、密级和保密期限、紧急程度、发文机关标志、发文字号、签发人、标题、主送机关、正文、附件说明、发文机关署名、成文日期、印章、附注、附件、抄送机关、印发机关和印发日期、页码等组成。

（一）份号。公文印制份数的顺序号。涉密公文应当标注份号。

（二）密级和保密期限。公文的秘密等级和保密的期限。涉密公文应当根据涉密程度分别标注"绝密""机密""秘密"和保密期限。

（三）紧急程度。公文送达和办理的时限要求。根据紧急程度，紧急公文应当分别标注"特急""加急"，电报应当分别标注"特提""特急""加急""平急"。

（四）发文机关标志。由发文机关全称或者规范化简称加"文件"二字组成，也可以使用发文机关全称或者规范化简称。联合行文时，发文机关标志可以并用联合发文机关名称，也可以单独用主办机关名称。

（五）发文字号。由发文机关代字、年份、发文顺序号组成。联合行文时，使用主办机关的发文字号。

（六）签发人。上行文应当标注签发人姓名。

（七）标题。由发文机关名称、事由和文种组成。

（八）主送机关。公文的主要受理机关，应当使用机关全称、规范化简称或者同类型机关统称。

（九）正文。公文的主体，用来表述公文的内容。

（十）附件说明。公文附件的顺序号和名称。

（十一）发文机关署名。署发文机关全称或者规范化简称。

（十二）成文日期。署会议通过或者发文机关负责人签发的日期。联合行文时，署最后签发机关负责人签发的日期。

（十三）印章。公文中有发文机关署名的，应当加盖发文机关印章，并与署名机关相符。有特定发文机关标志的普发性公文和电报可以不加盖印章。

（十四）附注。公文印发传达范围等需要说明的事项。

（十五）附件。公文正文的说明、补充或者参考资料。

（十六）抄送机关。除主送机关外需要执行或者知晓公文内容的其他机关，应当使用机关全称、规范化简称或者同类型机关统称。

（十七）印发机关和印发日期。公文的送印机关和送印日期。

第十条　公文的版式按照《党政机关公文格式》国家标准执行。

第十一条　公文使用的汉字、数字、外文字符、计量单位和标点符号等，按照有关国家标准和规定执行。民族自治地方的公文，可以并用汉字和当地通用的少数民族文字。

第十二条　公文用纸幅面采用国际标准A4型。特殊形式的公文用纸幅面，根据实际需要确定。

第四章　行文规则

第十三条　行文应当确有必要，讲求实效，注重针对性和可操作性。

第十四条　行文关系根据隶属关系和职权范围确定。一般不得越级行文，特殊情况需要越级行文的，应当同时抄送被越过的机关。

第十五条　向上级机关行文，应当遵循以下规则：

（一）原则上主送一个上级机关，根据需要同时抄送相关上级机关和同级机关，不抄送下级机关。

（二）党委、政府的部门向上级主管部门请示、报告重大事项，应当经本级党委、政府同意或者授权；属于部门职权范围内的事项应当直接报送上级主管部门。

（三）下级机关的请示事项，如需以本机关名义向上级机关请示，应当提出倾向性意见后上报，不得原文转报上级机关。

（四）请示应当一文一事。不得在报告等非请示性公文中夹带请示事项。

（五）除上级机关负责人直接交办事项外，不得以本机关名义向上级机关负责人报送公文，不得以本机关负责人名义向上级机关报送公文。

（六）受双重领导的机关向一个上级机关行文，必要时抄送另一个上级机关。

第十六条　向下级机关行文，应当遵循以下规则：

（一）主送受理机关，根据需要抄送相关机关。重要行文应当同时抄送发文机关的直接上级机关。

（二）党委、政府的办公厅（室）根据本级党委、政府授权，可以向下级党委、政府行文，其他部门和单位不得向下级党委、政府发布指令性公文或者在公文中向下级党委、政府提出指令性要求。需经政府审批的具体事项，经政府同意后可以由政府职能部门行文，文中须注明已经政府同意。

（三）党委、政府的部门在各自职权范围内可以向下级党委、政府的相关部门行文。

（四）涉及多个部门职权范围内的事务，部门之间未协商一致的，不得向下行文；擅自行文的，上级机关应当责令其纠正或者撤销。

（五）上级机关向受双重领导的下级机关行文，必要时抄送该下级机关的另一个上级机关。

第十七条　同级党政机关、党政机关与其他同级机关必要时可以联合行文。属于党委、政府各自职权范围内的工作，不得联合行文。党委、政府的部门依据职权可以相互行文。部门内设机构除办公厅（室）外不得对外正式行文。

第五章　公文拟制

第十八条　公文拟制包括公文的起草、审核、签发等程序。

第十九条　公文起草应当做到：

（一）符合国家法律法规和党的路线方针政策，完整准确体现发文机关意图，并同现行有关公文相衔接。

（二）一切从实际出发，分析问题实事求是，所提政策措施和办法切实可行。

（三）内容简洁，主题突出，观点鲜明，结构严谨，表述准确，文字精练。

（四）文种正确，格式规范。

（五）深入调查研究，充分进行论证，广泛听取意见。

（六）公文涉及其他地区或者部门职权范围内的事项，起草单位必须征求相关地区或者部门意见，力求达成一致。

（七）机关负责人应当主持、指导重要公文起草工作。

第二十条　公文文稿签发前，应当由发文机关办公厅（室）进行审核。审核的重点是：

（一）行文理由是否充分，行文依据是否准确。

（二）内容是否符合国家法律法规和党的路线方针政策；是否完整准确体现发文机关意图；是否同现行有关公文相衔接；所提政策措施和办法是否切实可行。

（三）涉及有关地区或者部门职权范围内的事项是否经过充分协商并达成一致意见。

（四）文种是否正确，格式是否规范；人名、地名、时间、数字、段落顺序、引文等是否准确；文字、数字、计量单位和标点符号等用法是否规范。

（五）其他内容是否符合公文起草的有关要求。

需要发文机关审议的重要公文文稿，审议前由发文机关办公厅（室）进行初核。

第二十一条　经审核不宜发文的公文文稿，应当退回起草单位并说明理由；符合发文条件但内容需作进一步研究和修改的，由起草单位修改后重新报送。

第二十二条　公文应当经本机关负责人审批签发。重要公文和上行文由机关主要负责人签发。党委、政府的办公厅（室）根据党委、政府授权制发的公文，由受权机关主要负责人签发或者按照有关规定签发。签发人签发公文，应当签署意见、姓名和完整日期；圈阅或者签名的，视为同意。联合发文由所有联署机关的负责人会签。

第六章　公文办理

第二十三条　公文办理包括收文办理、发文办理和整理归档。

第二十四条　收文办理主要程序是：

（一）签收。对收到的公文应当逐件清点，核对无误后签字或者盖章，并注明签收时间。

（二）登记。对公文的主要信息和办理情况应当详细记载。

（三）初审。对收到的公文应当进行初审。初审的重点是：是否应当由本机关办理，是否符合行文规则，文种、格式是否符合要求，涉及其他地区或者部门职权范围内的事项是否已经协商、会签，是否符合公文起草的其他要求。经初审不符合规定的公文，应当及时退回来文单位并说明理由。

（四）承办。阅知性公文应当根据公文内容、要求和工作需要确定范围后分送。批办性公文应当提出拟办意见报本机关负责人批示或者转有关部门办理；需要两个以上部门办理的，应当明确主办部门。紧急公文应当明确办理时限。承办部门对交办的公文应当及时办理，有明确办理时限要求的应当在规定时限内办理完毕。

（五）传阅。根据领导批示和工作需要将公文及时送传阅对象阅知或者批示。办理公文传阅应当随时掌握公文去向，不得漏传、误传、延误。

（六）催办。及时了解掌握公文的办理进展情况，督促承办部门按期办结。紧急公文或者重要公文应当由专人负责催办。

（七）答复。公文的办理结果应当及时答复来文单位，并根据需要告知相关单位。

第二十五条　发文办理主要程序是：

（一）复核。已经发文机关负责人签批的公文，印发前应当对公文的审批手续、内容、文种、格式等进行复核；需作实质性修改的，应当报原签批人复审。

（二）登记。对复核后的公文，应当确定发文字号、分送范围和印制份数并详细记载。

（三）印制。公文印制必须确保质量和时效。涉密公文应当在符合保密要求的场所印制。

（四）核发。公文印制完毕，应当对公文的文字、格式和印刷质量进行检查后分发。

第二十六条　涉密公文应当通过机要交通、邮政机要通信、城市机要文件交换站或者收发件机关机要收发人员进行传递，通过密码电报或者符合国家保密规定的计算机信息系统进行传输。

第二十七条　需要归档的公文及有关材料，应当根据有关档案法律法规以及机关档案管理规定，及时收集齐全、整理归档。两个以上机关联合办理的公文，原件由主办机关归档，相关机关保存复制件。机关负责人兼任其他机关职务的，在履行所兼职务过程中形成的公文，由其兼职机关归档。

第七章　公文管理

第二十八条　各级党政机关应当建立健全本机关公文管理制度，确保管理严格规范，充分发挥公文效用。

第二十九条　党政机关公文由文秘部门或者专人统一管理。设立党委（党组）的县级以上单位应当建立机要保密室和机要阅文室，并按照有关保密规定配备工作人员和必要的安全保密设施设备。

第三十条　公文确定密级前，应当按照拟定的密级先行采取保密措施。确定密级后，应当按照所定密级严格管理。绝密级公文应当由专人管理。公文的密级需要变更或者解除的，由原确定密级的机关或者其上级机关决定。

第三十一条　公文的印发传达范围应当按照发文机关的要求执行；需要变更的，应当经发文机关批准。涉密公文公开发布前应当履行解密程序。公开发布的时间、形式和渠道，由发文机关确定。经批准公开发布的公文，同发文机关正式印发的公文具有同等效力。

第三十二条　复制、汇编机密级、秘密级公文，应当符合有关规定并经本机关负责人批准。绝密级公文一般不得复制、汇编，确有工作需要的，应当经发文机关或者其上级机关批准。复制、汇编的公文视同原件管理。复制件应当加盖复制机关戳记。翻印件应当注明翻印的机关名称、日期。汇编本的密级按照编入公文的最高密级标注。汇编，确有工作需要的，应当经发文机关或者其上级机关批准。复制、汇编的公文视同原件管理。

复制件应当加盖复制机关戳记。翻印件应当注明翻印的机关名称、日期。汇编本的密级按照编入公文的最高密级标注。

第三十三条　公文的撤销和废止，由发文机关、上级机关或者权力机关根据职权范围和有关法律法规决定。公文被撤销的，视为自始无效；公文被废止的，视为自废止之日起失效。

第三十四条　涉密公文应当按照发文机关的要求和有关规定进行清退或者销毁。

第三十五条　不具备归档和保存价值的公文，经批准后可以销毁。销毁涉密公文必须严格按照有关规定履行审批登记手续，确保不丢失、不漏销。个人不得私自销毁、留存涉密公文。

第三十六条　机关合并时，全部公文应当随之合并管理；机关撤销时，需要归档的公文经整理后按照有关规定移交档案管理部门。

工作人员离岗离职时，所在机关应当督促其将暂存、借用的公文按照有关规定移交、清退。

第三十七条　新设立的机关应当向本级党委、政府的办公厅（室）提出发文立户申请。经审查符合条件的，列为发文单位，机关合并或者撤销时，相应进行调整。

第八章　附　则

第三十八条　党政机关公文含电子公文。电子公文处理工作的具体办法另行制定。

第三十九条　法规、规章方面的公文，依照有关规定处理。外事方面的公文，依照外事主管部门的有关规定处理。第四十条其他机关和单位的公文处理工作，可以参照本条例执行。

第四十一条　本条例由中共中央办公厅、国务院办公厅负责解释。

第四十二条　本条例自2012年7月1日起施行。1996年5月3日中共中央办公厅发布的《中国共产党机关公文处理条例》和2000年8月24日国务院发布的《国家行政机关公文处理办法》停止执行。

二〇一二年四月十二日

附录二 公文版面样式

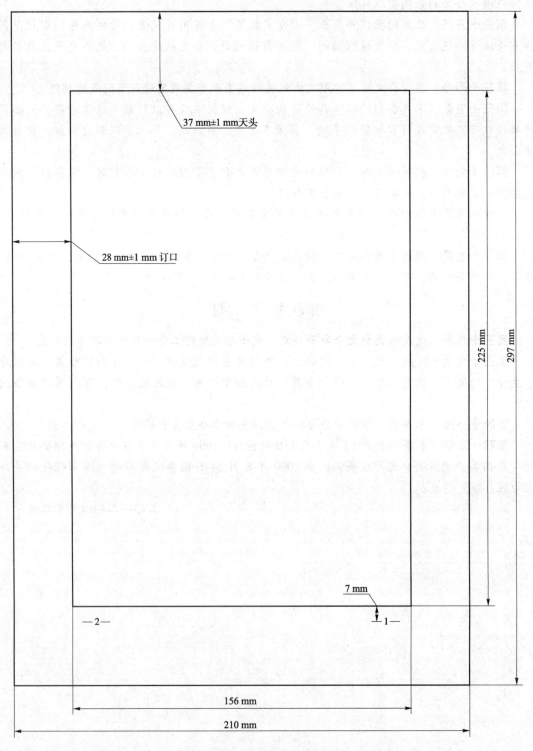

图1　A4型公文用纸页边及版心尺寸

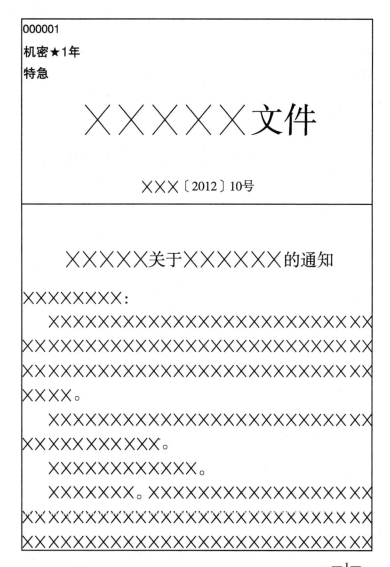

图 2　公文首页版式

注：版心实线框仅为示意，在印制公文时并不印出。

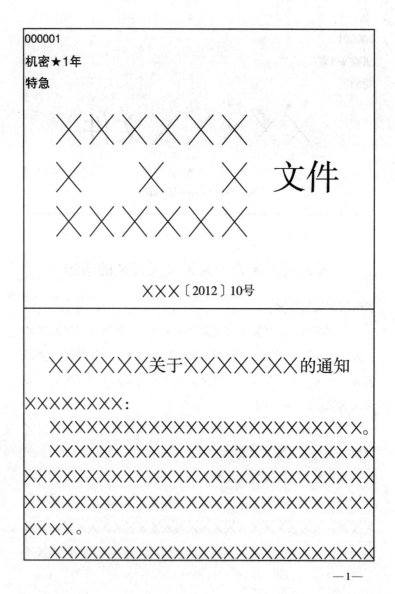

图 3　联合行文公文首页版式 1

注：版心实线框仅为示意，在印制公文时并不印出。

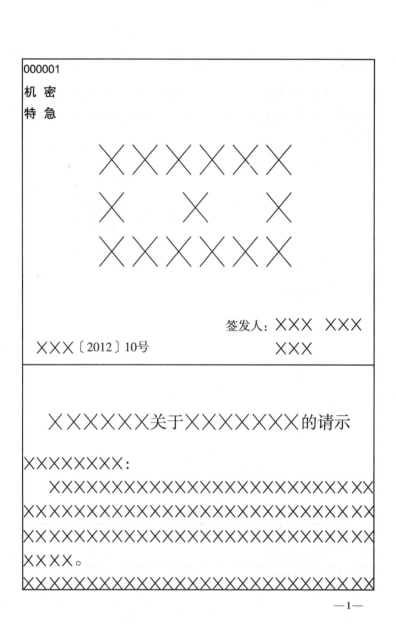

图4 联合行文公文首页版式2

注：版心实线框仅为示意，在印制公文时并不印出。

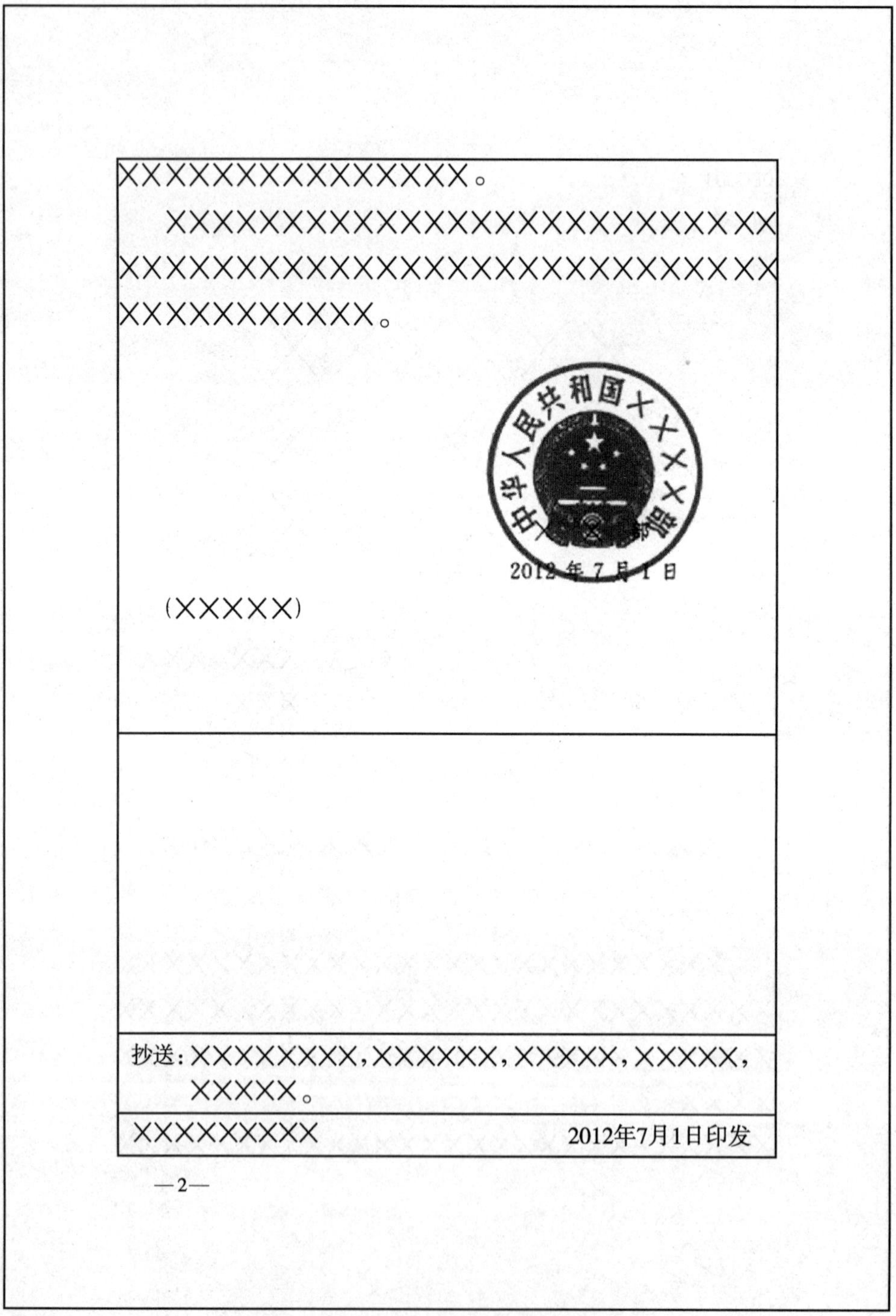

```
        ××××××××××××××。
        ××××××××××××××××××××××
    ××××××××××××××××××××××××××
    ×××××××××。

                            [印章:中华人民共和国×××
                                   2012年7月1日]

    (×××××)




    ───────────────────────────────────────
    抄送:×××××,×××××,×××××,×××××,
         ×××××。
    ─────────────────────────────────────
    ×××××××××            2012年7月1日印发
```

—2—

图5　公文末页版式1

注：版心实线框仅为示意，在印制公文时并不印出。

×××××××××××××××。
　　××××××××××××××××××××××
××××××××××××××××××××××
×××××××。

　　　　　　　　　　　　　××××××××××
　　　　　　　　　　　　　　2012年7月1日

（×××××）

抄送：××××××××，××××××，×××××，×××××，
　　　×××××。
××××××××　　　　　　　　　　2012年7月1日印发

—2—

图6　公文末页版式2

注：版心实线框仅为示意，在印制公文时并不印出。

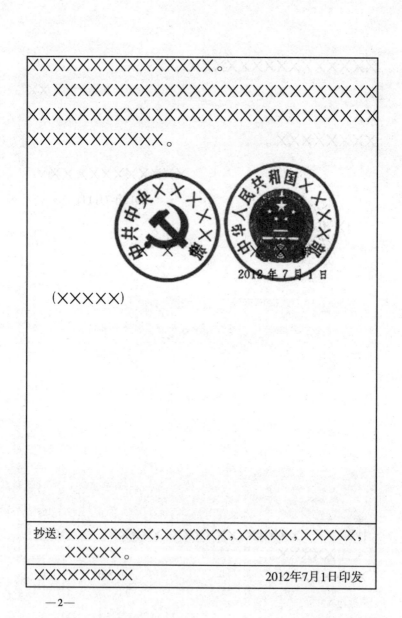

图7 联合行文公文末页版式1

注：版心实线框仅为示意，在印制公文时并不印出。

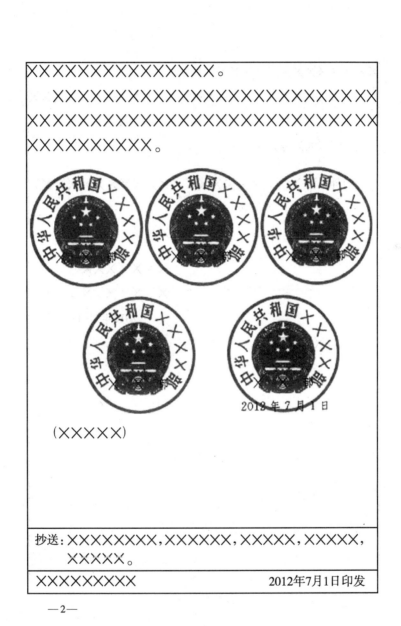

图8　联合行文公文末页版式2

注：版心实线框仅为示意，在印制公文时并不印出。

```
　　××××××××××××××××。
　　××××××××××××××××××××××
××××××××××××××××××××××××
××××××××××。
　　附件：1. ××××××××××××××××
　　　　　　××××
　　　　 2. ××××××××××
                            ××××××
                            ×　×　×　×
                          2012年7月1日
（×××××）
```

　　　　　　　　—2—

图9　附件说明页版式

注：版心实线框仅为示意，在印制公文时并不印出。

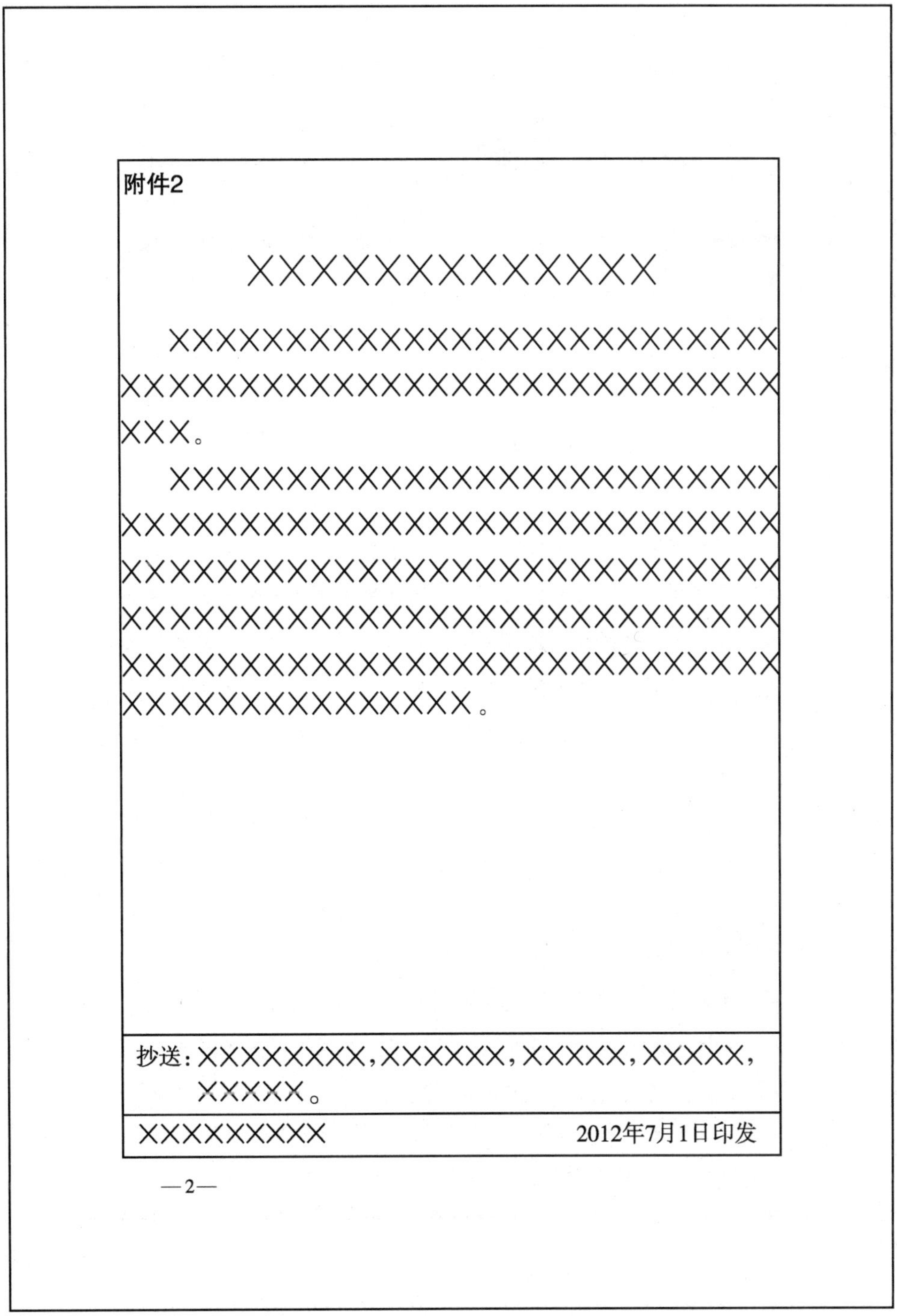
附件2

XXXXXXXXXXXXXX

XXXXXXXXXXXXXXXXXXXXXXXXXXX
XXXXXXXXXXXXXXXXXXXXXXXXXXXX
XXX。

XXXXXXXXXXXXXXXXXXXXXXXXXXX
XXXXXXXXXXXXXXXXXXXXXXXXXXXX
XXXXXXXXXXXXXXXXXXXXXXXXXXXX
XXXXXXXXXXXXXXXXXXXXXXXXXXXX
XXXXXXXXXXXXXXXXXXXXXXXXXXXX
XXXXXXXXXXXXXXX。

抄送：XXXXXXXX，XXXXXX，XXXXX，XXXXX，XXXXX。

XXXXXXXXX　　2012年7月1日印发

—2—

图10　带附件公文末页版式

注：版心实线框仅为示意，在印制公文时并不印出。

中华人民共和国✕✕✕✕✕部

000001　　　　　　　　　　　　✕✕✕〔2012〕10号
机　密
特　急

　　　　✕✕✕✕✕关于✕✕✕✕✕✕✕的通知

✕✕✕✕✕✕✕✕：
　　✕✕✕。
　　✕✕。
　　✕✕。

图 11　信函格式首页版式

注：版心实线框仅为示意，在印制公文时并不印出。

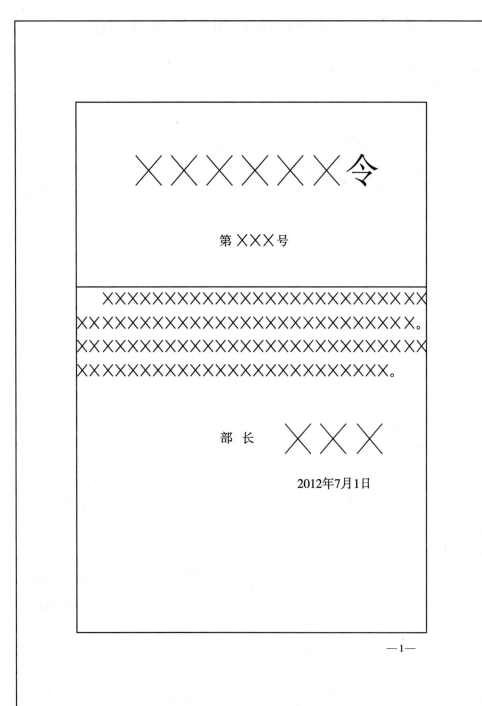

图 12　命令（令）格式首页版式

注：版心实线框仅为示意，在印制公文时并不印出。

附录三　文章修改常用符号及其用法

编号	符号名称	符号形态	符号说明	用法示例
1	改正号		表明需要改正错误，把错误之处圈起来，再用引线引到空白处改正。	提高水口物质量（出）
2	删除号		表明删除掉。文字少时加圈，文字多时可加框打叉。	提高出口物物质量　结构完整，语文较通畅，但错别字较多。
3	增补号		表明增补。文字少时加圈，文字多时可用线画清增补的范围。	要搞好校工作。注意错误。（对）语法修辞方面的错误。
4	对调号		表明调整颠倒的字、句位置。三曲线的中间部分不调整。	认真经验总结　认真经结总验
5	转移号		表明词语位置的转移。将要转移的部分圈起，并画出引线指向转移部位。	校对工作，提高出版物质量重视

续表

编号	符号名称	符号形态	符号说明	用法示例
6	接排号	(箭头曲线)	表明两行文字之间应接排,不需另起一行。	本应用文书,语言通畅,但个别之处……
7	另起号	(另起号符号)	表明要另起一段。需要另起一段的地方,用引线向左延伸到起段的位置。	我们今年完成了任务。明年……
8	移位号	← 或 → 或 (凸曲线符号)	表明移位的方向。用箭头或凸曲线表示。使用箭头,是表示移至箭头前直线位置;使用凸曲线是表示把符号内的文字移至开口处两短直线位置。	←锦州印刷厂 锦州　　印刷厂
9	排齐号	‖	表明应排列整齐。在行列中不齐的字句上下或左右画出直线。	认真提高 提 质 量印刷质量, 高 缩短出版周期

续表

编号	符号名称	符号形态	符号说明	用法示例
10	保留号	△	表明改错、删错后需保留原状。在改错、删错处的上方或下方画出三角符号，并在原删除符号上画两根短线。	认真搞好校对工作
11	加空号	＞＜	表明在字与字、行与行之间加空。符号画在字与字之间的上方；行与行之间的左右处。	要认真修改原稿　加强市场调研　提高产品质量
12	减空号	＜＞	表明在字与字、行与行之间减空。符号使用方法同上。	校对　须　知　校对书刊应注意的问题
13	空字号	♯　꠵　꠶　꠷	表明空一字距；表明空1/2字距；表明空1/3字距；表明空1/4字距。	第一章应用写作概述
14	角码号		用以改正上、下角码的位置。	002　2　16=42　2
15	分开号	Y	用以分开外文字母。	How are you

参考文献

上编　中国传统文化

[1] 张健，刘荣．中国传统文化［M］．3版．北京：高等教育出版社，2018．

[2] 路伟．中国传统文化［M］．南宁：广西师范大学出版社，2016．

[3] 张宏图，宋永利，姚洪运．中国传统文化［M］．北京：高等教育出版社，2017．

[4] 王艳玲．中国传统文化［M］．2版．北京：高等教育出版社，2018．

[5] 冯雪燕，杨汉瑜．中国传统文化［M］．济南：山东大学出版社，2018．

[6] 陈晓龙．中国传统文化概论［M］．2版．西安：陕西师范大学出版总社，2014．

[7] 王霁．中国传统文化［M］．北京：清华大学出版社，2014．

[8] 张应杭，蔡海榕．中国传统文化概论［M］．上海：上海人民出版社，2018．

[9] 万建中．中国民俗简明读本［M］．北京：新华出版社，2013．

[10] 柯玲．中国民俗文化［M］．北京：北京大学出版社，2011．

[11] 徐潜．中国民俗文化［M］．长春：吉林文史出版社，2011．

[12] 中国科学院自然科学史研究所．中国古代重要科技发明创造［M］．北京：中国科学技术出版社，2016．

[13] 徐潜．中国古代科技与发明［M］．长春：吉林文史出版社，2014．

下编　应用文写作

[1] 陈子典．实用文书写作［M］．北京：中国传媒大学出版社，2010．

[2] 白延庆．新编公文写作教程［M］．北京：对外经济贸易大学出版社，2013．

[3] 杨文丰．现代应用文写作［M］．4版．北京：中国人民大学出版社．2011．

[4] 胡欣育，陈子典．应用文写作［M］．北京：北京师范大学出版社．2020．

[5] 胡欣育．现代应用写作与实训［M］．北京：新华出版社，2013．

[6] 张保忠．党政机关公文处理工作条例释义与实务全书［M］．北京：人民出版社，2012．

[7] 陈富元．最新标准公文写作教程［M］．北京：经济科学出版社，2016．

[8] 陈子典．实用文书写作［M］．北京：中国传媒大学出版社，2010．

[9] 邓丽娟，龙国昌．新编应用文写作［M］．北京：首都师范大学，2016．

[10] 张瑞华，王开桃、黄巨龙．当代应用文写作［M］．北京：首都师范大学，2000．

[11] 杨文丰．现代应用文写作［M］．北京：首都师范大学，2017．

[12] 戴剑平，李艳华，罗金彪．应用写作教程［M］．广州：广州教育出版社，2020．

[13] 朱利莎．新编应用文写作项目化教程［M］．北京：新华出版社，2014．

[14] 张秀芬，郑碧楠．应用文写作实用教程［M］．北京：阳光出版社，2012．

[15] 陶德胜．应用文写作项目化教程［M］．上海：上海交通大学出版社，2012．

[16] 徐鸿裕．现代应用文写作［M］．成都：电子科技大学出版社，2008．

[17] 朱淑萍,邹旗辉.应用文写作[M].北京:北京理工大学出版社,2016.
[18] 李依晴.新编应用文写作[M].天津:天津科学技术出版社,2019.
[19] 徐永源,杨静,王达萌.应用文写作[M].天津:天津科学技术出版社,2011.